KB076462

Contents

AROUND

Vol. 83
2022 May

읽기의 시절 Open A Letter

ISSN 2287-4216
ISBN 979-11-67754-004-1
KRW 18,000

Car, the garden, Moon Boyoung, Seong Boram, Jung Seunghwan, Park Yurim,
Oh Songmin & Lee Jeehoon, An Rita, 900KM, Lee Jehan, Heo Hoykyung, Cha Kyounghee,
NOWWE, Park Soye, Stibee, LETTER ROOM 1705, Joe Howard

'오늘 하루 중 기억에 남는 일을 써 보세요.' 처음 일기 쓰기를 배울 때 듣게 되는 말이다. 누구나 일기를 써 봤을 텐데 어른이 된 지금도 글을 쓰려면 비슷한 이야기를 듣게 된다. '최근에 있었던 일을 솔직하게 써 보세요.' 그만큼 자신의 이야기를 한다는 건 중요하다. 용감하게 자신의 이야기를 하려는 사람이 점점 늘고 있다. 읽는 사람보다 쓰는 사람이 많은 시대라고 하니 말이다. 그들에게는 단단한 용기가 느껴진다. 예전의 나와 지금의 나를 만나게 해 주는 용기. 나는 오래전에 쓴 일기를 우연히 발견할 때면 유치하고 청승맞다는 생각을 지울 수가 없다. 지금의 나는 그때의 내가 참 부끄럽다. 그런데도 계속 무언가를 끄적이며 남기는 이유는 더 나은 사람이 되고 싶어서이다. 지금의 내가 미래의 나에게 보내는 편지라 생각하며 남긴다. 기뻤고, 슬펐고, 놀랐고, 아무런 감정도 느낄 수 없었고…. 여러 감정을 담아내는 용기가 필요하다. 일기로 출발해 편지를 전하고, 책을 쓰고, 음악을 만들며 자기 삶을 이야기로 담아내는 사람들을 만났다. 어떤 방식으로든 이야기를 전하는 사람이 많아지길 바라며, 용기 있는 사람들의 이야기를 전한다.

김이경 편집장

be in order

고요한 질서에 부쳐

Joe Howard—Photographer

에디터 이주연

만나서 반가워요. 한국어로는 당신 이름을 '조 하워드'라고 읽어요.
조 하워드! 한국 매거진에 제 사진을 소개하게 돼서 정말 기뻐요. 저는 영국 런던에서 활동하고
있어요.

저는 항상 첫 이야기가 궁금하더라고요. 처음 찍은 사진 기억해요?
벌써 10년도 더 된 일이라 까마득하네요. 아마 집에서 바라본 바깥 풍경을 담았던 것
같아요. 필름 카메라는 쭉 집에 있던 물건이라 쉽게 친해질 수 있었어요. 제 첫 카메라는
토이카메라였죠. 로모카메라의 일종인 피시아이Fisheye였어요. 필름 사진들을 찍으면서
블로그에 올리기 시작했는데 사람들이 필름 사진 특유의 거친 질감을 좋아해 주었어요. 저 역시
그랬고요.

**저도 중학생 때 피시아이를 가지고 있었는데, 반갑네요(웃음). 볼록한 느낌이 독특했죠.
조의 사진은 인스타그램에서 처음 접했는데 정적이면서 정돈되었다는 느낌을 받았어요.**
다른 나라에 있는 사람에게 이런 이야기를 듣는 건 무척 새롭네요. 저는 드라마틱한 빛이나
어두운 분위기의 하늘, 딱딱한 그림자에 끌리는 편이에요. 언제나 주위를 둘러보고 관찰하는
일을 소홀히 하지 않죠.

밤과 낮, 날씨 같은 게 중요하겠어요.
맞아요. 영국은 겨울이 길어서 저에게 전혀 자극을 주지 못해요. 그래서 영국 남서쪽의 끝인
콘월에 종종 가는데요. 여긴 날씨와 풍경이 엄청 극적인 곳이에요. 가끔 폭풍우가 몰아치고
화창한 한낮이 펼쳐지기도 하죠. 꼭 여름의 절정처럼 느껴질 때가 많아요.

**겨울보다 여름에서 영감을 얻는군요. 조의 사진에선 균형감이 느껴져요. 색감이 화려하면
피사체의 형태가 단순하고, 색이 단순하면 피사체가 다채로워서 중심이 잘 잡혀 보여요.**
저는 미니멀한 장면을 포착하는 편은 아니에요. 프레임을 상당히 촘촘하게 구성하고, 너무
추상적으로 보이지 않으려고 하죠. 다양한 색상과 형태의 피사체를 담을 때 특히 만족스러워요.
사진을 찍을 때마다 피테르 브뤼헐Pieter Bruegel 작품을 생각하곤 해요. 하나의 그림 안에 많은
이야기가 담긴 그림들이죠.

**브뤼헐 하면 여러 사람이 담긴 그림이 떠오르는데, 조는 사람보단 풍경이나 건물을 더 많이
담는 것 같아요.**
SNS에 공개한 사진은 그런 편이지만, 사진 속에 더 많은 사람을 담고 싶어요. 저는 사진에
침묵을 담는 걸 즐기는데요. 그만큼 사람을 포착했을 때 담기는 이야기들도 좋아해요. 침묵과
이야기, 그 사이 절충점을 찾는 게 지금 제 과제 같아요.

사진을 보면서 깨끗하다는 인상을 받았어요. 필름 사진의 분위기를 가지고 있되 불필요한
노이즈가 느껴지지 않는 점이 좋아요. 그래서 정갈한 느낌이 드는 것 같고요.
필름 사진을 좋아하는 사람들은 필름이 포착하는 우연함을 좋아하는 것 같은데, 저는 이
지점에선 순수하지 못한 것 같아요(웃음). 저 역시 필름 사진을 누구보다 좋아하지만 필름
사진이 보여주는 결점을 즐긴 적은 없거든요. 빛 번짐이나 먼지가 생기는 듯한 느낌을 좋아하지
않아요.

재미있네요. 필름 사진을 좋아하는 많은 사람이 그런 우연을 즐긴다고 생각했거든요. 이번
호에서는 내 이야기를 기록하는 일과 그 기록을 누군가에게 보여주는 일을 다뤄 보려고 해요.
사진도 이야기를 기록하는 방식 중 하나일 거예요.
그럼요. 보통 글이나 그림으로 기록한다고 생각하겠지만 사진 또한 그러한 방식으로 이야기할
수 있는 장르예요. 원하는 장면을 촬영하기 위해 무엇이든 조작할 수 있고, 때에 따라서는
완전히 허구적인 장면을 만들 수도 있거든요. 그런 측면에서 보자면 저는 고지식한 방식으로
사진을 찍는 편이에요. 눈앞에 있는 걸 인위적인 조작 없이 포착하고 있거든요. 다시는 볼 수
없는 순간을 기록하는 거니까, 훗날 찰나를 다시 느낄 수 있기를 바라며 사진을 찍고 있어요.

'Change' 캠페인에 참여한 사진을 보았어요. 빈 카페를 촬영해 2020년 4월 당시의 팬데
믹 상황을 포착했죠. 사진은 어떤 면에선 시대를 기록하는 일 같기도 해요.
그 사진은 런던 중심부에서 찍었어요. 다시는 이런 모습을 볼 수 없을 거라는 걸 알았기 때문에
사진으로 남겨야겠다고 생각했어요. 그 생각이 들자마자 자전거를 타고 번화가로 나갔죠. 제가
가장 좋아하는 게 사진이라면, 그다음은 먹는 것과 식당이에요. 그런데 맛있는 음식을 내어주는
식당들이 이렇게 허전하다니요. 사진 속 공간은 늘 사람으로 붐비던 카페인데 한낮에도 사람이
전혀 없고 운영되지 않고 있었어요. 북적이던 카페가 너무나 그리웠죠.

적막한 기록이로군요. 지금껏 조는 사진을 통해 어떤 이야기들을 만들어 왔어요?
평화롭고, 고요하고, 따뜻한 이야기요. 저는 강렬한 서사보다도 잔잔한 아름다움이 좋아요.
은근하게 멋진 장소, 사람들이 놓칠 수 있는 작은 근사함… 그런 걸 제 사진을 통해 마주하게
만드는 걸 좋아하죠.

숨은 아름다움을 찾아내는 사람이군요. 앞으로는 또 어떤 근사함을 담아내고 싶어요?
음, 앞으로는 사람을 더 많이 찍고 싶어요. 이 글을 읽고 있는 한국의 독자들도 촬영해 보고
싶네요(웃음). 사진 속에 담기는 사람은 하나의 모습으로만 보이겠지만 그 모습이 영원진 않을
거예요. 오히려 찰나에 가깝겠죠. 지금 이 순간도 우리는 변하고 있을 테니까요. 그런 과정을
포착해 내는 사진을 찍어보고 싶어요. 침묵과 이야기 사이에서 중심을 잘 잡아 볼 테니 언제든
저를 또 불러 주세요.

CAR, THE GARDEN

사랑받는 정원에서

카더가든─뮤지션

에디터 이주연
포토그래퍼 Hae Ran

스타일리스트 박태일 / 메이크업 강윤진 / 헤어 진훈 / 장소 협조 제비다방

지금까지의 삶을 영화로 만든다면 어떤 장르가 될지 묻자
"저예산 영화요."라며 웃는 사람. 이 생엔 대단할 게 없어서
영화로는 못 만들 것 같다는 그의 음악 속엔 영화보다 현실
같은 우리의 삶이 켜켜이 담겨 있다. 누구든 한 번쯤 연애에
울고 유년 시절에 아파한 기억이 있으리라.

'A Kid From Bathroom'은 부모님한테 관심받고 싶어서
일부러 코피 냈던 경험을 담은 곡이에요.
엄마가 "왜 그래?" 하고 관심 가져 주길 바랐어요.

'메이슨더소울'이라는 이름을 사용하다가 '카더가든Car, the garden'으로 활동명을 바꾸었죠. 밴드 혁오의 오혁 씨가 본명인 '차정원'을 치환해서 지어준 이름이라고 알고 있어요. 지금은 본명 이상의 의미도 생겼을 것 같은데, 어때요?
사람들 앞에 서서 계속 뭔가를 하는 직업이다 보니 제가 지금껏 해온 일들이나 제 성격이 어느 정도 포함되었다고 생각해요. 원래 농담을 잘하는 편인데, 미디어에 노출될 때도 제 모습이 그대로 보이곤 하니까 그런 성격도 깃든 거 같고요. 이름을 바꿀 때 '노래 잘하는 남자 솔로 가수' 이미지를 갖고 싶었어요. 마이크 딱 쥐고 시원시원하게 노래 부르는 그런 이미지요. 그래서 오디션 프로그램 〈더 팬〉에 출연할 때 그런 콘셉트로 노래를 불러보기도 했죠. 방송에서 콘셉트가 있길 원하기도 했고 나름 전략적인 콘셉트였어요(웃음). 〈더 팬〉 출연은 저한테 전환점 같은 거였어요. 이 프로그램에 출연하고 "노래에서 감정이 느껴진다."는 이야기를 많이 들었거든요. 사람들의 반응을 직접적으로 들을 수 있던 계기였는데, 그러다 보니 카더가든이란 단어에 제가 이야기하고자 하는 감정도 녹아들면 좋겠다고 생각했어요.

본명 뜻은 어떻게 돼요?
할아버지가 지어주신 이름인데요. 제가 태어날 당시 할아버지 연세가 많으셔서 빨리 태어나면 좋겠다고 생각하셨대요. 제가 세상에 나오고 얼마 되지 않아 돌아가셨는데, 제 이름을 지을 때만 해도 저를 여자로 알았다고 하시더라고요. '정사 정政'에 '멀 원遠'을 써요. '정치를 멀리하라.' 조심스럽게 추측하건대 한자를 잘못 쓰신 게 아닌가 싶어요. 보통 바를 정에 으뜸 원, 이런 거 쓰잖아요(웃음).

뜻밖의 이름이네요(웃음). "폭넓은 연령층에게 사랑받고 싶다."는 이야기를 자주 하셨어요. 지금은 의외의 장소에서 알아보는 사람도 많아졌을 것 같아요.
이전보다는 많아졌어요. 종종 길에서 인사를 받곤 하는데 그럴 때마다 머쓱하면서도 되게 좋아요. 며칠 전엔 부산에서 장어를 먹었는데요. 되게 허름한 식당이었는데, 아주머니가 '어디서 많이 봤는데….' 이런 눈빛으로 절 흘깃흘깃 쳐다보시더라고요. 확실히는 모르겠는데 얼굴은 눈에 익었던 모양이에요. 옆에 슬쩍 오셔서는 "맞나…?" 하시더라고요. 그럴 땐 보통 "가수요? 맞아요." 그러는데 그럼 다들 고개를 끄덕이면서 아는 척을 해주세요. 이 사장님은 "거기 나왔잖아, 〈불후의 명곡〉." 그러시더라고요. 나간 지 꽤 되었는데도 그 프로그램으로 저를 기억해 주는 어른들이 많아요. 저희 대표님도 〈불후의 명곡〉 같은 델 나가야 지방 사람들까지 알아본다고 자꾸 나가라고 하시고(웃음).

저희 부모님이 오디션 프로그램 즐겨 보시는데 음색이 독특하다고 좋아하세요.
그 얘기를 가장 많이 듣곤 해요. "저희 어머니가 좋아하세요."(웃음). 예전엔 좀 올드하단 뜻인 것 같아서 그리 달갑지 않았는데 점점 생각이 바뀌고 있어요. 젊은 친구들이 알아봐 주는 게 더 좋던 시절도 있었는데 그건 좀 건방진 생각이었던 것 같아요. 겪어보니까 어른들이 주는 에너지가 분명히 있더라고요. 한번은 누군가 제게 이런 얘길 했어요. 빌리 조엘Billy Joel 아저씨 공연장엔 아기부터 노인까지 온갖 연령층이 다 있다고요. 그 말을 듣고 생각해 보니까 너무 멋진 일인 거예요. 지금은 더 넓은 연령층에게 사랑받고 싶어졌어요.

얼마 전에 휴가로 제주도에 다녀왔다고 들었어요. 요즘은 어떻게 지내고 있어요?
휴가이긴 했지만 사실 녹음하러 다녀왔어요. 일주일 일정이었는데, 이틀은 녹음하고 닷새는 여행하다 돌아왔죠. 곧 새 음반이 나올 예정인데요. 제가 스튜디오에서 녹음하는 걸 잘 못 견디거든요. 부스 안에 갇혀 있는 기분이어서 환경을 좀 바꾸고자 녹음 장비를 다 들고 제주도로 떠났어요. 큰 독채를 빌려서 방 하나를 부스처럼 꾸렸어요. 이불을 사방에 깔고 녹음해 봤는데 재밌더라고요. 생각해 보면 스튜디오에 갈 돈이 없던 시절엔 집에서 녹음하고 그랬거든요. 그때 생각도 나고….

이번 호 주제어가 '편지'예요. 내 이야기를 기록하는 일, 혹은 내 이야기를 남들에게 보여주는 일로 풀어보려고 하는데요. 음악도 내 이야기를 기록하고 누군가에게 보내주는 일이라고 생각해요. 새 앨범엔 어떤 이야기가 담길 예정이에요?

대체로 최근에 저한테 크게 다가온 얘기들인데, 끝난 연애 이야기나 스스로 느끼는 모순적인 모습을 담아 보려고요. 원래 저는 가사 쓸 때 크게 고민하지 않거든요. 할 말이 많지 않아서 어떨 땐 아무 말이 가사가 된 적도 있는데 오랜만에 '가사가 쓰고 싶다.'는 생각이 들었어요. 여러 일을 겪으며 생각이 많이 바뀌어서 그런 게 아닌가 싶어요. 물론 쓰고 싶다고 해서 술술 나오는 게 아니라 '잘' 써야 하니까 신중하게 작업했죠. 이번 앨범엔 연애 얘기가 가장 많고요, 연애하면서 느낀 생각이나 이제야 하는 반성… 그런 이야기가 담겼어요.

그럼 사랑이나 후회 같은 감정을 담은 거네요. 근데 음악을 만들 때 "감정에서 영감을 받는 건 거의 없고 악기 소리에 꽂히는 편"이라고 이야기하신 적이 있어요.

출발은 당연히 악기예요. 악기의 소리죠. 저는 보통 곡이 먼저 나오고 그다음에 가사를 붙이는데요. 처음엔 곡에 외계어 같은 걸로 '쌀라쌀라' 녹음했다가 어울리는 가사를 만들어서 후에 붙이곤 해요. 가사를 먼저 쓰는 분들도 있는데 저는 그게 잘 안되더라고요. 때때로 좋은 문장이 떠오르면 휴대폰에 메모해 두고 나중에 가지고 오기도 하는데, 음악이 거기서 출발진 않아요.

직접 곡을 쓰다 보면 내 이야기를 노랫말에 담게 되잖아요. 기록과 대중성 사이에서 균형 잡는 게 쉽지 않을 것 같아요.

그래서 장기하나 빈지노가 대단하다고 생각해요. 그들은 자기 이야기로 히트송을 만들잖아요. 그건 '미친' 능력이라고 생각하는데, 저는 제 얘기를 시시콜콜 털어놔서 대중적인 음악을 만들어낸 적은 없어요. 제 유년 시절 이야기를 솔직하게 담은 앨범이 제일 안됐거든요(웃음). 근데 생각해 보면 제가 좀 애매하게 이야기한 것 같긴 해요. 얘길 할 거면 저한테 어떤 일이 있었는지, 어떤 생각을 했는지 좀더 확실하게 담아야 했는데 그게 잘 안됐거든요. 정해진 곡 안에 노랫말을 넣는 건 대단한 재능이에요.

음악에 내 이야기를 솔직하게 담는 것에 대해 어떻게 생각해요?

너무 좋죠. 바람직하고요. 근데 저는 제 이야길 담더라도 '완벽하게' 담은 적이 없어요. 제 경험에서 출발한 큰 주제는 있지만, 쓰다 보면 문장에 맞춰 다른 이야기로 흘러가 버리거든요. 근데 이번 작업에선 '내 얘기를 한번 해볼까.' 그런 마음이 컸어요. 누가 들어도 '얼마 전에 헤어졌구먼.' 할 정도로 한 번에 알 수 있는 이야기를 노랫말로 썼거든요.

기대되는데요. 음악에 내 이야기를 기록하는 기분은 어때요?

음…. 듣는 사람들이 어떻게 느낄진 몰라도 일단 저는 라이브 할 때 몰입이 잘돼요. 제 경험을 직접 부르는 거라서 더 그렇죠. 예컨대 '꿈을 꿨어요'라는 곡이 그래요. 어릴 때 부모님이 자주 싸워서 저랑 동생이 방에 틀어박혀 귀를 막고 시간을 견디곤 했거든요. 그 내용을 담아 노래로 만들었는데, 라이브 할 때마다 자꾸 그때가 떠올라서 몰입감이 생기더라고요. 동생도 이 노랠 듣고 기분이 이상했다고 하고요.

음악에 담는 기록이라 일기랑은 다른 면도 있을 것 같아요.

글만 있을 때보단 좀더 힘이 세다고 생각해요. 특히 잘 맞는 멜로디랑 만나면 시너지가 나요. 가끔 친한 뮤지션이 발매 전에 가사를 먼저 보여줄 때가 있는데, 그럴 때 노랫말 속에서 그 사람이 보여요. 근데 저는 가사만으로 제 이야기를 효과적으로 전달하는 데는 약한 편이에요. 글재주가 없어서 아름다운 노랫말을 쓰는 것도 잘 못하고, 중독되는 노랫말을 만들거나 한 번에 꽂히는 문장을 만드는 데도 재능이 없어요. 가사를 더 잘 써보려고 노력할 때마다 누군가를 흉내 내게 돼요. 특히 장기하 형(웃음). 직접 가사를 쓰는 뮤지션들 노랫말을 보면 저마다 말투가 있는데, 저에겐 특별히 그런 건 없는 것 같아요. 그래서 가사에 욕심을 내기보단 다른 부분에서 제 이야기가 효과적으로 전해지도록 조금 다른 포인트를 만들려고 해요. 더 예쁜 멜로디를 만들거나 더 좋은 편곡을 하는 식으로요.

카더가든만의 말투를 갖고 싶어요?

아뇨. 가사에 대한 욕심은 없어요. 그저 놀러 갔을 때 누군가 "카더가든 틀어 봐." 해준다면 그걸로 족해요. 요새 유명한 음악들은 유튜브 플레이리스트에 꼭 들어가던데, 거기 제 노래가 있는 게 너무 좋아요. 식당이나 카페 같은 데서 우연히 제 노랠 듣는 게 최고죠.

노래의 근간이 되는 경험에 대해 이야기해 볼게요. 고등학교를 졸업하고 바로 입대하고, 그 후에 콜센터, 자동차 부품 공장, 건설 현장 등을 전전했다고요. 돈을

**벌기 위해 경제활동을 시작한 것 같은데, 아무 제약이
없었다면 진짜 하고 싶은 일은 뭐였어요?**
없었어요. 그래서 군대부터 간 거예요. 딱히 하고 싶은
게 없고 대학도 안 나와서 일자리가 제한되더라고요.
고졸 학력으로 취직할 수 있는 데는 중고 자동차, 휴대폰,
콜센터 쪽밖에 없었어요. 중고차는 해볼 배짱이 없고,
휴대폰은 힘들 것 같아서 콜센터에 취직했죠. 스물두 살 때
처음 여자친구를 사귀어봐서 그 당시에 하고 싶던 거라곤
연애밖에 없었어요(웃음).

**취미로 음악 프로그램을 다뤘다고 알고 있는데,
뮤지션을 꿈꾼 적은 없다고 하셨죠.**
저는 오르지도 못 할 나무는 쳐다보지도 않는 편이에요.

어떻게 바로 서울로 갈 생각을 했어요?
그 당시 살던 곳이 너무 삭막해서요. 제가 살던 동네는
동네 진입로부터 공장 단지가 펼쳐지는 곳이거든요. 정말
벗어나고 싶었어요.

**공장 일이 끝나면 "젊은이처럼 입고 번화가를
활보했다."는 이야기를 하셨는데, 동네를 벗어나고 싶다는
마음의 연장이었을까요?**
맞아요. 공장에서 편하게 숙식하며 지낼 수도 있었는데
거기 속하기가 너무 싫었어요. 집도 따로 구하고 일이
끝나면 빨리 밖으로 나가려고 했죠. 퇴근하면 바로 옷을
갈아 입고 번화가로 나갔어요. 친구들이랑 저녁을 먹거나
술을 마셨고, 당구도 많이 쳤어요. 공연을 보기도 했죠.

뮤지션은… 우연히, 운이 좋아서 하게 된 거였어요. 첫
연애에 실패하고 아무것도 못 하던 시절이 있었어요.
회사도 안 나가고 밥도 안 먹고 지낸 때인데, 힙합
하는 동네 애들이 음악 프로그램을 좀 가르쳐 달라고
하더라고요. 소일거리로 그런 걸 하며 지냈는데 어느 날
걔네가 "너 연예인이랑 같이 살아볼 생각 없어?" 그러는
거예요. 삶에 의욕이 없던 때라 서울이라도 가보자 싶어서
덜컥 그러겠다고 했어요. 걔들이 래퍼 주석 씨네 집에서
지내던 크루였거든요. 그렇게 주석 씨랑 우연히 함께
살게 되면서 주석 씨가 제 첫 앨범을 내줬어요. 사실 이런
이야기를 할 때마다 머쓱해요. 남들은 이것저것 도전하고
노력해서 뮤지션의 꿈을 이루는데, 저는 등 떠밀리듯
음반이 나온 거여서요.

퇴근길이 제가 음악을 가장 많이 듣던 시간이기도 해요.
넬이나 짙은, 그리고 장기하와 얼굴들 같은 음악이요.

**앨범 [Apartment]와 [C] 이야기를 할 때면 어린 시절
이야기가 빠지지 않고 등장해요. 상처로 얽힌 유년 시절을
회피하지 않게 되어서 그 이야기를 담을 수 있었다고 했죠.**
[Apartment] 작업할 때 연을 끊고 지내던 아빠와
화해하게 돼서 음악으로 만들 수 있었어요. 사실 어릴
땐 가족에 대한 분노로 가득했어요. 아버지가 다니던
회사가 망해서 살림이 확 어려워졌는데, 당장 경제력이
달리니까 아빠가 밤에 대리운전을 하고 그랬거든요.
그러면서 부모님 싸움도 늘고, 결국 이혼하시고…. 그러다
보니 유년 시절은 저에게 좋지 않은 기억으로 남았죠.

아빠랑 화해했다고 극적으로 사이가 좋아진 건 아니지만, 그래도 지금은 공연하면 초대해 드리고 제 소식도 전하고 있어요. 그렇게 되고 나니까 분노로만 가득 차 있던 시절이 달라 보이더라고요. 만일 지금 저한테 그 당시 아빠가 겪은 경제적인 위기가 찾아온다면, 거기다가 한 가정의 가장이자 애까지 있다면 얼마나 눈앞이 깜깜할까요. 그런 생각을 아빠랑 화해하던 시기에 처음으로 해봤어요. 아빠도 어떻게든 살아보려고 애쓴 건데, 그땐 부모님을 전혀 이해 못 한 거죠. '왜 우리 집은 도대체 이 모양인 거야.' 원망뿐이었으니까.

중학교 3학년 때부터 성인이 될 때까지 고모 집에서 지냈다고 들었는데, 그런 사연이 있었군요.
고모는 정말 좋은 분이에요. 제가 잘 클 수 있게 도와주신 분이죠. 요즘 고모가 저한테 가장 많이 하는 말은 "임영웅이는 1년에 천억을 번다더라!"예요(웃음). 말도 안 된다고 하면, 고모는 천억이 사실이든 아니든 1년에 천억을 제 지향점으로 삼고 달려가라고 해요. 고모의 농담이지만 그 안에서 걱정하는 마음을 느낄 수 있죠. 어릴 때부터 제 일에 전혀 관여하지 않으셨는데, 최근 들어 운이 좋아서 잘 풀린 거니까 지금 모습을 잘 유지만 하라는 이야기를 종종 하세요.

고모 이야기가 나오니까 표정이 풀어지네요. 고모를 생각하는 마음이 남다른 것 같아요.
그럼요. 저한텐 부모님 같은 분이에요. 오디션 프로그램에 나갔을 때 무대마다 부모님 석이 따로 있었거든요. 출연자들 부모님이 앉아서 응원하도록 마련된 자린데, 고모한테 나오라고 했더니 싫다고 하시더라고요. "너희 엄마·아빠가 버젓이 있는데 내가 거길 왜 가니?" 그러면서 한 번도 안 오셨어요. 고모는 제 일에 이래라저래라 하신 적이 없어요. 걱정은 오히려 잘 풀리고 난 뒤에 하기 시작하셨죠.

그런 노터치 방식이 잘 맞았어요?
네. 고모는 제가 학교에 가기 싫다고 하면 가지 말라고 했고, 밥을 안 먹는다고 하면 그대로 두셨어요. 고등학생 때 사고 쳐서 보호 관찰 받고 그래도 아무 말도 안 하셨죠. 고모가 저한테 이야기한 건 한 가지였어요. "학교에 안 가고 공부를 안 하는 건 자유지만, 성인이 되면 알아서 네 살길을 찾아야 한다."고요. 고모는 저뿐만 아니라 친딸인 사촌 동생도 똑같이 키우셨어요. 다른 친구들이 이유 없이 공부에 매진하는 게 아니라고, 공부를 안 할 거라면 다른 일로 먹고살 수 있어야 한다고요. 어릴 때부터 독립할 수 있는 분위기를 계속 만들어 주신 거죠.

고모 덕분에 군대 다녀와서 바로 경제활동을 시작하게 된 거군요.
결정적인 이유는 스무 살이 되니까 고모가 집에서 나가라고 해서예요(웃음). 그래서 바로 군대에 갔죠. 전역하고 나면 고모가 고시원 방세를 반년까지는 책임지겠다고 하셨거든요. 그 덕분에 거리에 나앉지 않고 독립할 수 있었어요. 제가 만약 그때 고모네서 나오지 않았다면 지금의 저는 없었을 것 같아요. 발 뻗고 잘 방이 있고, 밥도 굶지 않았을 테니 완전히 다른 경험을 하지 않았을까요?

이 이야기를 음악에 담게 된 계기가 있어요?
[Apartment] 작업에 들어갈 즈음, 기하 형이랑 〈세계테마기행〉 촬영으로 캐나다에 다녀왔어요. 거기서 아파트를 보고 문득 어릴 적 생각이 나더라고요. 어릴 때 친구들은 다 아파트에 사는데 저만 연립주택에 사는 게 창피해서 저희 동네에서 가장 큰 아파트인 '진주아파트'에 산다고 거짓말을 했거든요. 근데, 그 아파트 동이 몇 개고, 어떤 구조인지 전혀 모르는 상태였기 때문에 친구들에게 금세 들켜버렸어요. 그때 아빠한테 그 이야기를 하면서 울었는데 굉장히 속상해하셨죠. 그런 경험을 생각해 보니까 문득 아빠가, 또 그 시절의 우리 가족이 안쓰럽더라고요. 그 기억들이 마구 떠올라서 작업하게 됐어요. [Apartment] 작업 때는 동료 뮤지션들이 많이 도와줬는데요. 그 덕분에 음악적으로 많이 생각하게 됐고, 음악관도 생겼어요. 좀더 전문 뮤지션의 마음을 갖게 됐죠.

음악관이라는 게… 정확히 어떤 거예요?
뮤지션으로서 준비가 되었다는 의미랄까요. 저도 전문적으로 음악 하는 뮤지션인데, 이전엔 자세가 하나도 안 돼 있었어요. 기술적인 부분은 물론이고 태도도 그랬어요. 스튜디오에서 녹음해야 하는데 누워서 자고, 가사 쓰라는데 안 쓰고, 녹음 한 시간 하고 힘들다고 손 놓고…. 그러다 [Apartment] 작업 때에야 프로 뮤지션이 가져야 할 자세를 배운 거예요. 지금은 그때와 마음가짐이 아주 달라요. 그때 들인 습관을 계속 쌓아가는 거기도 하죠.

뮤지션이 "운이 좋아서 되었다."고 하셨는데, 기타는 일찌감치 배웠다고 알고 있어요. 고모부 어깨너머로 하나둘 익혔다고요.
맞아요. 저를 키워주신 고모는 큰고모고, 기타를 가르쳐 준 고모부는 셋째 고모의 남편이에요. 얼마 전까지 나이트클럽에서 백 밴드를 하시다가 이제 막 은퇴하셨죠. 사실 기타가 멋있고 관심이 가서 배운 게 아니라, 기타를 만지작거리니까 고모부가 이렇게 치는 거라면서 코드 잡는

법을 알려 주셨어요. 나중엔 코드표도 주시고 반주하는
법도 가르쳐 줬어요. 그 당시 싸이월드 BGM을 추천해
주던, 관심 가던 여자애가 있는데요. 션 레논Sean Lenon의
'Parachute'를 좋아하길래 코드를 연습해서 들려준
기억이 나요. 쭉 기타에 관심 있던 건 아니고, 알음알음
익혀가다가 그때 한 번 열심히 쳤지 싶어요.

**문득 운명이라는 게 있나 싶어요. 음악의 길로 꼭 누가
정원 씨를 이끄는 것 같아서요.**
그래서 운이 좋다고 자주 생각해요. 특히 인복이
엄청 많죠. 음악적으로 좋은 인연을 계속해서 만나고
있어요. 이번 앨범에 함께하는 작업자도 원래 알고 있는
친구인데요. 마침 제가 하고 싶다고 생각한 음악을 하고

때 함성이 쏟아지는 걸 들으면서 위축되곤 했죠. 그
시절엔 비교 대상을 두고 유명해지는 걸 꿈꿨어요. '나도
저 사람처럼 되고 싶다.'는 마음이었죠. 단순히 제가
술 마시고 있을 때 누가 와서 사인해 달라고 하면 너무
좋겠다고 생각한 거예요. 근데 운 좋게 그런 위치에 어느
정도 오고 보니까 비교 대상을 두기보다는 지금 이 관심을
유지하고 싶다는 생각이 들었어요. 여전히 자격지심은
있지만 많이 극복한 것 같아요. 예전엔 밑도 끝도 없이
유명해지고 싶은 마음뿐이었는데 지금은 안정감을
찾았달까요.

지금 마음은 좀 어때요?
음악을 더 잘 만들고 싶어요. 음악을 만들어야만 해서 만든

있어서 어렵지 않게 함께하게 됐어요. 하나하나 따져보면
정말 신기하죠.

**유명해지고 싶다는 이야기를 자주 했어요. 근데
명예욕처럼 느껴지진 않았어요. "스스로를 높게 생각하고
우쭐하면 오히려 나를 불행하게 만들 것 같다."라는
이야기를 듣고 더 그랬고요.**
길을 걷다 사람들이 저를 알아보는 빈도는 늘었지만
지금도 저는 유명하다고 생각하지 않아요. 저보다
잔나비가 훨씬 유명하잖아요(웃음). 저는 자격지심이
심해요. 레이블에 처음 들어갔을 때 소속
아티스트들이랑 같이 공연하면 저 자신이 '쭈구리'처럼
느껴졌어요. 장기하와 얼굴들이나 혁오가 무대에 올라갔을

적이 몇 번 있는데요. 그럴 땐 작업을 마쳐도 기분이 좋지
않더라고요. 그렇게 낸 노래는 잘 듣지 않게 돼요. 제가
작업한 건데도 가사가 잘 기억이 안 나고요. 그런 경험을
해보면서 느끼게 됐어요. '아, 이렇게 하면 안 되는구나.'

그런 음악은 내 기록처럼 느껴지지 않아요?
네. 근데, 발매 초반에는 관심이 없었는데 점점 애정이
생기는 곡도 있어요. 대부분 드라마 OST가 그렇죠.
녹음은 가벼운 마음으로 했는데, 사람들이 좋아해 주니까
저도 갑자기 마음이 생기는 거예요. 저는 사람들 관심도에
따라 많이 움직이는 편이에요. 좀 다르게 이야기하면
제 심지가 굳지 않다고도 볼 수 있겠죠. 근데, 어쩔 수
없어요. 저는 그걸 동력으로 움직이고, 사람들 기호에 맞춰

생각하는 사람이거든요. 한때는 이게 큰 고민이었지만 지금은 그냥 편하게 생각하려고 해요.

과거에는 예술을 순수한 것으로 여겨서 돈이나 명예랑 연관 지으면 안 된다는 인식이 있었어요. 그래서 열정페이나 재능기부 같은 단어로 착취당하기 쉬웠고요. 근데 정원 씨는 "음악이 돈벌이라는 것을 잊지 말아야 한다."고 하시더라고요. 솔직하다고 생각했어요.
스트리밍 사이트만 해도 한 달에 만 원 돈을 결제해야만 이용할 수 있잖아요. 잘나가는 뮤지션들은 스트리밍 몇 번으로도 엄청나게 큰돈을 벌어요. 남들이 몇 달 일해서 받을 월급을 한 번에 받을 때도 있죠. 그런 걸 생각하면 이 돈이 그냥 들어온다고 생각해 버리면 안 될 것 같아요. 누군가 제 음악을 위해 돈을 내고 있다는 사실을 잊는 순간 제가 대단하다고 착각해 버릴 것 같아요. 반면 그걸 기억하고 있으면 더 열심히 해야 한다는 사명감이 들고, 공연할 때도 사람들의 니즈를 맞추려고 노력하게 돼요. 저도 직장 생활을 한 적이 있어서 소중한 주말에, 평일 퇴근 후에 공연 보러 오는 게 쉽지 않다는 걸 알거든요. 그렇게 찾아오신 분들께 혼자 신나서 카더가든과 어울리지 않는 무대를 만들거나 기대에 못 미치는 라이브를 해버리면 실망을 주게 되잖아요. 그래서 제가 돈을 받고 있고, 누군가가 저한테 돈을 지불하고 있다는 걸 계속 생각하려고 해요. 이 생각은 재작년에 특히 더 강해졌어요. 뮤지션 생활을 오래 하고 싶다고 생각하면서부터 이 생활을 유지하기 위해 필요한 것들이 떠오르더라고요. 제 음악을, 공연을 위해 기꺼이 돈을 지불하는 사람들을 생각하면서 돈을 더 내고 싶게끔 만들어야겠다는 생각이 들었어요. 그러려면 저는 반드시 열심히 해야 하고, 그럼 청자들은 또 그에 맞는 금액을 기꺼이 지불하겠죠.

선순환이네요. 유명해지면 신경 쓸 게 더 많을 것 같은데 그런 부담은 없어요?
제 주변에 직장 생활하며 안정적으로 살아가는 친구들도 꽤 있는데, 그 친구들한테 유독 걱정을 많이 들어요. '언제까지 이 일을 할 수 있을 거 같냐.'부터 시작해서 술도 줄이고, 담배도 적당히 피우라는 이야기도 많이 하죠. 사실 저도 걱정이 없는 건 아니에요. 지금은 직장에 다니는 친구들보다 제 수입이 좋을 수 있지만 이게 언제까지고 지속될 거라고 확신할 순 없잖아요. 그래서 이전엔 신경 쓰지 않던 건강도 생각하게 됐어요. 비타민도 챙겨 먹고….

친구들이랑 술 마시다 보면 "연예인 병 걸렸냐."는 이야기도 들으신다고요(웃음).
특히 술자리에서 말할 때 조심스러워요. 옆 테이블에

누가 앉아 있을지 모르니까요. 저도 민감한 편이지만 저희 대표님은 더 하세요. 집에 가서 마시자고 하고, 제 목소리가 조금 커지면 말리려고 하고요(웃음).

오늘 대화도 그렇고, 미디어에 노출될 때도 굉장히 솔직한 편이잖아요. 인제 와서 신비로운 콘셉트를 하기에는 늦은 것 같다고 이야기한 적이 있죠.
여태 콘셉트나 제 이미지를 생각할 겨를이 없어서 차정원이라는 사람이 너무 많이 드러나 버렸어요. 아마 그 이야기는, 누군가 저한테 음악이랑 제 모습이 다르다고, 음악에서 보이는 이미지를 지키고 싶은 생각이 없느냐고 물었을 때 그렇게 대답한 것 같은데요. 인제 와서 이미지를 만들고 싶어도 정보가 너무 많이 노출됐어요. 유튜브에 '카더가든'만 검색해 봐도 알 거예요. 말도 안 되는 콘텐츠가 너무 많아요.

만약 그런 정보가 아무것도 없다면 신비한 콘셉트 해보고 싶어요?
제 정보를 다 지워버릴 수 있다면요? 물론이죠. 저도 한 번쯤은 멋있는 뮤지션이고 싶어요. 만약 제 이미지를 다시 만들 수 있다면 말을 거침없이 하는 뮤지션이 되어보고 싶네요. 오아시스처럼 "싫은데요?" 이런 말도 당당하게 하고, 근데 음악은 너무 멋있고.

창작자랑 작업물을 떼어놓고 볼 수 있다고 생각해요?
그럼요. 음악은 음악이고, 사람은 사람이죠. 실제로 음악은 너무 좋아하지만 사람은 별로라고 생각하는 뮤지션도 많아요.

궁금하지만 묻지 않을게요(웃음). 술 좋아한다고 알고 있는데, 혹시 취중 진담을 믿나요?
저는 취중 거짓말 많이 하는 편이에요(웃음). 주량이 소주 세 병 정도인데, 멈추지 못하고 주량 이상을 마시는 편이라 취한 상태에선 지키지 못할 약속도 많이 하죠. 말할 당시엔 분명히 진심인데 다음 날이 되면 실현할 수 없는 말들이 많아요. "내일 떠나버리자." 같은 거요.

대화할 때 어떤 편이에요?
편안한 거 좋아해요. 유난히 어색한 사람들이 있어요. 얘기는 계속 오가는데 마음이 불편하고 신경 쓰게 되는 사람이요. '이 사람 지금 무슨 생각하나….'

다른 사람을 많이 신경 써요?
엄청요. 한번은 이런 적도 있어요. 친구네 커플이랑 술을 마시면서 제 음반 얘기를 하게 됐어요. 근데 다음 날 너무

후회가 되는 거예요. 그래서 친구한테 문자로 "내가 어제
내 얘기 너무 많이 했어?"라고 물었는데, "뭔 소리야,
아무도 너한테 관심 없어." 그런 답장이 오더라고요. 저는
사람들이 저를 안 싫어하면 좋겠어요. 누가 절 싫어한다고
생각하면… 괴로워요. 그게 좀 심한 편이죠.

**상대방을 신경 쓰다 보면 배려하다가 감정적으로
지치기도 하잖아요.**
맞아요. 저는 제 문제점을 잘 알고 있어서 더 그래요.
말이 좀 많고, 의견을 강하게 얘기하는 성향이 있거든요.
이런 성격엔 호불호가 크게 갈린다는 걸 알아서 더
조심스러워요.

그럼 정원 씨의 장점은 뭐라고 생각해요?
정이 많아요. 사람들한테 잘해줘요. 잘해 준다고 해봤자
밥값, 술값 잘 내는 정도지만(웃음). 그래도 진짜 좋아하는
사람하고는 진심을 다해서 이야기하려고 해요.

**저는 정원 씨가 방송에 잘 어울리는 뮤지션이라고
생각했어요. 근데 예능 프로그램은 어렵다고
이야기하시더라고요.**
의외로 제가 예능을 무서워해요. 잘 못하더라고요.
〈라디오스타〉에 나간 적이 있는데, 티브이로 볼 땐 잘할 것
같았거든요. 근데 막상 그 자리에 앉으니까 기가 눌리고
긴장됐어요. 그것도 '저 사람이 날 어떻게 생각할까…'라는
데서 눈치를 봐서인 것 같아요. 제가 어떤 멘트를 했을
때 '피디가 뭐라고 생각할까.', '저 패널은 날 어떻게
생각할까.' 이런 심리가 고스란히 드러나더라고요.

**반면, 노포를 탐방하는 GQ 유튜브 콘텐츠에선 되게
편해 보이던데요.**
스태프랑 친하고 성향을 잘 알아서 쉬운 것 같아요.
딱히 고민하지 않고 생각나는 말들을 뱉어도 '쟤가 날
어떻게 생각할까.' 눈치 보지 않아도 되거든요. 아마 방송
관계자분들도 유튜브 콘텐츠 보고 저를 섭외하려다가
지상파 예능 보고는 마음 접으실 것 같아요(웃음).

혹시 진짜 하고 싶은 콘텐츠가 있어요?
장르가 상관없다고 한다면 스포츠 콘텐츠요. 스포츠
기자들 만나서 "이번 경기, 어떻게 생각하십니까?" 이런
거 묻고 싶어요. 제 인생에선 스포츠가 상당히 큰 부분을
차지하거든요. 아침에 일어나자마자 야구 보고, 농구 보고,
간밤에 올라온 소식 확인하고, 하이라이트 영상 보고…. 한
50대쯤 되면 스포츠 콘텐츠 하나 꾸려보고 싶어요.

스포츠요? 상상이 안 돼서 미래가 더 기대되는데요(웃음).
"장르보다 목소리로 기억되고 싶다."는 이야기를 한 적이
있죠. 나중에 어떤 목소리로 기억되고 싶어요?
아는 목소리요. 들었을 때 바로 "카더가든이네!" 할 수
있는 목소리.

**덧붙여 "음악적으로 영향력 있는 사람이 되고
싶다."고도 하셨죠.**
음…. 지금까지 제가 쌓아온 작업과 이미지를 돌아봤을
때 저랑 비슷한 느낌의 뮤지션이 많지는 않다고 생각해요.
그걸 계속 유지하는 것만으로도 영향력이 될 수 있을 것
같아요. 조금만 더 욕심을 내보면 누군가에게, 이왕이면
많은 사람에게 계속 남아 있고 싶어요. 이를테면, 이번에
결혼식에서 축가를 하게 됐는데요. 이 커플과의 인연이
좀 특별해요. 옛날에 작은 무대에서 공연할 때 한 남자
관객분을 무대에 올리고 장난삼아 세레나데를 불러드린
적이 있어요. 그때 누구랑 왔냐고 여쭤봤더니 여자친구랑
오셨다는 거예요. 그래서 두 분이 결혼하면 그땐 진짜
세레나데를 불러드리겠다고 했는데 정말 결혼하게 되신
거죠. 여자친구분이 "약속 지키셔야 합니다." 그러면서
연락해 주셨더라고요. 그분들에게는 제가 영향력 있는
사람인 거잖아요. 그런 영향력이 더 많은 사람에게
퍼졌으면 좋겠어요.

축가로 어떤 노래 부르기로 했어요?
'나무'를 자주 부르지만, 결혼식 주인공은 신부니까 신부가
원하는 곡이라면 뭐든지 하려고 해요. 한번은 잔나비
노래를 해달라던 분도 있었….

[C], 정원의 기록들

곡 사이사이 스며 있는 정원의 이야기, 알고 들으면 좀더 가깝게 들리는 그런 이야기.

[C] (2019)

Track01—의연한 악수
'나도 그 사람처럼 되고 싶어서 뒤를 따라갔지만 결국 나는 그렇게 될 수 없다.'는 걸 깨닫고 좌절감이 밀려오던 때가 있었어요. 누군가의 멋진 창작물을 보면서 벽을 느끼던 시절에 쓴 곡이죠. '아, 저 사람은 레벨이 다르구나.' 그런 마음을 떠올리며 작업했어요. 사실 장기하 형을 생각하면서 쓴 곡이에요.

Track02—A Kid From Bathroom
부모님한테 관심받고 싶어서 일부러 코피 냈던 경험을 담은 곡이에요. 코피가 나면 엄마가 "왜 그래?" 하고 관심을 가져 줄 것 같았어요. 사실 지금도 그렇게 살고 있는 것 같아요. 자극적인 모습으로 관심을 받고 싶은… 그런 성격이 아직 남아 있거든요.

Track03—꿈을 꿨어요
엄마랑 동생 얘기예요. 어릴 때 부모님이 자주 싸우셔서 저랑 동생은 그 시간을 귀를 막고 버텼어요. 동생이 이 노래를 들으면 기분이 이상하다고 하더라고요.

Track04—유영
체코는 보통 오후 4시면 일이 끝난대요. 그래서인지 체코 공원엔 유독 사람이 많았어요. 그때 낮잠 자는 남녀 한 쌍을 보면서 이런저런 것들을 상상했어요. 아찔한 상상도 덧붙여서 망상의 나래를 펼쳐 작업했죠.

Track05—Tallguy
여자들한테 "정원 씨, 키가 되게 크시네요."라는 말을 유난히 많이 들었어요. 외모에 대한 칭찬은 그것뿐이어서 그 말을 떠올리며 만들었어요.

Track06—비었다
근현대사에 관심이 많아서 민주화 운동을 생각하며 작업했어요. 아마 저라면 나서서 투쟁은 못 했겠지만… 민주 항쟁 투사가 되는 상상을 하면서 친구한테 편지 쓰듯 가사를 썼죠. 죽은 친구가 살아 있는 친구에게 편지를 쓴다고 상상했고, 그렇게 투쟁해도 바뀌는 게 없다는 내용을 담고 싶었어요.

Track07—면허없음
운전면허가 없는 게 그 당시 여자친구한테 미안해서 쓴 곡이에요(웃음).

Everything In The Diary

일기장의 모든 것

문보영—시인

에디터 이주연
포토그래퍼 Hae Ran

"오키나와빨대할머니한테 편지가 왔는데? 문보영, 아는 사람이야?"
어느 날 엄마에게 메시지가 왔다. 오키나와빨대할머니는 나이고,
문보영은 시인이다. 일기를 우편으로 보내주던 이 시인은 편지 봉투에
공룡이나 강아지 같은 귀여운 스티커를 덕지덕지 붙여준다. 누가 봐도
궁금한 봉투다. 편지를 열면 A4 용지에 깜지처럼 빼곡하게 쓰인 손
글씨 일기가 있고, 가끔 그림도 들어 있다. 보영에게 일기란 무엇일까.
시와 일기의 경계는 무엇일까. 또 그가 항상 곁에 두는 '말씹러'는
무엇일까. 그는 왜 엄청난 양의 편지를 들고 우체국에 가는 걸까.

일기는 그 순간 느껴야 할 감정을 모두 밟고 지나가도록 도와주는 것 같아요.
슬픈 일을 겪더라도, 얼렁뚱땅 슬픈 게 아니라
하나하나 씹어 삼키면서 슬플 수 있게 하는 거죠.

잠은 잘 잤나요? 악몽은 안 꿨어요?
네(웃음).

어제는 몇 시에 주무셨어요?
새벽 3시 반쯤 잠들어서 아침 10시에 일어났어요.

매일 새벽 5시에 잠들어서 '잠 못 자는 사람의 새벽 12시부터 5시'라는 불면 챌린지 브이로그도 하셨잖아요, 일찍 주무셨네요.
맞아요(웃음). 개운하게 자고 일어났어요.

보영 씨를 모르는 독자들은 '시인인데 브이로그를 해?' 하고 생각할 것 같아요. 직접 소개해 주실래요?
시 쓰는 사람이고요. 독자들한테 편지도 보내고, 유튜브도 조금 하고, 하다 말고, 또 하고…. 아주 평범한 사람이에요.

한때는 평범한 일상을 살고 싶다는 이야기를 자주 했는데, 이젠 "평범한 사람"이라고 소개하시네요.
어느 순간 그렇게 됐어요. 근데 막상 평범하게 살아보니까 이렇게 살고 싶진 않은 것 같아요.

왜요?
예전에는 일상을 잘 살아내고 싶었어요. 제가 하는 일을 잘하기 위해 나머지 부분에서 건강해야 한다고 생각했거든요. 근데 어느 순간 주객이 전도돼 버렸어요. 평범한 일상을 소중하게 여기려고 애쓰다가 나중엔 일상을 유지하는 게 숙제처럼 느껴졌거든요. 결국 시 쓰기를 잘하려고 일상도 규칙적으로 살고 싶었던 건데, 시 쓰는 것보다 일상을 유지하는 게 더 중요해졌달까요. 그래서 요즘엔 다 놓아버리고 무신경하게 지내려고 해요. 설거지거리가 쌓여 있어도 그냥 작업실에 가요. 청소기도… 언제 돌렸더라….

그게 정상인 것 같은데요(웃음). 한동안 일상이 중요 화두였는데, 그럼 요즘엔 어떤 화두를 품고 지내요?
(조용히) 미래가 불안해요.

미래가 불안하다고요?
네.

어떤 의미에서의 불안이에요?
지금까지는 이렇게 사는 게 괜찮은 것 같았는데, 더 먼 미래를 생각하면 어른이 되어야 한다는 의무가 생겨요. 제가 잘할 수 있을까 걱정도 되고요. 저는 원래 과거만 생각하던 사람인데 작년부터 자꾸 미래를 생각하게 돼요. 불안함이 일상이 되면 가끔 숨이 막혀요. 제가 해야 할 도리가 점점 더 많아지는 것 같아서요. 돈도 벌어야 되고, 저축도 해야 되고, 규칙적으로 잘 살아야 하고, 어른이란 걸 증명해야 하고…. 사회에서 요구하는 올바른 삶 같은 걸 생각하면 종종 '에라, 모르겠다!' 싶을 때가 있어요.

미래를 위해서는 현재를 잘 살아가는 게 아무래도 중요할 텐데, 지금 가장 중요한 키워드 세 가지를 꼽아 볼까요?
우선은 시. 다양한 활동을 하면서 최근엔 시와 좀 많이 멀어졌어요. 일부러 거리를 두려고도 했지만 해보니까 결국에는 시로 돌아가야 한다는 걸 알게 됐어요. 시랑 너무 멀어지면 제가 좀… 슬퍼져요. 행복해지기 위해서라도 귀소 본능처럼 자꾸 돌아가게 되더라고요.

다음 키워드는요?
아침이요. 항상 정오가 지나 일어나다가 최근에 10시에 줌으로 친구들을 만나면서 아침을 살아봤어요. 각자 글 쓰고 해산하는 화상 독서실 같은 걸 해보니까 너무 좋더라고요. 일부러 나가지 않으면 사람 만날 일이 없어서 더 생산적이란 생각도 들어요. 며칠 전에 저한테 어떤 분이 이런 이야기를 해줬어요. '깊이 있는 인간관계는 충분해 보이는데 얕고 넓은 관계가 없어 보인다.'고요. 근데 그게 너무 맞는 거예요. 직장에 다니는 것도 아니다 보니 친구를 만나지 않는 날엔 종일 누군가와도 이야기를 안 하는 날도 있고…. 그래서 아침을 이렇게 보내는 게 더 기뻐요. 누군가를 줌으로라도 만나서 하루를 시작하는 기분도 그렇고, 그걸 위해 아침에 일찍 일어나려고 노력하는 것도 그렇고요.

패턴이 조금씩 바뀌고 있군요. 시, 아침, 그리고 마지막 하나를 꼽는다면요?

음… 아마… 편지요.

이번 호 주제어가 '편지'인데 마침 편지 이야기를 하시네요(웃음).

꼭 짜고 치는 것 같네요(웃음). 편지 봉투에 일기를 넣어 우편으로 보내던 '일기 딜리버리'가 아무래도 가장 오래 해온 활동이다 보니 중요 키워드에서 빼놓을 순 없을 것 같아요. 구독 신청을 받아서 일기를 보내드리는 프로젝트인데요. 첫 원고는 일반우편으로 발송하고, 나머지 원고는 매주 정해진 요일에 이메일로 발송하고 있어요. 잠깐 쉬는 기간을 가졌는데 조만간 다시 시작하려고 해요. 일기 딜리버리만을 위한 새로운 봉투도 만들었거든요. 항상 직사각형의 일반 편지 봉투를 사용했는데, 이번에 친구가 캐릭터를 그려 주어서 크래프트 봉투에 인쇄해 제작했어요.

구독자로서 무척 반가운 소식이네요. 《준최선의 롱런》에서 이런 이야기를 했어요. "나의 생계는 크게 세 가지로 지탱된다. 일기 딜리버리, 시 수업, 원고료. 그중 가장 큰 지분을 차지하는 것은 일기 딜리버리다." 가장 큰 수입원이기도 한데 지금은 왜 쉬고 있는 거예요?

에세이랑 일기를 보내는 프로젝트다 보니까 구독자가 늘어날수록 부담이 생겼어요. 제가 살아온 삶이나 경험은 한정되어 있어서 해나갈수록 밑천이 떨어진다는 느낌이 들었죠. 또 구독자는 늘어나는 반면 제가 성장을 못하고 있단 느낌도 있었어요. 초반에는 누가 봐도 상관없을 글들을 써서 부쳤다면, 점점 더 많은 사람이 보게 되니까 구독자를 의식하게 됐거든요. 문득 정신을 차려 보니 구독자들이 듣고 싶어 할 말들을 골라서 쓰고 있더라고요.

듣고 싶어 할 말이라는 걸 어떻게 알았어요?

저는 누군가의 이야기를 잘 들어주고 반응도 잘해주는 성격이어서 피드백에도 영향을 많이 받아요. 예컨대, 어떤 사람이 제 글을 읽고 따뜻하다고 반응하면 계속 따뜻한 글만 쓰게 돼요. 제가 쓰고 싶은 글이 어떤 건지 제대로 생각할 겨를도 없이요. 그래서 잠깐 쉬면서 제 글에 대해 생각할 시간을 갖기로 했어요. 근데, 어느새 제가 일기 딜리버리를 하면서 마감에 맞춰 글 쓰는 게 익숙해져 버렸더라고요. 마감이 없으면 안 쓰게 되는 거예요. 그래서 일기는 잠시 쉬고 몰래 '시 딜리버리'를 시작했어요. 구독자는 최소한으로 두고 마감은 있는 중간 지대를 찾은 거죠. 구독자가 많이 유입되는 인스타그램엔 홍보하지 않고 블로그에만 조용히 알리고 시작했어요.

안 그래도 시 딜리버리 신청 링크를 발견했는데, 이미 신청 기한이 지났다더라고요. 딜리버리 프로젝트는 불특정 다수를 두고 편지를 보내는 작업이잖아요. 아무리 일기를 부친다고 해도 일기장에 쓰는 것과는 좀 다를 것 같아요.

제 글쓰기는 모두 일기장에서 시작돼요. 시도, 소설도, 일기도, 메모도요. 글을 쓸 땐 이게 일기가 될지, 시가 될지, 소설이 될지 저도 몰라요. 거기서 '이 이야기는 나만 알면 되지. 아무도 궁금해하지 않을 거야.' 싶은 건 덜어내고, '이건 좀 웃긴데? 나 이걸로 누구 웃기고 싶다.'는 생각이 드는 글들은 타이핑하면서 장르를 정해요. 저는 사실 글 쓰는 걸 좋아한다기보다는… 펜과 종이가 마찰하는 소리나 손을 움직였을 때 글자가 적히는 걸 즐기는 것 같아요. 그래서 시도 때도 없이 일기장에 글을 쓰는 거고요. 딜리버리를 시작한 것도 휴대폰이나 컴퓨터로 뭘 적는 걸 힘들어해서 메시지든 원고든 종이에 쓰고 다 편지로 보내고 싶은 마음 때문이었어요.

'보내고 싶다'는 건 받는 사람을 늘 염두에 둔다는 거네요.

그런 것 같아요. 맨 처음 블로그에 글을 썼을 때 친구들이 제 글을 읽고 "너 좀 웃긴다."라는 말을 많이 해줬거든요. 저는 살면서 웃긴다는 말을 그때 처음 들어봤어요. 대화하면서는 들을 수 없던 말인데 글을 썼을 때 누군가를 웃긴다는 사실이 너무 좋았어요. 저한테 글이라는 건 처음부터 내밀하면서도 외적인 요소였던 것 같아요. 저를 만족시키는 동시에 타인을 웃기는 일이었던 거죠.

웃긴 글이 꼭 웃긴 상태에서 나오는 것만은 아닌 것 같아요. 적당히 슬플 때 글이 잘 써진다는 이야길 하신 적이 있죠.

맞아요. 처음 글을 쓴 게 되게 힘들 때였거든요. 힘듦을 글로 표현하는데 상처가 봉합되는 듯한 쾌감이 너무 좋았어요. 그래서 제가 자학 개그 같은 글을 자주 쓰는 것 같아요. '내 한 몸 자빠뜨려서 누군가 웃길 수 있다면….' 그런 마음이 있는 거죠. 근데 항상 이렇게 글을 쓸 순 없어서 글쓰기가 좀 어려워진 적이 있어요. 일기 딜리버리도 그래서 잠시 쉬고 있는 거고요. 너무 힘들면 다 하기 싫어지잖아요. 글도 마찬가지예요. 저는 행복할 때는 글이 잘 안 나오는 편인데, 진짜 힘들 땐 그보다 더 안 써져요. 적당한 스트레스가 저에겐 글쓰기의 동력이거든요.

행복한 날엔 일기장에 사실만 적는다고 하셨죠. 그날의 날씨, 거리, 먹은 음식, 음식의 맛, 색깔, 모양… 같은

것들이요. 행복하다는 감정은 따로 기록하지 않는 듯한
인상을 받았어요.
어, 그러네요. 행복할 때는 나를 행복하게 만든 대상이
보통은 물리적으로, 또 구체적으로 존재해서 그런 것
같아요. 사람이랄지, 물건이랄지, 날씨랄지…. 구체적인
에피소드가 있기 때문에 사실만 기록해도 만족스럽고
행복해지는 거죠.

재미있는 이야기예요. 저는 행복할 때 더 많은 글을
쓰고, 감정을 구체적으로 기록하거든요. 슬픈 건 굳이
기록하지 않고요. 왜 쓰는 사람마다 이런 차이가 생기는
걸까요?
어쩌면… 제가 행복에 별로 관심이 없어서가 아닐까요?

불행하지 않아서일 수도 있겠고요. "글을 쓰고 받는 모든
돈이 어려웠다."는 이야기를 한 적이 있어요. 글쓰기를
노동으로 생각한 다음부터는 원고료를 받는 게 부끄럽지
않다고 하셨는데, 그렇게 바뀐 계기나 에피소드가 있어요?
사실 요즘엔 글쓰기를 노동으로 생각하지 않으려고 해요.
아니, 좀 덜 생각하려고 하죠. 노동보다는 놀이처럼 생각할
때가 많아요. 글쓰기로 삶을 지탱해야겠다는 강박이
많이 사라졌거든요. 일기 딜리버리로 생계를 유지해
왔는데, 글쓰기라는 본질에 도움이 되냐고 물으면 사실
잘 모르겠어요. 가끔은 송구스러워요. 제가 어떤 글을
쓰느냐에 따라 그 무게감은 다른 것 같고요. 만족스러운
글을 써서 보내드리면 꽤 괜찮은 노동 같고, 그렇지 않을
땐 죄송하다는 생각이 들어서요.

그 만족감은 어떨 때 와요?
쓰고 나서 '열심히 했다.'는 기분이 들 때요. 웃긴 걸 썼고,
이상하고, 새로운 걸 썼다는 느낌이 들 때. 저는 그럴 때가
제일 좋아요. 글쓰기가 저한테 노동이기도 하고, 놀이인
면도 있고, 나를 위한 행위이기도 하고, 타인을 위한 것도
있어서 모든 요소가 뒤섞여 매번 생각이 달라지는 것
같아요.

직접 김승일 시인을 인터뷰한 적이 있죠. 일기와
떼어놓을 수 없는 두 분 대화가 참 재미있었는데, 김승일
시인이 그때 이런 얘길 했어요. "중2병 같은 일기를 많이
쓴다. 그게 나중에 보면 흑역사 같은데, 그걸 씀으로써
문장력이 늘었다."고요.
(웃음)동감해요. 피아노도 며칠 안 치면 손이 굳는다고들
하잖아요. 그것처럼 일기든 뭐든 글을 한 사흘 정도 안
쓰면 펜 잡을 때 느낌이 딱 어색해요. 글을 계속 쓰면
머릿속에 단어들이 떠돌아다니거든요. 그 사이에서 최적의

단어를 골라야 하는데, 단어가 생각이 안 나고 문장 구조가 막 엉켜요.

최장기간 글을 안 쓴 게 어느 정도예요?
어… 대답하려고 보니까 글은 계속 쓴 것 같네요. 시는 안 쓰고 버틴 기간이 있는데, 글은 안 쓴 기간이라고 해봐야 나흘 정도인 것 같아요.

지금 말한 글은 다 손으로 쓰는 글인 거죠?
그렇죠. 작업으로 글을 쓸 때도 초고는 손으로 쓰고 컴퓨터로 옮기곤 하는데요. 저한테는 그게 퇴고 과정이에요. 일기장엔 이 문장 저 문장 섞여 있고, 그림도 그리면서 마구잡이로 쓰거든요. 줄도 획획 긋고요. 이런 자유로움 때문에 공책에 쓰는 걸 좋아하는데, 노트북에 타이핑하면 문장이 다듬어지고 서사도 정돈돼요. 앞서 이야기했다시피 이때 장르도 정해지고요. 손 글씨가 노트북으로 옮겨 가는 과정이 그래서 굉장히 중요해요.

미발표 시를 공개하는 행사에서 그림이랑 글이 뒤섞인 보영 씨의 시를 봤어요. 특히 그 시는 딜리버리 하는 일기랑 무척 비슷해 보여서 일기와 시의 경계가 뭘까 궁금했어요.
그걸 정의하는 건 너무 어렵지만, 이건 확실하게 이야기할 수 있어요. 일기 딜리버리를 할 때 시를 써서 보낸 적은 한 번도 없다는 거요. 왜 그런지 모르겠는데… 아마도 저 혼자 즐거워할까 봐, 그걸 두려워하는 것 같아요. 저는 시를 쓸 때 가장 행복하고 즐거운데 저 혼자만 즐거우면 안 되잖아요. 물론 제 산문이나 일기뿐만 아니라 시에도 관심을 갖는 분들이라면 함께 즐거워할 수 있지만 평소에 시를 안 읽는 분들에겐 돌덩이처럼 보일 수도 있다고 생각해요. 시 역시 일기장에 쓴 글로부터 나오는데도 그 장르는 분명히 다르거든요.

어떤 점이요?
음… 뭘 하든 인과를 잘 따라가는 사람이 있는 반면, 인과를 깨버리고 뚱딴지처럼 다른 데로 가버리는 데서 쾌감을 느끼는 사람도 있을 거예요. 저는 후자가 좀더 시를 읽기 수월하다고 봐요. 기승전결이 있는 이야기도 있지만 시는 별자리처럼 점을 막 찍어 놓고 나서 독자한테 스스로 별자리를 마음대로 만들어 봐라, 하는 영역 같거든요.

시에는 규칙이 없는 것처럼 들리는데, 그런데도 시를 이루는 요소가 있다고 보는 것 같아요. 어떤 인터뷰에서 "시를 이루고 있는 요소가 아닌 것들로 이루어진 시가 좋다."고 이야기한 게 기억에 남아 있어요.

얼마 전에 경험한 이야기를 해볼까 봐요. 온라인 시 수업의 연장으로 독자들이 쓴 시를 읽고 피드백하는 시간이 있었어요. 그때 두 편의 시를 보낸 수강생이 여럿 있었거든요. 비슷한 색깔의 시를 보내 주시는 분들도 있었지만 완전 다른 두 편을 보내는 수강생도 많았어요. 재밌는 건, 완전 다른 두 편을 보내는 수강생들은 첫 번째는 누가 봐도 시 같은 걸 보내세요. 운율과 은유가 고루 들어 있는 그런 시요. 그다음엔 '저도 이게 뭔지 모르겠는데 한번 봐주실래요?' 하면서 쭈뼛쭈뼛 보내거든요. '아무래도 처음이 낫죠?' 하면서요. 두 번째 글은 교과서에 수록된 시에만 익숙한 분들이 보면 결코 시 같지 않을 법한 글이에요. 근데 저는 매번 그런 글에서 글쓴이의 목소리가 육성으로 들리는 것 같았어요. 무조건 "두 번째가 훨씬 좋다."고 코멘트했죠. 결국 '시를 이루는 요소가 아닌 것들로 이루어진 시가 좋다.'는 건 이런 경우인 것 같아요. 행갈이가 철저하게 되어 있고, 마지막 문장까지 탁탁탁탁 정리되어서 아름답게 끝나는 형태에서 얼마나 많이 벗어나 있느냐인 거죠. 벗어날수록 자기 목소리에 더 가까워지는 것 같아서요. 그게 제가 바라는 시의 형태이기도 해요. 원래 있던 것에서부터 더 많이 벗어나는 시요.

조금 어려운데, 정형화되지 않은 걸 원한다는 인상을 받았어요. 좀더 새롭다거나 기존 질서를 깨뜨린 것들이요. 시나 글이 아니더라도 최근에 그런 것들을 본 경험이 있어요?
카프카, 카프카가 진짜 웃긴 사람 같아요. 카프카를 좋아한다고 자주 이야기하고 다니는데요. 그런 거에 비해 사실 많이 읽진 않거든요. 그래서 읽을 때마다 계속 새로운 것들을 만나게 돼요. 카프카가 A4 용지 반 장도 안 되는 분량의 산문을 되게 많이 남겼는데 그게 특히 재밌어요. 메모처럼 보이는 글인데 그게 제 눈엔 너무 시인 거예요, 산문시. 근데 본인은 시에 재능이 있다는 걸 모른 것 같아요. 그의 산문을 읽을 때마다 어떤 사람은 자기 재능을 미처 깨닫지 못하고 죽는다는 생각을 많이 했어요.

이렇게 진지하게 대화하고 있는데 저 뒤에 '말씹러'가 앉아 있거든요. 저는 계속 말씹러랑 대화하는 기분이 드는데(웃음) 독자들에게 소개해 주실래요?
어? 너 왜 거기 있어(웃음)? 말씹러는 제 반려 인형인데… 오해하지 말아야 할 게, 제가 인형을 엄청 좋아하는 사람은 아니에요. 어릴 때도 인형을 안 좋아했고 오히려 좀 영악하게 '좋아하는 척'하며 지낸 아이였어요. 인형이 없으면 못 살 것처럼 굴면 어른들이 저를 순수한 어린애로 알아서 이야기를 잘 들어줬거든요. 근데

겪어보니 사람은 크면서 점점 약해지는 것 같아요. 저는 학교에 입학하면서 약해지기 시작했어요. 그때서야 애착의 대상을 찾게 됐죠. 가장 약해진 타이밍에 나타난 게 말씹러고요. 친구랑 우연히 본 돼지 인형인데 난생처음 저 인형을 꼭 가져야겠단 생각이 들었어요. 그때 같이 있던 친구가 사주어서 더 의미 있는 반려 인형이 됐죠.

같이 지내보니까 어때요?
모든 곳에 말씹러를 데리고 다녔어요. 제가 대중교통 타는 걸 힘들어해서 지하철 탈 때도 함께 있어 줬고, 시 수업 할 때나 행사에 갈 때도 항상 함께였어요. 인형에도 표정이 있는 거 아세요? 말씹러는 표정이 거의 없는 편이지만 자세히 보면 표정도 읽히고 의도하지 않은 순간 눈이 마주치기도 해요. 그때 인형한테도 영혼이 있단 생각이 들어요. 전 그게 반려동물을 키울 때랑 비슷한 느낌이지 않을까 싶어요. 많이 아플 때 함께 있어 준 친구라 힘이 많이 됐어요. 지금도 그렇고요.

산문에 '인력거'나 '흡연구역'처럼 친구들 이름을 바꾸어 쓰잖아요. 그 이름들은 물론이고 말씹러 또한 잊으려야 잊을 수가 없어요.
사실 말씹러는 제 별명이었어요. 별명이라기보다는… 방금 이야기하신 인력거랑 어느 날 버스를 기다리고 있었거든요. 인력거가 계속 무슨 이야기를 하는데 제가 딴생각에 빠져 전혀 못 듣고 배시시 웃고 있었나 봐요. 그러니까 인력거가 "문보영은 행복한 말씹러네." 그랬어요. 그때 말을 씹는 사람은 행복한 사람이라는 공식이 생겼는데, 이 돼지 인형 이름이 말씹러면 좋을 것 같았어요.

행복한 돼지 인형인 거네요(웃음). 어떤 것이든 앞에 '준'이라는 말을 붙이면 좀 괜찮아진다고 했어요. 책 제목에도 '준최선'이 들어가고 준인간, 준시인, 준삶 같은 이야기를 많이 해왔죠. 최근에는 또 어떤 단어들을 낮춰 부르고 있어요?
요즘엔 준최선의 폐해가 생겼다는 생각도 많이 해요. 준최선이라는 말을 너무 많이 쓰는 바람에 최선을 다할 수 있는데도 '준최선이면 됐지.'라고 생각해 버리는 것 같아요. 안일해진다고 할까요. 그래서 요즘에는 좀더 최선을 다하자는 태도를 갖게 됐어요. 그래도 '준'을 붙여서 좀 나아진 부분은 노출에 부담이 덜해졌다는 거예요. 저는 사진이나 영상에 찍히는 걸 좀 부담스러워해요. 영상 인터뷰 같은 건 일부러 피할 정도로요. 말을 잘 못한다는 생각 때문에 카메라가 돌아가면 말을 더 못하게 되고, 나아가 사람들이랑

이야기하는 데에도 부담이 생기더라고요. 그건 어쩌면 완벽주의 때문인 것도 같은데요. 준이라는 단어 덕분에 '뭐 어때.' 하는 마음이 많이 생겼어요. 노출을 덜 부담스러워하게 된 게 가장 큰 수확이죠.

준완벽주의(웃음).
맞아요! 준완벽.

다시 일기 딜리버리 얘기를 해볼게요. 뉴스레터면서 한 달에 두 번 우편으로 발송된다는 점이 재미있어요. 어떻게 우편으로 발송한다는 아이디어를 떠올렸어요?
너무 자연스럽게 생각났어요. 독자들에게 뭔가 보낼 수 있다면 직접 쓴 편지로 보내고 싶다는 생각을 막연하게 하고 있었는데, 뉴스레터를 시작하면서 자연스럽게 그 작업을 떠올리게 됐죠. 제가 휴대폰으로 뭘 읽는 걸 어려워하다 보니까 물성 있는 걸 보내고 싶더라고요. 종이에 적힌 글은 친구랑 같이 볼 수도 있고, 아낄 수도 있고, 버릴 수도 있으니까. 물성이 주는 만족감을 독자들과 나누고 싶었어요. 시인이 되고 독자들에게 편지 받을 일이 종종 생겼는데 받고 나면 기분이 되게 좋더라고요. 그런 경험을 하며 편지에 대한 좋은 이미지와 인상이 생겼어요. 사실 처음엔 오래 할 생각 없이 이벤트성으로 시작한 건데, 생각보다 재미있어서 꾸준히 하게 됐죠.

작업하는 사진만 봐도 편지 양이 어마어마하던데 구독자가 몇 명이에요?
비밀이에요(웃음).

구독자 수를 밝히면 수익이 드러나겠군요(웃음). 그 많은 양을 출력하고, 접고, 포장하고, 스티커 붙이는 작업만으로도 너무 힘들지 않아요?
저는 편지 포장하는 게 너무 좋아요. 딱 하루만 집중해서 작업하면 끝나는 일이어서 오래 힘들진 않아요. 오히려 정신노동에서 벗어날 수 있는 유일한 시간이라 좋아하죠. 평소에는 정신노동만 하고 있으니까요. 반대로 편지 부치는 걸 매일 하라고 하면 그땐 또 육체노동이 힘들어지겠죠?

일기 딜리버리를 하기 전에도 편지를 자주 쓰셨나요?
아니요. 저는 연애편지도 써본 적이 없고, 친구한테 쓴 것도 중학교 2학년 때가 마지막인 것 같아요. 아, 그러고 보니 학생 때 대통령이랑 교장 선생님한테 편지 쓴 적이 있네요.

네?
저는 교육자가 되고 싶었어요. 그래서 교육학과에

진학하기도 했죠. 워낙 그런 쪽에 관심이 많아서 대통령이랑 교장 선생님께 학교에 문제가 많은 것 같다는 이야기를 편지로 써서 보낸 적이 있어요. 저희 학교는 빈부격차가 유독 큰 학교였어요. 잘사는 집 애들과 못사는 집 애들이 섞여 있었거든요. 근데 제 눈엔 그 격차가 너무 많은 걸 결정하는 것처럼 보였어요. 특히 출발선을 결정해 버리는 것 같았죠. 그래서 교육에 대한 제 생각들을 편지로 길게 써서 보냈어요.

답장이 왔어요?

둘 다 왔어요. 한두 장 써서 보낸 게 아니라 A4 용지 열 몇 장을 적었거든요. 대통령에게 직접 답장을 받은 건 아니고, '대통령에게 잘 전달하겠다.'는 내용이었어요. 지금도 소중히 간직하고 있는 편지죠. 교장 선생님이랑은 편지를 보낸 이후로 굉장히 가까워졌어요. 선생님과 학교에서 일어나는 여러 일에 관해 이야기 나눴어요. 저희 학교에 좀 이상한 문화가 있었는데 모의고사 성적으로 상위 4퍼센트 안에 들면 학교에서 빵을 줬거든요. 근데 그게 좀 이상한 거예요. "너 빵 받았어?"로 공부를 잘하는지 못하는지, 성적이 올랐는지 떨어졌는지 판별하는 거잖아요. 공부를 열심히 하게 하는 동력으로는 좋은데 하위권이지만 열심히 해서 중위권이 된 학생도 있을 텐데 상위 4퍼센트 안에 드는 것만이 중요한 것처럼 보여서…. 그 바깥에서 잘하는 학생들에게도 관심을 가져야 하는 게 아닐까 싶었어요. 그런 이야기를 교장 선생님과 나눈 이후로 상위 4퍼센트가 아니라 성적이 일정 수준 이상 오른 학생들에게 빵을 주는 문화로 바뀌기도 했어요. 그런데 생각해 보면 빵은 그냥 다 줘야 하는 거 아닌가…. 어쨌거나 편지를 쓸 운명이었나 봐요. 이 이야기는 처음 밝히는 건데, 오글거리네요(웃음).

아니, 너무 대단한데요. 편지의 힘이 느껴지기도 하고요. 일기 딜리버리에 손수 답장해 주는 구독자들이 많다고 했죠? 그 편지에도 힘이 있을 것 같아요.

처음 답장을 받았을 때 기분이 아직도 생각나요. 엄청 좋았거든요. 저희 어머니가 잠깐 병원에 입원하신 적이 있는데, 수술 받고 회복하는 기간에 엄마한테 "엄마, 수술 잘 끝났으니까 내가 편지 읽어 줄게." 그러면서 읽어 드린 적이 있어요. 엄마는 당연히 제가 편지를 쓴 줄 알고 "응, 읽어 봐." 하셨는데 저는 독자 편지를 낭독하고(웃음). 그 편지엔 당연히 저희 엄마 얘긴 하나도 없고 문보영이 왜 좋은지, 문보영의 시가 왜 좋은지에 대한 이야기뿐이었거든요. 근데 엄마가 엄청 좋아했어요. 아마 제가 편지를 썼더라도 그것보다 좋아하진 않았을 거예요.

그 장면을 상상만 해도 좋네요(웃음). 책에 "나는 일기를 쓰면서 발생한다."고 쓰셨어요. 일기와 떼려야 뗄 수 없단 생각도 드는데, 좀더 이야기해 주실래요?

저는 평소에 제가 어떤 사람인지를 잘 모르고, 제 진심도 솔직히 모르겠어요. 근데 일기를 쓰면 그게 보일 때가 있어요. 일기를 쓸 때 개요를 잡고 구조적으로 접근하진 않잖아요. 생각나는 대로 이 문장, 저 문장 일단 쓰고 나중에 다시 읽었을 때 그 안에서 진심을 마주하는 경험이 많아요. 그런 너저분한 문장 사이에서 진심을 찾게 되는 것 같아서 일기 쓸 때에야 제가 발생하는 것만 같았어요. '진심이라는 게 되게 너저분한 거구나….' 깨닫기도 했고요. 물론 일기장에서 매번 진심을 찾게 되는 건 아닌데, 그건 또 그 자체로 좋아요. 일기는 꼭 뭔가 되지 않아도 되거든요. 전 일기의 그런 점이 제일 좋아요. 시가 되어도 좋고, 소설이 되어도 좋고, 에세이가 되어도 좋고, 그냥 일기여도 좋고, 아무것도 아니어도 좋아요. 일기는 일기여서 좋아요.

저에게 일기란 시간을 실감하게 해주는 도구인데 "일기를 쓰는 순간 시간으로부터 풀려난다."는 이야기를 한 적이 있어요.

제 일기장을 펼쳐볼게요. 이거… 아무도 일기라고 생각 안 할걸요? 메모도 아니고, 일기도 아닌 아수라장. 오늘이 몇 월 며칠인지만 써놓고 그날 뭘 했는지는 전혀 써놓지 않아서 일기장으론 그날 제 행적을 알 수 없어요. 웃긴 이야기, 꿈꾼 내용, 마구잡이로 해본 생각이나 상상들… 그런 게 적혀 있다 보니 그제 쓴 일기랑 오늘 쓴 일기는 지속되는 것도 같아요. 오늘 안에서 일기들이 분절되는 것처럼 보이기도 하고요. 시간을 기준으로 구분되는 게 아닌 거죠. 어떨 땐 전혀 다른 날짜의 기록이 같은 선상에 있는 것처럼 보이기도 해요.

일기는 사람마다 쓰는 방식이 달라서 하나로 규정하기 어려운 것 같아요. 초등학생 때는 오늘 나는 누구랑 뭘 했고… 그런 이야기를 쓰잖아요.

와, 저 어릴 때 일기 쓰는 거 너무 싫었어요.

그 기억이 싫어서일까요, 일기를 처음 쓴 걸 대학생 때라고 이야기하시던데요.

실제로 초등학생 때 일기를 안 썼어요. 쓰기가 너무 싫으니까 방학 숙제도 일기장에 시를 써가곤 했죠. 메모 같은 짧은 글을 써놓고 "이건 시예요." 그랬어요. 그게 아니면 빈 일기장을 들고 등교했고요. 어떻게든 일기를 안 쓰고 싶어서 발악하던 애였죠(웃음).

일기 이야기 중 또 인상 깊은 말이 있어요. "잊기 위해 일기를 쓴다."는 거요. 근데 내 손으로 적어놓은 이상 더 짙게 기억하게 되지 않아요?

맞아요. 뭔가를 글로 쓰는 순간 잊히지 않게 되죠. 처음엔 망각하기 위해 쓴다고 했지만 실제론 망각으로 이어지진 않아요. 오히려 제 감정을 더 정확하게 느끼게 하죠. 그 순간 느껴야 할 감정을 모두 밟고 지나가도록 도와주는 것 같아요. 슬픈 일을 겪더라도, 얼렁뚱땅 슬픈 게 아니라 하나하나 씹어 삼키면서 슬플 수 있게 하는 거.

그럼 좀 나아지나요?

네. 하지만 가끔 쓴 걸 다시 읽었을 때 그 기억이 너무 아파서 가시가 되어 저를 찌르는 경우가 있어요. 그럴 땐 일기 화형식을 해요. 이건 폐휴지함으로 꼭 보내 버려야겠다 싶은 일기들을 모아서 버리는 거예요. 여태 살면서 딱 두 번 해봤어요.

엄청 용기 있는 행동 같아요. 혹시 다른 사람 일기를 본 적도 있어요?

아빠 일기요. 되게 신기한 경험이었어요. 저희 아빠가 문학을 좋아하는지 몰랐거든요. 근데 아빠가 20대 시절에 쓴 일기장을 보면 최승자 시인, 이성복 시인의 시가 다 필사돼 있어요. 아빠한테 여쭤봤더니 "우리 시대 때는 그런 거 다 읽었다." 하시던데, 제가 시인이 된 건 어쩌면 아빠 피 때문일 수도 있겠다 싶어요. 또 재미있는 건 아빠 일기장은 아빠 혼자 쓰신 게 아닌 것 같아요. 네댓 명이 쓴 교환 일기처럼 보이죠. 필체도 휙휙 바뀌고 장마다 글씨체가 너무 달라요. 얇은 한 권의 노트 안에서 한 사람의 글씨가 그렇게까지 바뀔 순 없을 것 같거든요. 호칭도, 내용도 계속 바뀌어서 여러 명이 썼거나 여러 자아가 있다고 생각했는데, 아빠는 "혼자 쓴 건데?" 하시더라고요. 누군가의 내밀한 일기를 읽었을 때 그 내용을 다 알지 못하더라도 생겨나는 감정은 분명히 있는 것 같아요. 다른 사람의 시나 소설을 읽었을 때도 좋기는 한데, 누군가의 일기를 읽었을 때랑은 그 좋음이 또 다르거든요.

일기는 인간적이고 선해서 남의 일기를 읽게 되면 쓴 사람을 미워할 수 없게 된다고 했잖아요. 아빠는 영영 미워할 수 없겠네요.

그럴 거예요. 아빠를 한 번도 미워해 본 적이 없어요. 아이, 러브, 유, 파파.

(웃음)일기를 쓰는 이유가 "누군가에게 미움받는 순간에도 자기 편이 될 수 없기 때문"이라고 했죠.

누군가에게 미움받는다는 걸 어떻게 감지해요?

자의식인 것 같아요. 제가 미움받는다는 자의식이요.
그래도 최근엔 그런 생각이 조금씩 줄어들고 있어요.
거기엔 독자들의 영향이 크죠. 저는 누군가의 팬이 되거나
응원을 해본 적이 없어요. 내가 응원한 누군가 잘됐을 때
덩달아 기쁜 건 공감 능력이 뛰어난 거라고 생각해요. 사실
처음엔 독자들이 저를 응원하고 좋아한다고 말해주면
이해를 못 했어요. 감사하긴 한데 '정말 나를 좋아한다고?'
그런 생각이 들었죠. 근데, 어느 순간 진심이라는 걸
느꼈어요. 그리고 깨달았죠. 내가 나를 미워하기 때문에
그동안 누가 날 응원하고 좋아해 주는 걸 받아들이지
못했던 거라고요. 나를 조금씩 좋아하게 되면서 다른
사람도 좋아할 수 있게 됐고 누가 저를 좋아해 주는 것도
이해하게 됐어요. 그래서 요즘엔 독자들이 좋아해 주면
그게 진심처럼 느껴져요. 저도 덩달아 신나고요.

그럼 일기를 쓰는 이유도 조금 바뀌었겠네요?

지금은 일기 쓰는 이유가 하나로 수렴되는 것 같지는 않고,
음… 돌잡이 때 제가 연필을 잡았다고 하는데 그 에너지가
일기로 이어진 건가 싶기도 해요(웃음). 밥 먹고 숨 쉬는
것처럼 저한테는 자연스러운 일이어서요. 일기장을 이루는
종이들이 저를 가장 잘 받아들이는 것 같아요. 저는 한
번도 소속감을 느껴본 적이 없는데 일기장엔 그런 기분이
들어요.

이름, 문보영. 소속, 일기장.

그거예요(웃음).

**수시로 일기를 쓰지만 아무 데서나 쓸 수는 없다고
했어요. 누군가 있는 데서 쓰는 게 어렵기 때문에
도서관이나 침대에서 쓴다고 하셨는데요. 일기를 써본
가장 의외의 장소는 어디예요?**

화장실이요.

집… 화장실이요?

아니요. 원하지 않던 뒤풀이에 계속 참여해야 하던
시기가 있었어요. 개인적으로 많이 힘들던 때여서
감정을 추스르기가 어려웠는데, 지금 생각해 보면 그게
공황이었던 것 같아요. 그땐 그런 용어나 증상을 모르고
정신과나 상담센터가 지금처럼 알려진 때도 아니었기
때문에 제가 할 수 있는 건 글쓰기뿐이었거든요. 그
시끄러운 뒤풀이 장소에서 앉아 있기가 너무 힘들었어요.
술을 안 마셔서 취한 사람들 사이에서 멀쩡한 것도
싫었고요. 숨고 싶다는 생각만 들어서 화장실로 가서는
떠오르는 걸 막 적었어요. 사실 꼭 화장실이 아니어도

됐는데 그때 제가 문학병이 있었나 봐요(웃음). 혼자만의 공간이 절실했고 아무도 없는 시간이 필요했던 기억이 나요.

돌파구 같은 거였군요. 이야기하다 보니 일기랑 편지는 어느 정도 비슷한 면이 있는 것 같아요. 마음에 있는 말들을 꺼내게 된다는 점도 그렇고요.
편지는 결국 사람한테 가 닿으면서 끝이 나요. 그래서 더 진정성이 느껴지는 것 같아요. 오로지 상대에게 닿는 것만이 목적이고 다른 쓰임이 없어서요. 노출하기 위해 쓰는 글이 아니고, 특정한 상대가 있고… 아, 이렇게 생각하고 보니 독자의 편지를 엄마 앞에서 낭독한 게 갑자기 죄송해지네요. 그런데 가끔 어떤 일기는 편지처럼 누군가에게 읽히면 쓰임을 다 했다는 생각이 들어요.

일기를 손으로 쓰기도 하고, 블로그에 쓰기도 하고, 우편 딜리버리를 하기도 하고, 뉴스레터도 하고, 유튜브로도 기록하고 있어요. 플랫폼마다 구독자나 콘텐츠에도 차이가 있을 텐데 어때요?
구독자들 특성을 규정지을 순 없지만, 인스타그램에서는 댓글을 달 수 있고, '좋아요' 같은 기능이 있잖아요. 뉴스레터나 일기 딜리버리 또한 답장을 받을 수 있는 구조고요. 근데 제 블로그는 그런 기능을 다 닫아두었거든요. 그래서 소통한다는 느낌이 없지만 누군가는 분명히 보고 있다는 걸 알아요. 발자취를 남기지 않고도 제 글을 읽어준다는 데서 안정감이 들어서 더 큰 신뢰가 생겨요. 블로그는 제가 처음 기록하던 고향 같은 플랫폼이기도 하고요. 그래서 시 딜리버리를 몰래 해야겠다고 생각했을 때도 블로그부터 떠올린 것 같아요.

편지는 받는 사람이 있어야 하지만 다수와의 소통을 위한 건 아니군요.
아주 낮은 수준의 소통, 때로는 엄청 깊은 소통. 블로그는 SNS라는 생각 자체가 안 들어요. 음… 말하자면 온라인에 존재하는 또 다른 일기장?

이 이야기를 듣고 보니 일기 딜리버리의 정체기는 내밀한 글을 불특정 다수에게 발송하는 데서 온 것 같단 생각도 드네요.
맞아요. 일기 딜리버리는 너무 즐거운 일이지만 계속해 나가면서 특별한 걸 보내야겠다는 부담이 좀 있었어요. 저는 평범한 하루를 보내는 평범한 사람인데, 그 일상에서 어떻게든 특별한 걸 발견해야겠다는 생각을 하게 된 거죠. 의미 없는 사물이나 사건에 의미를 부여해서 이야기를 만들다 보니 가끔은 제가 위선적이라는 생각도 들었어요.

글한테도 미안하고, 그 대상한테도 미안했죠. 삶의 경험이 많아지면 할 말이 많아지겠지만, 그렇지 않은 순간에도 할 말을 만들어야 하는 게 힘에 부친 것 같아요. 그럴 땐 좋은 글이 안 나오니까요.

계속 고민하면서 일기를 부치고 있던 거군요. 다시 시작할 일기 딜리버리 시즌2는 조금 다른 태도로 하게 될 것 같아요.
기승전결은 신경 쓰지 말고 무정형의 일기를 써보자는 생각으로 준비 중이에요. 사실 제 일기가 기승전결이 뚜렷한 구조는 아니었어요. 아마 많은 독자가 이전에도 무정형이었다고 생각할 것 같지만, 제 눈엔 그 안에서도 기승전결이나 서사 구조가 보였거든요. 거기서 가끔씩 인위적이란 느낌을 받은 거고요. 그런 습관이 들면 안 된다고 생각해서 잠시 쉬었던 거고, 이젠 그걸 좀 내려놓으려고요. 더, 조금 더 무정형으로 써볼 거예요.

그럼 어느 정도 시랑 비슷해지는 면도 있겠네요.
확실하게 아니라고 이야기할 순 없지만 적어도 그 둘의 경계가 흐려지는 일은 없을 거예요. 한번은 일기도 시라고 생각하면서 문예지에 일기를 발표해 버린 적이 있어요. 그 일기가 수록된 문예지를 받아보곤 너무 창피했어요. 일기가 시보다 가치가 없기 때문이 아니라, 누가 봐도 일기인 걸 시라고 노력 없이 발표한 것 같아서요.

시에는 노력이 필요한 거군요.
아니요, 만일 제가 일기 딜리버리에 시를 보낸다면 또 아무 노력 없이 시를 일기라고 했다고 창피해할걸요. 저는 글을 쓰는 행위로 도대체 뭘 하고 싶은 걸까요?

그걸 찾아가는 게 우리의 평생 과제 아닐까요? 보영 씨가 또 무얼 찾아갈지 궁금해지는데요.
역시 미래는 두렵네요(웃음).

미래가 두렵단 말로 끝내긴 아쉬우니 10년 뒤 문보영에게 한마디를 남겨 볼까요?
정신을 똑바로 차리고 살아라. 휘둘리지 말고 작업실에 가렴. 거긴 창문이 있고 햇살이 비치고 혼자 있어도 외롭지 않으니까.

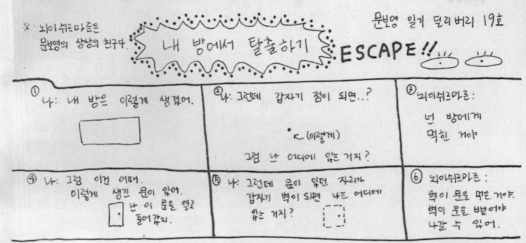

※ 뇌이쉬르마른은 문영의 상상의 친구다.

내 방에서 탈출하기 ESCAPE!!

① 나: 내 방은 이렇게 생겼어.	② 나: 그런데 갑자기 점이 되면..? ·←(이렇게) 그럼 난 어디에 있는 거지?	③ 뇌이쉬르마른: 넌 방에게 먹힌 거야.
④ 나: 그럼 이건 어때. 이렇게 생긴 문이 있어. 난 이 문을 열고 들어가지.	⑤ 나: 그런데 문이 있던 자리가 갑자기 벽이 되면 나는 어디에 있는 거지?	⑥ 뇌이쉬르마른: 벽이 문을 먹은 거야. 벽이 문을 뱉어야 나갈 수 있어.

지난주에 나는 내 방에서 탈출했다. 커다란 상자에 짐을 싸서 내 방을 나왔다. 이사 전날 엄마가 말했다. "꼭 필요한 것만 가지고 가." 그런데 꼭 필요한 게 딱히 없는 것이다. 말썹러(해저 인형), 노트북, 필기구, 옷 몇 벌, 뚝배 등을 챙기니 별로 더 가져갈 게 없었다. 내 방에서 가장 큰 무게와 부피를 자랑하는 것은 10년 동안 쓴 내 일기장들이다. 나는 글을 쓸 때 누시로 옛날 일기장을 펼쳐보곤 한다. 내게 옛날 일기장이란 왕중의 물감과 같아서 팔레트에 일기를 짠 뒤 다른 색과 섞어 새로운 색을 만든다. 그런데 왠지 한 권도 가져가고 싶지 않은 것이다. 나는 과거와 손절하기, 꼬리 자르기, 신분 세탁...을 계획하는 것인가?

뇌이쉬르마른: 너드 네 일기를 너무 많이 읽어. 그게 병의 원인인지도 모르지.

초등학생이었을 때의 일이다. 내 짝꿍은 부유한 집안의 아이였다. 공부를 잘하던 친구로, 코가 낮은 곰돌이 천 펜통을 가지고 다녔다. 나는 그 애가 곰돌이 펜통에서 오래된 연필과 볼펜을 꺼내 쓰는 모습을 조용히 관찰하곤 했다. 그런데 어느 날 그 애는 빨간 고무 재질의 너구리 펜통을 꺼냈다. 새 펜통이었는데 내용물까지 몽땅 교체되었다. 막 깎은 긴 연필과 캐릭터 얼굴이 달랑거리는 샤프와 볼펜들. 문구영(내 영혼의 본명은 '문구'였다)인 나는 친구의 새 펜기구가 부러웠다. "아빠가 바꿔줬어." 친구가 말했다. 나는 그게 이해가 잘 안되었다. 새 펜통을 사거나 새 볼펜이나 샤프를 사는 건 이해가 되는데 통째로 바꾼다는 게. 새 펜기구를 사도 예전에 쓰던 연필이나 볼펜 한 자루 정도는 계속 쓰기 마련인데 한 자루도 남김없이 교체한 것이 무자는 과거를 남기지 않는구나. 나는 생각했다. 내용물을 한 개씩 바꾸지 않고 전체를 싹 갈아엎기 때문에 과거가 존재할 수 없었다. 깔끔한 새출발을 위한 조건. 내 경우에는 연필 한 자루를 바꾸어도 그 옆에 여전히 쓰던 샤프가 있으므로 뭔가... 계속 계속 이어졌다. 구절구절하게. 나는 라워비를 타면, 피자집 아르바이트비가 들어오면, 원고료를 받으면 늘, 펜통을 갈아야지, 하고 생각한다. 그런데 그게 잘 안 된다. 돈이 없어서가 아니라 그냥 안 된다. 무언가를 남기지 않는다는 게. 완전히 새롭게 시작한다는 게. 착한 친구는 바보같이 내 오래된 볼펜과 자신의 새 볼펜을 바꿔줬다. 민트색 볼펜이었다.

새해이기도 해서 나도 새 출발을 하려고 한다. 마침 이사를 간다. 새로운 공간에서 새 인간이 되는 거지!

새벽 12시에서 5시
내 방에서 살아남기

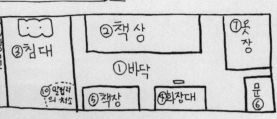

내 방은 이렇게 생겼다. →
지금은 새벽 두 시다. 나는 현재
의자에 앉아, 방에서 나가는 방법을
연구하고 있다. 방에서 나가는 방법은
총 네 가지다.

방 구조도: ③침대 (창문), ②책상, ⑦옷장, ①바닥, ⑧알바비의 처소, ⑤책장, ④화장대, 문⑥

공간을 점유하지 않음
⑨번째 공간 : 방이 꾸는 꿈

1) 문   2) 창문 (15층...)   3) 손가락으로 벽 파기

4) 잠 자기 (잠을 자면 꿈을 통해 밖으로 빠져나갈 수 있다. 그런데 잠을 잤는데도 방이면
      그 방에서 다시 잠들어 더 나가야 한다.) → 꿈을 통해 방을 빠져 나가는 예시
                                              1면 하단으로 이동

방에서 나가는 방법은 늘어날 것이다.

나는 새벽 5시까지 이 방에서 살아남아야 한다. 밖은 위험하고 5시까지 갈 곳이 없기 때문에.
그러나 나는 방에 들어가면 밖 충동에 시달린다. 밖-충동은, 방을 나가지 않으면 뒤질 것 같다는
충동으로 방-충동과 반대되는 개념이다. 반면, 방-충동은 밖에 있을 때 당장 방으로 들어가지
않으면 뒤질 것 같다는 충동으로 밖-충동과 반대된다. 나는 밖도 아니고 안도 아닌 공간을
꿈 꾼다.

오늘 내 방에 새로 합류한 인원은 <벨기에 와플>로 내게 주어진 새벽 식량이다.
어제 저녁 내 친구 '추운 귀의 나무'와 복권을 사러 편의점에 들어갔다가 샀다.
뒷면엔 <알유>라고 적혀 있다. 잘 품었다가 뱃가죽이 등가죽에 붙으면 먹을 것이다. (맨 하단으로 이동...)

~~~ 꿈을 통로 삼아 밖으로 빠져나가기 <복도 생활자> ~~~

꿈에서 나는 복도 생활자였다. 나는 6학년 X반이 아니라 복도 반이었다. 복도 반 학생은 복도에
따로 준비된 책걸상에서 생활했다. 나는 다른 반을 등지고 앉아 말하기, 듣기, 읽기, 쓰기를 했다.
꼬빡 오랜 시간 혼자서 학교 생활을 했기 때문에 내 나름의 체계가 잡혀 있었다. 복도의 햇빛은
감미로웠다. 이상했다. 좀체 시간이 지났는데 학교가 끝나지 않는 것이었다. 그래서 다른 반
학생들이 복도로 나오지 않았고 그 사실이 내게 마음의 평화를 가져다 주었다. 그렇게 일 주일이
흘렀다. 행복이 지속되니 초조했다. 그때, 6학년 1반 문이 열렸다. 뒷문으로 학생들이 빠져
나왔다. 그래서 나는 긴장했다. 그들은 예전처럼 내 쪽으로 다가와 내 물건을 헝클이고,
내 등에 손가락을 튕겼다. 몇은 내 목덜미를 잡거나 머리카락을 세게 잡아당겼다.
그래, 이거지. 마음의 평화가 어색했던 나는 본래 익숙한 상태로 돌아갔다. 조롱과 자극이
재가동되자 나는 예전처럼 세상에 다시 무신경해질 수 있었다. 조용한 복도는 나에게 행복을
느끼게 했지만, 나는 행복을 어떻게 달래줘야 하는지 알 수 없었다. 시끄럽고
비인간적인 복도가 차라리 나를 나로 있게 했다. 체념이 너무 편리해서 나는
복도에서 끝까지 살다 나왔다. 그리고 꿈에서 깨어나서는 중얼거렸다. "정말 잘 다녀
왔어." 나는 잘 잔 날에는 이렇게 말한다. 마치 좋은 외출을 한 것처럼.

→ 내가 벨기에 초코 와플을 산 이유는 포장지 겉면에 <순 초콜릿>이라고 적혀 있는 점이 마음에
들었기 때문인데... 나는 나를 인간이라고 말하기보다 순-인간이라고 부르는 것을 좋아하고

당신을 아끼는 내 마음을
오래 기억해주세요

성보람—포에지

에디터 김현지
포토그래퍼 Hae Ran

조그만 선물가게 포에지는 성보람 대표가 엄마에게 받은
편지에서 싹텄다. 시장을 다녀온 엄마의 손에는 늘 책이
들려 있었고, 표지를 열면 다정한 진심이 흘러나왔다.

은하수아파트

—

형태: 아파트

거주: 1년 10개월

나이: 14년

반가워요. 집으로 초대해 주셔서 감사해요.

안녕하세요. '포에지'라는 선물가게를 운영하는
성보람이에요.

**강아지가 반가이 맞이해줘서 기뻐요. 보람 씨와 똑
닮았어요.**

그죠? '네리'가 사람을 참 좋아해요. 잠시만 남편이 안고
있을게요. 좋아서 오줌을 쌀지도 모르거든요(웃음). 30분
정도면 괜찮을 거예요.

긴 대화를 나누기 전에 집을 먼저 둘러보고 싶어요.

현관을 들어오면 보이는 곳이 전실인데요, 제가 이 집에서
가장 마음에 들었던 곳이기도 해요. 옛날 집 특성상 전실이
굉장히 넓어서 한쪽에 수납장을 짜서 복도를 만들었어요.
가족사진과 아끼는 오브제들을 뒀죠. 전실에서 왼쪽으로
향하면 제가 가장 좋아하는 부엌이 나와요. 요리를
좋아해서 공간이 조금 더 넓었으면 좋겠다는 생각도
했는데, 계속 정리정돈을 하게 되는 장점이 있어요.
부엌 뒤로는 네리 소파가 있고 맞은편에 침실이 있어요.
호텔처럼 온전히 숙면을 취하는 데에만 집중할 수 있게
만들었어요. 아침에 눈 뜨면 좋아하는 그림이 보여서 기분
좋게 아침을 시작하죠. 방에서 나가면 가장 넓은 공간인
거실이 보여요. 중앙에 식탁을 두어 손님을 맞는 응접실과
홈 오피스, 다이닝룸을 겸하고 있어요. 저희는 티브이를
항상 켜두는 스타일은 아니고 남편이 음악을 좋아해서
거실에 오디오를 뒀어요. 그 사이를 하태웅 디자이너가
결혼 선물로 준 아이슬란드 성당 사진이 중심을 잡아줘요.
아, 티브이 방이 따로 있어요. 일을 끝내고 밤에 같이 영화
보거나 쉬는 공간이에요.

**창으로 들어오는 볕이 우드 톤의 가구와 자재를
감싸네요. 따스하고 안온한 분위기예요.**

오래된 아파트라 리모델링을 했지만 갓 공사한 집 특유의
멀끔한 아파트가 되지 않았으면 했어요. 살아온 집처럼
자연스럽고 아늑했으면 해서 오래된 집이 지닌 자재와

정서를 보존하면서 꼭 필요한 것만 고치고 싶었어요.
라이크라이크홈의 손명희 대표님과 의논하여 진행했어요.

**부부와 네리가 함께 사는 집인데요, 서로 다른 이들이
생활을 맞춰온 과정이 궁금해요.**

네리는 2020년 겨울, 저희가 결혼식을 올릴 무렵
청주에서 구조된 강아지인데요. 자기 집에 들어가지도
못할 정도로 짧은 줄에 매여서 방치되어 있었어요. 자기가
싸 놓은 똥들에 둘러싸여 사람들을 반가워하는 동영상을
보고 운명을 느꼈어요. 남편을 설득해 입양신청서를 쓰고,
신혼여행을 다녀오자마자 집에 데려왔어요. 저희 부부는
성격도, 하는 일도 달라요. 저는 선물가게 주인이고,
남편은 부동산 뉴스레터 '부딩' 대표예요. 남편은
현실적이고 예민하고, 자신이 가진 걸 천천히 가꿔가는데,
저는 이상적이고 일이 잘 안 풀려도 '결과적으로 나한텐 더
잘된 걸 거야.' 하고 낙천적으로 생각하죠. 많이 다르지만
동물을 사랑하고 인적 드문 시골, 시를 좋아하는 게
닮았어요. 지금 가장 유행하는 것, 멋진 것보다는 저희다운
것을 먼저 선택하는 부분이 비슷하고요. 취향의 공통점은
심플하고 기능적인 면을 우선시한 르코르뷔지에의
디자인을 좋아한다는 점이에요. 이 집을 고칠 때,
1934년부터 1965년까지 르코르뷔지에가 살던 파리
16구 아파트에서 착안한 부분이 많아요. 물건 하나를 살
때도 정말 필요한지 고민하고 집에 잘 어울리는 걸 발견할
때까지는 시간이 걸리더라도 기다리면서 집을 완성해
왔어요.

집에서 일과 생활을 같이 하는 건가요?

맞아요. 저희 둘 다 현재 직업을 갖기 전까지는 에디터로
일해왔어요. 10년 넘게 매체에 소속되어 일하다 남편이
먼저 그만두고 부딩을 시작했고, 저도 1년 뒤 퇴사하고
포에지를 열었죠. 둘 다 1인 회사를 운영하고 있기 때문에
집이든, 도서관이든 마음에 드는 곳에서 일할 수 있다는 게
큰 장점이에요.

보통 하루는 어떻게 흐르나요?

대개 아침 10시쯤 일어나 남편은 네리에게 밥을 주고, 산책을 다녀와요. 그사이 저는 점심을 준비해요. 점심을 천천히 먹으면 1시 정도 되는데 그때부턴 둘 다 테이블에 앉아 일을 시작해요. 저는 일주일에 서너 번은 작업실에 가서 선물을 포장하고 와요. 이른 저녁 가볍게 밥을 차려 먹은 다음 메일을 쓰거나 남은 일을 해요. 각자 일을 하다 10시 정도에 티브이 방에서 만나 영화나 드라마를 보고 자요. 아무리 바쁘더라도 꼭 사수하는 시간이에요.

가장 좋아하는 공간이 부엌이라고 했어요. 포에지의 오브제들도 테이블에 쓰이는 게 많은 것 같아요.

포에지를 시작하면서 티타임이 더 즐거워졌어요. 작가가 정성 들여 만든 작품으로 상을 차리면, 차린 게 별로 없어도 손님이 귀한 대접을 받는 것처럼 느끼거든요. 반찬을 여러 가지 만들어 푸짐하게 내기보단 채소덮밥이나 생선구이, 강된장, 토마토수프, 커리 같은 요리를 하나만 만들어서 간소하게 먹어요. 누군가를 위해 차 한 잔을 내는 것, 따뜻한 음식을 내는 것보다 마음을 깊이 표현할 수 있는 일은 없다고 생각해요. 그 행위가 이루어지는 부엌을 좋아해요.

공간을 채운 가구와 물건에도 의미가 있나요?

부엌만큼이나 좋아하는 침실 이야기를 할게요. 신라호텔 제주의 룸처럼 목가적이고 평화로운 분위기를 조성하고 싶어 발밑에 이탈리안 빈티지 라탄 콘솔을 두고, 그 위엔 조반니 세간티니Giovanni Segantini의 그림을 올려 두었어요. 세간티니는 국내에 잘 알려지지 않은 이탈리아 화가예요. 가난한 농부와 일하다 쉬는 여인들을 주로 그렸는데, 실제로는 자신이 가장 가난한 삶을 살았어요. 형이 불에 타 죽고, 일곱 살 때 어머니를 여의며 평생을 무국적자로 살았거든요. 하지만 그의 그림에는 아픔은 상상할 수 없을 정도로 평온한 알프스의 정서가 가득해요. 아내에게 배운 글로 이런 편지를 썼대요. "매년 봄이 오면 알프스에 핀 첫 제비꽃을 당신에게 바칠 것입니다. 당신이 그 꽃을 받지 못하는 봄이 온다면, 그때는 제가 세상을 떠난 겁니다." 연꽃은 물 위에서 썩지 않고 수질을 맑게 정화한다고 하잖아요. 그는 평생을 연꽃 같은 삶을 살다 간 거죠. 매일 아침 눈을 뜨면 그의 그림이 보이는 침실을 참 아껴요. 커튼도 제가 직접 만들어 달았어요. 거실의 테이블은 디터 람스가 디자인한 빈티지 제품인데요. 작은 거실이라 화이트보단 블랙이 공간의 무게를 잡아줄 거라 생각했고, 확장할 수 있어 손님을 초대할 때 유용해요. 저희는 가구 하나 들일 때도 몹시 신중한 편이라 거실의 JBL 오디오도 수십 곳을 다니며 청음해 보고 취향을 좁혀서 선택했어요.

소파를 들이는 데 가장 오랜 시간이 걸렸어요. 비코 마지스트레티Vico Magistretti를 좋아해 오래전부터 갖고 싶었는데 마음에 드는 모델을 찾기가 쉽지 않았어요. 그러다 지난달 독일에서 발견했어요. 잘 부풀어 오른 빵처럼 폭신하고 빈티지한 디자인이 마음에 들어요. 실용주의를 따지는 남편도 한번 누워보더니 바로 미소를 짓더라고요.

공들여 채운 집이라 애정이 클 거 같아요. 좋아하는 것에 둘러싸여 지내는 건 삶에 어떤 영향을 주던가요?

자세히 살펴보면 아시겠지만 기능, 쓰임새와 상관없이 집 곳곳에 포에지 물건들이 있어요. 남편이 반입을 허락해 주어서(웃음), 고운 물건들에 파묻혀 살아요. 한 번은 남편이 제가 좋아하는 물건을 좋아하는 작가와 만드는 거 같다며 소꿉놀이하는 거냐고 물은 적이 있어요. 당시엔 아니라고 발끈했지만 사실 맞아요(웃음). 이름부터 시그니처 컬러, 은방울꽃 심볼, 선물가게라는 업종까지 어린 시절부터 좋아했던 것들을 실체화했어요. 사람들이 말하길 집과 브랜드가 저와 똑 닮았다고 하는데 그보다 더 좋은 칭찬이 없다고 생각해요. 집에 두고 싶은 것, 사람들에게 선물하고 싶은 물건들을 만들어내고, 저마다의 이야기를 가진 물건들과 매일 눈을 맞추며 살아요. 포에지를 연 뒤부터 에디터 업무를 대폭 줄이고 싶었는데 의뢰가 더 많아졌어요. 표면적으로 괜찮은 브랜드를 빠른 시일 내에 만들고 싶은 사람이 아니라, 트렌디하지 않지만 내가 좋아하는 것을 기반으로 진정성 있게 브랜딩하고 싶어 하는 곳에서 작업 의뢰가 많이 들어와요. 클라이언트가 레퍼런스로 포에지를 언급할 때마다 잘하고 있다는 이야기로 들려 행복하게 일하고 있어요.

저는 모든 존재는 자기만의 이름으로 불릴 때 따뜻한 생명력을 얻는다고 생각해요. '우리 집'만의 이름도 있나요?

집의 일상 사진을 SNS에 올릴 때 해시태그로 #milkywayhome을 사용해요. 은하수를 실제로는 한 번도 본 적 없는데 딱 한 번 꿈에 나온 적이 있어요. 대학교 다닐 때, 가정 형편이 어려워 휴대폰이 정지되었어요. 친구들과 연락하고 싶다는 생각을 자주 했는데, 어느 날 꿈에 은하수가 나왔어요. 눈앞에 펼쳐지는 은하수의 인상이 찬란하고 아름다웠죠. 아직도 눈앞에 그려질 만큼 생생해요. 그 꿈을 꾼 다음 날 휴대폰을 다시 쓰게 되었어요. 정말 행복했던 기억이 나서 은하수를 더 좋아하게 되었어요. 남편이 제일 아끼는 책이 《은하수를 여행하는 히치하이커를 위한 안내서》이고, 조카 이름도 '성은하'로 지어줄 정도로 은하라는 단어를 좋아해요. 별

하나에 의미를 부여한다기보다 상징적인 존재로요. 우리
가족의 삶과 세계관이 담겨 있다는 의미에서 밀키웨이홈,
은하수 아파트라고 부르고 싶어요.

**에디터로 일하며 나만의 취향을 차곡차곡 쌓아온 거
같아요. 브랜드를 만들기까지 과정이 궁금해요.**
《Noblesse》, 《marie claire》 등 패션 매거진의
에디터로 오래 일해왔어요. 아파트멘터리라는 인테리어
스타트업에서도 일했고요. 그때는 제 취향이 크게
돋보일 일이 별로 없었던 것 같아요. 오히려 재능이
뛰어나고 색이 또렷한 연예인이나 스태프가 돋보이게
만드는 판을 짜주는 일을 했다고 생각해요. 다들 바쁜
분들이니 어느 한 사람도 불편한 일이 생기지 않도록
눈치도 많이 봤어요. 매체 소속 에디터로 일할 땐
파리에서 좋아하는 '줄리아 로버츠Julia Roberts' 곁에 앉아
식사할 만큼 황송한 경험도 했지만, 반면 이런 생각도
많이 했어요. '이 사람들은 왜 나를 여기까지
초대했을까?', '왜 이 사람은 나한테 이렇게 긴 시간을
할애해 인터뷰를 해줄까?' 점점 매체의 인지도에
의존하지 않고 저라서 잘할 수 있는 일을 하고 싶었어요.
어떤 매체의 이름도 기억 못 할 기자로서가 아니라,
성보람이라는 이유로 꼭 시간을 내 이야기해 보고 싶은
사람이 되고 싶었어요. 그 욕구가 커지면서 포에지라는
이름으로 사업자도 내고, 명함 한 장 없이 좋아하는
작가들을 찾아가 보면서 온라인 상점을 열었어요.
누구에게도 컨펌받지 않고 제가 좋아하는 것들만 바라보고
직진하다 보니 자연히 제 취향으로 이루어진 브랜드를
만들게 된 것 같아요.

왜 선물가게였어요?
엄마 영향이 커요. 저는 다섯 살 때부터 엄마한테 편지를
받았어요. 엄마가 시장에 나갈 때마다 책을 한 권씩 사다
주셨는데, 책 표지 안쪽에 엄마는 어릴 때 이 책을 보고
어떤 생각을 했는지, 왜 이 책을 골랐는지 등을 적어
주셨거든요. 지금 생각하면 저는 책이 아니라 엄마의
편지를 기다렸던 거예요. 나는 엄마의 사랑을 받는
'사랑받는 아이'라는 행복이 컸어요. 그래서 선물하는
사람을 좋아해요. 어떤 사람을 위해 시간을 내 물건을
고르고 그 사람이 뭘 좋아할지, 어떻게 쓸지 물건 하나를
두고 정말 많은 것을 생각하는 사람들이요. 그런 사람들을
매일 볼 수 있는 선물가게를 차리고 싶었어요. 재작년에
결혼하면서 유독 마음을 표현해야 할 일이 많았는데, 제
마음을 담아낼 선물을 고르기가 퍽 어렵더라고요. 그래서
선물을 직접 만들어보자 했죠.

포에지의 뜻과 의미가 궁금해요.

포에지Poésie는 불어로 시의 운율이나 시의 세계가 가지는 정취를 뜻해요. 마음을 잇는 작은 매개를 고르는 과정이 시를 짓는 일과 비슷하다는 생각에 포에지라는 이름을 붙이게 되었어요. 포에지를 구성하는 거의 모든 상품은 작가들 작품이에요. 기획과 제작, 브랜딩 전반에서 '정성'으로 감싼 물건은 다르다고 생각했거든요. 온라인 포에지 숍에는 세라믹, 섬유, 금속, 나무, 유리 분야에서 활동하는 작가의 작품이 진열되어 있어요.

포에지를 구성한 선물 컬렉션은 어떻게 채워나가요?

집에서 지내면서, 누군가를 위한 선물을 고르면서 '이런 게 있으면 좋겠구나.' 싶은 걸 만들어보고 있어요. 선물해야 하는 사람이 다양한 것처럼 소재와 품목도 끝이 없거든요. 단, 선물이라 크기가 너무 큰 것보다는 가볍게 들고 갈 수 있는 게 좋긴 하죠. 가격대도 3-5만 원대의 선물이면 더 좋고요. 한데 모든 게 제 마음처럼 쉽진 않아요. 요즘 젊은 작가들은 협업에 굉장히 오픈마인드를 갖고 있는데 개인 작업을 하면서 다양한 브랜드와 협업해야 하기에 시간 조절과 체력 관리가 관건이에요. 작가들과 기획 미팅을 할 때, 좋아하는 사람들을 떠올려보고 어떤 걸 만들어서 선물하고 싶은지 많이 물어봐요. 그런 마음으로 손수 만드는 선물인데, 만드는 사람들이 지치면 안 되잖아요. 어떻게 해야 작가들이 포에지 작업이 고되다 느껴지지 않을까, 재미와 환기를 불러오는 작업이 될 수 있도록 고민하고 있어요.

포에지 상세 페이지에는 작가마다 인터뷰가 소개되어 있어요. 아티스트들이 시어 하나를 선택하여 작업하는 방식 같던데요.

맞아요. 포에지가 작가에게 몇 가지 시어를 제시한 다음 같이 상품을 기획하고 디자인해요. 작가는 고른 시어와 '선물'이라는 따스한 의식을 연결 지으며 작업하고요. 그렇게 만든 선물들은 모두 포에지에서만 만날 수 있고요. 협업 방식은 작품이나 작가마다 다른데, 은방울꽃 세라믹 컬렉션의 경우 제 그림이 굉장히 명확한 편이었어요. 이걸 잘 표현할 거라 확신이 든 박혜성 작가에게 은방울꽃으로 작품을 만들어 달라고 분명하게 요청했고요. 반면 최한올 작가와의 협업은 전혀 달랐어요. '달'이라는 시어를 제시하고 미팅을 두어 번 한 뒤 첫 샘플이 나오는 날 어떤 작품인지 알게 되었어요. 작가가 만들고 싶은 선물이 궁금했거든요. 온전히 맡기는 방식으로 진행했는데, 만족스러운 작품이 나와서 첫 샘플이 바로 상품화됐죠. 이 형태를 발전시켜 매거진 화보 작업을 하기도 해요. 작가가 작가에게 선물하고 싶은 작품을 주제로 기획한 화보가 작년《artnow》매거진 겨울 호에 실렸어요. 포에지는 편지와 선물, 발행된 책을 전달하는 큐피드 역할을 했죠.

포에지에서 물건을 구매해 본 분들은 지금껏 받아본 선물 중 가장 정성스러운 포장이었다고 하더라고요. 선물을 둘러싼 감동적인 경험에도 신경을 많이 쓰는 거 같아요.

솔직히 말하면 1년 가까이 포에지를 운영하면서, 이 일로 돈을 많이 벌기는 어렵겠다는 생각을 했어요(웃음). 작가들이 공들여 만든 작품을 값싸게 사 올 순 없고, 선물가게 특성상 가격이 너무 높으면 안 되죠. 그럼에도 포에지가 선물 포장에 많은 시간과 비용을 투자하는 건 물질적인 만족 이상으로 선물을 받고 풀어보는 과정의 인상이 중요하다고 여기기 때문이에요. 포장이 너무 예뻐서 하루는 택배 박스를 열고 그다음 날 그 안의 선물 포장을 푸느라 언패킹에만 이틀이 걸렸다는 어떤 분의 후기만 생각하면 감사해서 미소가 지어져요. 포에지는 물건과 함께 메시지를 적을 수 있는 카드를 같이 보내드리는데요, 브랜드 소개 카드를 넣는 봉투를 그냥 버리긴 아까우니 선물할 일이 있을 때 메시지 카드로 한 번 더 사용되었으면 해요.

기억에 남는 선물가게가 있어요?

아주 오래전 크리스마스 시즌에 남편과 일본을 여행하다 한 세컨드핸드 숍에 우연히 들어갔어요. 작은 물건 하나에도 태그가 붙어 있었는데요. 가령 '나는 런던에서 글 쓰는 일을 한다. 이 주전자는 결혼할 때 시어머니가 물려주신 주전자이니, 나보다 더 필요한 이가 가져가서 소중하게 다뤄주길.' 같은 글이 적혀 있었죠. 그 소소한 브랜딩에 매료돼 가게에서 오랫동안 나오질 못했고, 결국 남편한테 크리스마스 선물로 작은 자수 핸드백과 빈티지 접시를 받았어요. 저는 단지 아름답고 실용적이고 만듦새가 좋아서 무언가를 산다고 생각하지 않아요. 저처럼 그 물건에 담긴 이야기를 사는 사람들이 많을 거라고 봐요. 포에지 상세 페이지에 인터뷰를 실은 것도 이것을 누가, 어떻게, 어떤 생각을 하며 만들었는지 알려주고 싶어서예요. 작가의 정성이 담긴 작품을 귀하게 포장해 줄 수 있는 요소가 뭘까, 포에지에서 경험할 수 있는 소소한 감동에는 뭐가 있을까 많이 고민해요.

포에지를 꾸린 뒤 첫 선물은 누구에게 했어요?

엄마에게 포에지 첫 작품인 은방울꽃 잔을 선물해 드렸어요. 엄마는 제가 좋아하는 거라면 뭐든 같이 좋아해 주거든요. 춘천 집에 엄마의 친한 친구들이 오면 잘 넣어두었던 그 잔을 꺼내실 거예요.

선물 고르는 시간을 왜 좋아하는 거예요? 그 마음을 들여다보면 보람 씨가 삶에서 소중하게 생각하는 것을 알 수 있을 거 같아요.
선물은 어떻게 보면 '내가 너를 좋아해. 너에게 많이 고마워. 너를 아끼는 내 마음을 오래 기억해줘.'라고 말하는 것 같아요. 저는 표현을 중시해요. 고맙다, 사랑한다, 내가 곁에 있다고 말하는 데 약간의 용기 말고 어떤 게 필요한가요? 돈이나 체력이 드는 것도 아니잖아요. 정말 고마운 사람에게 내 능력이 닿는 한 다 해주고 싶은 마음은 누구나 마찬가지일 거예요. 선물은 내 마음을 더 곱게 감싸는 선물 포장 같은 거예요. 그래서 포에지 선물 기획과 제작, 포장 전반에 정성을 들이고 싶은 거고요. 그저 물질적인 선물이 필요한 사람은 포에지에선 살 만한 게 없다고 생각할지도 몰라요(웃음).

선물을 고르는 건 '나'의 마음도 담지만 타인의 상황, 기분, 감정을 헤아리는 일이잖아요. 관계를 중요하게 여기는 거죠?
맞아요. 저는 선물하는 게 참 어렵더라고요. 지인에게 선물한다면, 지인의 가족 관계, 직업, 패션 스타일, 선호하는 인테리어 풍, 하물며 건강 상태까지 알아야 해요. 이것만 해도 많은 에너지가 쓰이는데, 그 선물을 받는 상황까지 헤아리죠. 친구가 사무실에서 한창 야근 중인데 무겁거나 손상되기 쉬운 짐이 도착하면 집에 가지고 갈 때 얼마나 거추장스럽겠어요. 고심 끝에 선물을 골랐어도 그저 처리하기 난감한 물건이 되어버리겠죠. 선물은 이 모든 것들을 다 고려해야 하는 행위예요. 관계에서 상처받고 울 때도 많지만, 금세 잊어버려요. 사람들을 좋아하고 행복하게 해주고 싶은 낙천적인 성향이라 선물가게에 진심을 담고 있어요.

'사람을 좋아하고 행복하게 해주고 싶은 마음'에 영향을 준 관계가 있나요?
엄마요. 엄마는 저의 가장 좋은 친구이고 스승이고 저의 팬이에요. 태어나서 지금까지 저를 항상 응원해 주셨어요. 포에지 할 때, 현실적인 남편이나 주변인들이 "이렇게 하면 안 될 거야."라면서 걱정을 많이 하는데, 엄마는 항상 힘이 되어 줘요. "그냥 해봐. 그렇게 위험한 일 아니야. 엄마도 옛날에 비슷한 일을 해봤는데, 네가 감당할 수 있는 정도야. 해보면 네가 뭘 잘하는지 알 수 있을 거야. 넌 좋아할 것 같아."라면서요. 마냥 사랑만 받고 자란 것처럼 씩씩한 엄마가 초등학생 때 부모님이 돌아가셨다는 얘기를 했을 때 큰 충격을 받았어요. 저라면 자신을 가엾게 생각했을 거예요. 부모의 사랑을 받지 못해서 부족하다고 생각했을 것 같아요. 그런데 엄마는 달랐어요. 부모님들이

생전에 좋은 것만 먹이고, 가장 좋은 것만 입혀주셨다고, 곁에 있어 준 시간은 짧았지만 큰 사랑을 받았다고 말해요. 저는 엄마처럼 맑고 씩씩하게 살아가고 싶어요.

최근 '엄마와의 펜팔'이라는 리추얼을 하고 있다고요. 왜 편지 쓰기를 시작했어요?
엄마가 제 분신 같은 존재라서 평소 엄마의 죽음을 자주 걱정해요. 특히 견디기 힘들 만큼 슬픈 일이 생기면 엄마의 죽음을 떠올려요. '내 인생에서 가장 슬플 게 분명한, 그런 일도 겪을 텐데 이건 아무것도 아니지.'라고 생각하면서 두려움을 떨쳐내거든요. 작년에 엄마와 통화를 하다 엄마에게 일기 쓰듯 편지를 써줄 수 있겠냐고 부탁했어요. 엄마도 제 부탁의 이유를 어렴풋이 아셨는지 "그래. 너에게 엄마를 떠올릴 수 있는 무언가를 많이 남겨주고 싶어."라고 대답하셨어요. 서로 바쁘게 지내면서 실행에 옮기지 못하고 있었는데, 인테리어 디자이너 최고요 님이 밑미에서 엄마와 이메일로 편지를 주고받는 리추얼을 진행한다는 포스팅을 봤어요. 바로 엄마에게 전화해서 이메일 보내는 법을 알려주었죠. 먼저 엄마에게 다이애나라는 이름을 지어주었어요. 《빨강 머리 앤》의 앤과 다이애나처럼 편지를 주고받고 싶었거든요. 엄마에게 이름을 지어줄 때 꼭 제가 엄마의 엄마가 된 것 같아 묘하고 행복했어요. 눈이 침침하시고 이메일 사용법에 아직 많이 서투셔서 노트에 편지를 써서 사진으로 찍어 이메일로 전송해 주고 계세요.

주로 어떤 내용을 주고받아요?
일상 이야기가 대부분이에요. 춘천에 사시는 다이애나가 산책하면서 본 것들, 아빠와 어떻게 지내는지 같은 이야기요. 통화로 매일 하는 이야기지만 편지로 읽으면 느낌이 많이 달라요. 그것도 엄마가 보낸 이메일이라는 것부터가 재미있잖아요. 최근에는 다이애나의 어린 시절을 주제로 편지를 주고받았어요. 어느 날의 편지엔 방과 후 할머니가 키우는 아기 돼지들이 보고 싶어 집으로 달려갔단 얘기가 있었어요. 《빨강 머리 앤》에 나올 법한 이야기를 편지로 상상하며, 당장이라도 어린 다이애나를 찾아가 꼭 안아주고 싶었어요.

엄마와 솔직하고 다정한 편지를 주고받는 일상이 부러워요. 편지를 쓰면서 나를 알아가고, 엄마를 이해하는 마음도 커질 텐데요. 둘의 관계가 새롭게 시작되는 느낌일 거 같아요.
평소 우리가 정말 앤과 다이애나 사이 같단 생각을 자주 하는데, 이메일로 편지를 주고받으면 그 관계가 더 애틋하게 다가와요. 그도 그럴 것이, 어떤 것에도

방해받고 싶지 않아 남편과 강아지가 잠들고 난 뒤 조용한 곳에 앉아 이메일을 쓰거든요. 온전히 엄마의 삶, 엄마의 행복에 대해서만 생각하는 시간이죠. 전화는 편지에 비해 쉬워요. 엄마는 지금 뭐 할까, 그건 어떻게 됐을까, 하고 전화하잖아요. 사랑스럽고 씩씩하게, 베풀며 살아가는 다이애나를 오래 기억하기 위해서라도 저는 이 펜팔을 계속 이어가려고 해요.

엄마의 편지로 하루하루가 설레고 풍성하게 느껴지겠어요. 또 해보고 싶은 설레는 일이 있어요?
엄마와 편지를 주고받으면서 막연하게 엄마들을 위한 일을 기획하고 싶다는 생각을 했어요. 요즘 엄마가 아닌 우리 부모님 세대의 엄마들이요. 남편과 자식을 돌보느라 자신의 꿈을 마음속에만 간직해 온 엄마들이 활짝 웃을 수 있게 만드는 일을 해보고 싶어요. 우리 엄마들은 아직 젊고 할 수 있는 일이 많아요. 수익금이 생긴다면 전부 엄마들에게 써서 엄마들이 오랫동안 가지고 싶었지만 가족을 위해 포기한 무언가를 선물하는 데 쓰면 좋겠어요.

포에지가 곧 1년을 맞이한다고요. 좋아하는 일이지만 매 순간 혼자 결정하고 길을 만들어 걷다 보면 마음이 흔들릴 때도 있을 거 같아요.
가끔 너무 포화된 시장에 뛰어들어서 혼자 이걸 다 하고 있나, 누가 알아줄까 싶을 때도 있어요. 그럴 때마다 귀신같이 누군가 곁에서 힘이 되는 말을 해줘요. 어떤 손님은 90세 넘은 할머니께서 최근 할아버지를 먼저

보내셔서 많이 상심해 있다며, 할아버지와 살던 집에 흐드러지게 피어 있었던 은방울꽃을 선물하고 싶다고 하셨어요. 한데 은방울꽃은 시드니까 은방울꽃이 새겨진 찻잔과 접시를 선물하셨거든요. 포에지가 할아버지를 그리워하는 마음을 조금이나마 어루만지는 데 쓰였다니, 얼마나 대단한 일이에요. 최근 다기를 만든 손세은 작가는 포에지가 꼭 크리스마스 같다고 하더라고요. 생각할 때마다 설레는 마음이 떠오르는 크리스마스처럼, 포에지도 사람들에게 감동과 기쁨을 주고 있다고요. 저는 이 일을 오래 하고 싶어서 나에게 맞는 속도를 찾고 좋은 시기를 기다리며 일을 하려 해요. 공장처럼 일률적으로 일하면 지치기 일쑤고 그러다 소홀해지면 작가한테도 미안하니까 멀리 보며 균형을 잘 잡아보려고 해요. 시간이 쌓여 언젠가 포에지 오프라인을 만드는 게 가장 큰 꿈이에요.

'은하수아파트' 곳곳의 선물들

1.

2.

3.

4.

5.

1. 지난 연말 최한올 작가가 엄마와 함께 담은 생강청을
선물해줬어요. 광목을 손수 바느질한 주머니에 생강청이
담겨 있었어요. 깊은 정성이 느껴져서 끈 푸는 것도
아까웠던 기억이 나요. 지금은 다이어리를 넣고 다녀요.

2. 박혜성 작가가 초롱꽃을 새기고 러프한 질감을 살려
만든 세라믹 바구니를 보자마자 엄마에게 선물했어요.
눈이 어두우신 엄마가 자꾸 깜박하는 일이 생긴다며
수첩에 메모를 하시거든요. 펜과 안경을 넣어두기를 바라며
선물했어요.

3. 여름의 콩, 가을의 도토리, 겨울의 유자 모빌이에요.
최희주 작가 덕분에 계절을 더 짙게 감각해요. 이렇게
고운 열매 모빌을 선물하는 것으로 새 계절이 왔다고
알려주었거든요. 사랑스러운 네리가 잠드는 공간 문틀에
달아주었어요.

4. 아이보리 패브릭 갓과 오크 보디로 조합된 침실 조명은
오래전 남편이 선물한 거예요. 남편과 헤어질 뻔한 적이
있었는데요. 당시 남편이 이별을 고하면서도 집이 너무
쓸쓸해 보인다며 마음 썼거든요. 화해하자마자 무인양품에
데려가 이 조명을 사주었어요. 평범해 보이지만 끝까지
버리지 못할 소중한 선물이에요.

5. 베란다에 있는 큰 나무는 제가 결혼할 때 준다고
엄마가 살뜰히 키우신 올리브나무예요. 열매가 열린 작은
올리브나무는 결혼한 다음 하나 더 놓아주신 거고요.
두 그루의 올리브나무를 보며 늘 저희 기도뿐인 엄마의
바람처럼 웃을 일 많이 만들고 단정하게 살아야겠단 생각을
해요.

One's Time Record

엄지로 쓴 시절 기록

정승환—뮤지션

에디터 이주연
포토그래퍼 Hae Ran

한때는 밤이 깊으면 라디오를 켰다. 밤의 틈새로 목소리를 보내오는 어느 뮤지션의 목소리를 듣기 위해서였다. 장난기 어린 말씨와 무해한 농담, 음악과 뮤지션의 또 다른 이야기, 담담히 읽어 내려가는 편편의 시, 청취자에게 보내는 정성 어린 답장…. 감정을 한 줌 덜어내 더 절절하게 이야기를 전하는 뮤지션 정승환은 음악으로, 시로, 말로, 글로 편지를 쓴다. 편지의 초안은 모두 두 개의 엄지에서 출발한다.

기록은 많은 걸 잊지 않게 해줘요. 그리고 동시에 완전히 잊게 해주는
일이기도 하죠. 어떤 감정이나 상황을 억지로 붙들고 있는 게 아니라
놓아주는 일 같다고 느낄 때가 있거든요.

인터뷰 전에 간단히 식사하시던데, 오늘 바쁘셨군요.
시간 날 때 빠르게 김밥 두 줄 먹었어요. 소고기김밥이랑
멸치고추김밥(웃음). 곧 음원이 나올 예정이라 부지런히
작업 중이에요. 코로나19 때문에 3년 정도 팬들과 만날
자리가 없었는데, 모처럼 팬미팅도 준비하고 있어서
바쁘지만 설레는 마음으로 지내고 있어요. 오늘은 날씨가
좋아서인지 컨디션도 좋네요. 만나서 반갑습니다.

**반가워요. "알람 없이 깨는 게 행복"이라고 이야기하신
적이 있는데 오늘은 알람으로 일어난 하루였겠어요.**
맞아요. 알람 없는 날이 그리워지네요(웃음). 보통 쉬는
날엔 알람 없이 한낮에 깨서 거의 집에만 있어요. 밤낮이
바뀐 편이어서 새벽 5-6시쯤 자고 2-3시에 일어나죠.
약간 정리벽이 있어서 집 청소를 하다 보면 하루가
훌쩍 가요. 멍 때리고, 집안일하고, 유튜브 보면서
시간을 때우는 편이죠. 소소해 보이지만 저한텐 너무 큰
행복이에요.

**오디션 프로그램에 나온 게 엊그제 같은데 벌써 시간이
꽤 흘렀어요. 그때 "틀에 박힌 교육이 싫어서 노래
배우기를 거부했다."고 이야기하신 게 기억나요.**
오디션 프로그램에 나갈 땐 음악을 시작한 지 1년도
채 되지 않았을 때였어요. 방금 하신 얘기는…
'이불킥'감이에요(웃음). 틀에 박힌 교육이 싫다는 생각은
여전하지만 제가 받은 교육이 틀에 박혔다는 발언은
오만했던 것 같아요. 그 당시엔 지금이랑은 비교가 안 될
정도로 에너지가 넘쳐났어요. 그래서인지 음악은 무엇이다,
예술은 무엇이다, 정의 내리고 싶은 욕망으로 가득했죠.
예술이 뭔지는 몰라도 알고 싶어 하는 호기심으로 똘똘
뭉쳤고, 매시, 매분, 매초 음악 생각만 했어요. 새로운
음악을 발견하는 재미에 하루하루가 신나던 때죠.

지금은 생각이 좀 달라졌어요?
음악에 대한 생각보다도 제 태도가 좀 바뀌었어요. 그땐
무언가 정의 내리고 싶어 하는 욕구가 강했다면 지금은
정의하고 싶다는 마음을 내려놓은 상태죠. 형식적인

정의는 있을지 모르지만 절대적인 정의가 과연 있을까
싶거든요. 있다 하더라도 제가 살아가는 동안엔 알 수 없을
것만 같아요. 그래서 규정된 어떤 것을 해나가기보다는
제가 좋다고 생각하는 것, 맞다고 믿는 것들을 해보려고
해요. 혹시 그게 아니란 걸 알게 되면 나중에 보완해도
된다고 생각하게 됐거든요. 음악뿐만 아니라 삶
전체에서요.

**그때와 변한 점이 있어서일까요, 지금 오디션
프로그램에 다시 나가라고 한다면 못 할 것 같다는
이야기를 했죠.**
제가 놀이기구를 겁 없이 잘 타거든요. 안전바가 있어서
무섭다는 생각이 잘 안 들어서 어릴 때부터 놀이기구
타는 걸 좋아했어요. 근데 놀이공원을 안 간 지 오래되다
보니까 요즘은 놀이기구 타는 상상을 하면 겁부터 나요.
조금씩 나이를 먹어가면서 많은 걸 알게 되는데, 그러면서
예전엔 느끼지 못한 공포도 느끼게 됐어요. 자연스럽게
겁도 많아지고요. 오디션 프로그램에 다시 나간다면…
그때보다 좀더 경직되고, 좀더 긴장하고, 좀더 어려워하지
않을까 싶어요. 당연히 그때보다 자연스러워지고 깊어진
면도 있겠지만, 지금은 음악이 업이 되었기에 그땐 몰랐던
두려움이 생겼어요. 그 전에도 음악은 취미 이상이었지만
그래도 일은 아니었잖아요.

**사람은 변하기 때문에 잘해오던 걸 어느 순간 못 하게
되고, 할 수 없던 일들을 갑자기 하게 되는 경우도 있는
듯해요. 살아 있는 이상 완성형은 없다는 생각도 들고요.**
맞아요. 그래서 제가 어떤 사람인지 묻는 질문이 항상
어려워요. 답도 매번 바뀌고요. 찾아가는 중이라는 게 제가
답할 수 있는 최선이죠.

그럼 지금의 정승환을 이야기해 본다면요?
지금도 시시각각 바뀌고 있겠지만, 떠오르는 대로
이야기해 보자면 게으르고, 무디고, 그러면서도 예민하고,
잘하고 싶은 마음이 늘 앞서는 사람이에요.

어떤 걸 잘하고 싶어요?

너무 많아요. 그래서 그게 잘 안될 때 저한테 짜증이
나요. 실수하거나 그 실수가 반복될 때마다 제가 너무
못나 보이고요. 시간이 지나고 나서 '아, 이때 이렇게
했으면 어땠을까.' 하고 후회할 때도 많아요. 제가 올해로
스물일곱 살이 됐는데… 물론 아직 어린 나이지만, 제가
살아온 날 중에선 가장 나이 먹은 때잖아요. 최근에는
'지금까지 난 뭘 해온 거지.' 그런 생각을 자주 해요. 사실
돌아보면 제 20대는 이러저러한 일들로 꽉 차 있거든요.
뮤지션으로 활동하기 시작한 것만 해도 굉장히 큰일인데,
왠지 모르게 공허한 생각이 들더라고요.

어떤 점에서요?

이제 20대 후반이 되었으니 '두 번 다시 나에게 20대
초반은 없구나.' 싶어서요. 다시는 돌아갈 수 없다는 생각
때문에 막막해지는 것 같아요. 바보 같은 생각이라는
걸 알면서도 그 생각이 떠나질 않아요. 머리로는 '그래,
지금도 어리니까 남은 20대 잘 보내고 30대에 더 멋진
일들을 해보자.' 하는데 왜 자꾸 아쉬워지는 걸까요?

10대 때는 이런 고민이 없었어요?

그때는 오히려 빨리 20대 되고 싶다는 생각으로 가득 차
있었어요. 어… (침묵) 근데 생각해 보니 20대 초반에도
다시는 10대가 없구나, 생각하면서 며칠 정도 우울에
빠진 적이 있네요. 제가 좀… 느려요. 한 발도 아니고 몇
발자국씩 느려요. 뭐든 나중에 후폭풍이 밀려오는 편이고
반응이 더디죠. 시간이 지난 후에 뒤를 돌아보는 일이
많고, 그제야 감정이 밀려와요. 그럴 때 특히 아쉬워지곤
해요. 안 그러려고 하는데도 속수무책이죠.

**그게 음악으로 표현된다는 생각도 들어요. EP [다섯
마디]를 발표하면서 "음악은 하지 못한 한마디 말에서
시작되는 경우가 많다."라는 이야기를 하셨어요.**

맞아요. 어떤 일이 벌어지던 당시에서 벗어나 바깥에서
바라보면 좀 차분해지고 냉정하게 보게 돼요. 예를 들어
사랑할 당시에는 잘 모르던 것들이 이별하고 나서야 보일
때가 있잖아요. 그럴 때 못다 한 말을 떠올리게 되는 것
같아요. 청춘이라는 단어도 그래요. 청춘을 보내고 있는
사람은 청춘이란 말에 감흥이 없어요. 청춘을 이야기하는
사람들은 그 시절을 지나왔다고 생각하는 사람들이지
싶어요. 무언가 그리워하고 정의한다는 건… 그 세계를
벗어났을 때에야 가능한 게 아닐까요? 상황을 제대로
바라보게 되었을 때에야 못 한 말들이 떠오르는 거죠. 제가
스무살을 계속 생각하는 것처럼.

**계속 과거 이야기를 하고 있는데, 미래보단 과거를 좀더
생각하는 편이에요?**

안 그러고 싶은데 인정해야 할 것 같아요. 저 되게 미련이
많은 사람인가 봐요.

**뮤지션 정승환을 '발라드 세손'이라고 소개하곤 해요.
발라드에 세손이란 단어가 합쳐지니까 더 진중하고
조용하고… 그런 이미지가 떠올라요. 직접 소개할 땐
"안테나의 메인 교태"라고 이야기하는데(웃음).**

발라드는 대체로 대화로 하면 너무 진지해져서 불편해질
수도 있는 이야기를 담고 있어요. 이미 진지한 장르라는
인식이 있어서 무리하게 솔직해져도, 조금 오그라지는
표현도 포용되는 장르이기도 하죠. 덩달아 발라더
역시 진지하고 고뇌에 차 있는 이미지가 된 것 같아요.
왜, 재미있는 이야기 중에 누가 갑자기 진지한 얘기를
하면 '분위기 깬다'고 하잖아요. 발라더는 그 포지션에
가까워요. 누군가 무시하고 지나쳐도 그 자리에서
진지하게 계속 얘기하는 사람. 하지만 이미지는 이미지일
뿐, 저는 장난치는 것도 되게 좋아하고 쾌활해요. 사실
진지한 순간이 별로 없어요.

**그래서인지 발라더 특유의 이미지를 깨려고 하는
듯한 느낌을 받았어요. 발라더와 아이돌을 합쳐서
'발라도리'라고 하던데, 무척 잘 어울린다고 생각했어요.**

나서서 발라더의 이미지를 깨고 싶은 건 아니에요. 그건
보는 사람의 몫이지, 제 역할은 아니라고 생각하거든요.
누군가의 편견을 깨기 위해서라기보단 다양하게 보여주고
싶다는 마음이 커요. 다양한 제 모습을 보여줬는데도
하나의 시각으로만 저를 바라본다면 그건 그거대로
존중해야 한다고 생각하고, 다양하게 바라봐 주는 사람이
있다면 제 의도가 잘 통했다고 생각하죠. 발라도리라는
단어는 제 귀여움을 보여주고자 쓴 단어예요(웃음). 저
생각보다 굉장히 귀여운 사람입니다.

**그럼요, 귀엽습니다(웃음). 어떻게 생각하느냐는
생산자보다 소비하는 사람의 몫이라고 생각하는 것
같아요. 비슷한 맥락에서, 진심을 담아 노래하는 건
중요하지만 누군가가 '진심을 담았네.', '진정성 있네.'
하고 이야기하는 건 어폐가 있다고도 했죠.**

사실 저는 진심이나 진정성이란 단어에 회의적이에요.
'그걸 어떻게 알아.' 약간 이런 주의거든요. 저 사람이
진짜 진심인지, 진심처럼 말하는 건지는 사실 아무도
모르는 거잖아요. 그래서 제가 진심인 게 중요해요. 상대가
진심이라고 못 느끼더라도 제가 진심이라면 진심이 된다고
믿으니까요. 만약 제가 진심이 아닌데 누군가 "정승환

노래 진정성 있다." 하면 그건… 민망한 땡큐고요(웃음). 근데, 제 욕심이랄까요, 개인적인 윤리랄까요, 전 항상 진심이고 싶어요. 특히 음악을 할 땐 그러고 싶어요. 그게 닿지 않으면 아쉽지만 별 수 없다고 생각하고요.

진심이라는 건 누가 어떻게 정의 내리느냐에 따라 조금씩 달라지기도 하죠.
그래서 진심인지 아닌지는 본인만 알 수 있는 것 같아요.

음… 저는 가끔 제 진심을 모르겠던데요.
저도 잘 모를 때가 있지만 저만큼 잘 아는 사람도 없을 거예요. 모르는 사람 중엔 제가 제일 잘 아는 거죠.

진심이라는 건 창피한 마음일까요?
꼭 그런 건 아닌데 저한텐 좀 유난스럽게 느껴지는 것 같아요.

그럼 진심을 보일 수 있는 상대가 따로 있나요?
속마음을 다 이야기하는 친구들이 있어요. 어머니랑도 대화를 무척 많이 하는 편이고요.

어머니한텐 항상 진심이군요.
언제나요.

"노래할 때 말처럼 들리도록 연구한다."고 했어요. 특히 가사에 집중하는 편이에요?

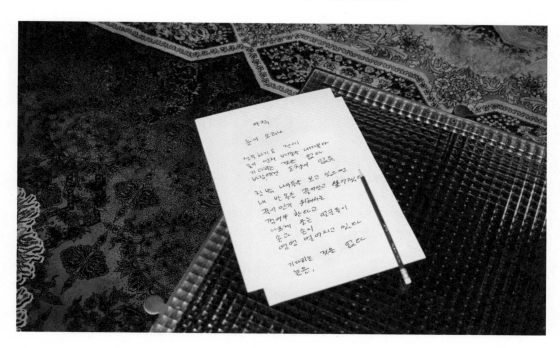

혹시 내 진심을 모르겠다 싶던 순간 있어요?
너무 많아요. 저는 시를 참 좋아하는데요. 안미옥 시인의 〈한 사람이 있는 정오〉라는 시에 이런 구절이 있어요. "진심을 들킬까봐 겁을 내면서 / 겁을 내는 것이 진심일까 걱정하면서" 무척 와닿은 구절이라 잊지 않고 기억해요. 저는 평상시엔 제 진심을 안 보이고 싶어 하는 사람이에요. 들킬까 봐 겁을 내는데… 겁내는 게 진짜 제 진심일 수도 있겠다 싶어요. 저도 제 진심이 헷갈릴 때가 많거든요. 이게 진짜 내 마음일까, 하면서요.

평상시엔 진심을 안 보이고 싶어 해요?
네. 굳이 알려서 뭐 하나 싶기도 하고 창피해서요.

음악을 구성하는 요소 중 뭐가 제일 중요하다고 하기는 어려워요. 우선순위를 두는 게 큰 의미가 없기도 하고요. 가사가 좋은데 멜로디가 별로면 그거대로 썩 좋진 않아요. 멜로디랑 음악은 너무 좋은데 가사가 별로면 그것대로 아쉬워지죠. 그래서 중요도를 따지지는 않지만, 제 역할을 생각하면 노랫말이 중요해지는 지점은 분명히 있어요. 저는 음악을 구성하는 요소 중 유일하게 '언어'를 다루고 있잖아요. 연주자는 악기를 연주하겠지만 저는 노래를 부르니까요. 그래서 직접 언어를 다루는 포지션이라고 생각하는데요. 그러다 보니까 가사가 중요할 수밖에 없어요. 특히 발라드라면 가창력이나 좋은 소리도 중요하지만, 가사가 말처럼 들리는 게 정말 중요하다고 생각해요.

말에는 감정이 묻어 있잖아요, 기분이 좋을 땐 목소리 톤이 높아지고 긴장하면 목소리가 떨리죠. 그런데 승환 씨 음악은 감정이 뚝뚝 묻어나기보다는 한 줌 덜어내는 것처럼 들려요. 그걸 세간에선 '담백함'이라고 이야기하는 것 같고요.

곡의 정서나 가사에 따라 다르겠지만, 개인적인 취향은 되도록 드러내지 않는 거예요. 그게 효과적이라고 생각해서요. "너무 슬프다."고 말해 버리면 공감대가 안 생기는 것 같거든요. 막 울고 있는 사람보다 꾹 참고 있는 사람이 안쓰러워 보이잖아요. 좀… 더 슬퍼 보이고요. 영화도 되게 슬픈 장면이지만 잔잔하게, 담백하게 풀어낼 때 여운이 더 남아요. 이건 제 취향 같은데, 전 음악도 그런 걸 더 좋아해요. 담백해서 더 슬픈 곡들이요. 감정을 일부러 '죽인다'고 말하는 게 맞는지는 모르겠는데, 분명히 다 보여주지 않으려고 하는 건 있어요.

최소한으로 보여줬을 때 극대화될 수도 있다는 거네요.
그렇게도 볼 수 있겠죠.

말로 소통할 때와 노래로 이야기할 때 어떤 차이가 있어요?
제 노래로 예를 들어볼게요. 누군가에게 "너였다면 어떨 것 같아?"라고 물으면 좀 창피한데요, 제 노래 '너였다면'을 부르는 건 전혀 창피하지 않아요. 그게 제일 큰 차이 아닐까요. 노래로 하면 다 수용되는 느낌, 솔직해져도 얼마든지 괜찮을 것 같은 느낌. 제가 일상에서는 그런 말을 잘 못 하는 사람이어서 더 그런 것 같기도 해요.

음, 노래로는 할 수 있는데 실제로는 잘 못 한다면 노래하는 자아와 일상의 자아가 구분되나요?
아니요. 어느 정도 차이는 있겠지만 같은 자아라고 생각해요. 옛날엔 경계가 없는 게 진짜 멋진 음악가라고 생각했어요. 무대 위의 모습과 아래 모습이 일치하는 사람이 멋지다고 여긴 거죠. 근데 뮤지션으로 살다 보니 꼭 그럴 필요가 있나 싶어요. 좀 이상한 말이긴 한데, 무대에서 노래할 때의 저와 평상시의 저는 같은 사람이지만 다른 사람이거든요. 결국 모든 게 다 저이지만 보여주는 모습이 다르다고 보면 될 것 같아요. 무대에 오르는 순간부터 공연이 끝날 때까지 저는 '나는 가수다.'라는 생각을 놓지 않아요. 근데 공연 끝나고 집에서 멍 때릴 땐 제가 가수인가 반문하게 돼요. 아침에 일어나서 눈곱 낀 얼굴, 부스스한 머리로 거울 볼 때도 내가 가수인가 싶죠 (웃음).

음악에 어떤 메시지를 담을지 많이 고민한다고 했죠. 지금 관심을 두고 있는 것들이 주제가 되기도 할 것 같아요.
요새는 '지나간 것들'에 대해 이야기하고 싶다는 생각을 많이 해요. 다시는 돌아올 수 없는 시간에 마음이 가거든요. 아까 말한 20대 얘기처럼요. 바깥에서 어떤 시절을 바라봤을 때 보이는 것들에 대해 음악으로 표현하고 싶다는 생각이 많죠.

아까 20대를 돌아보면서 아쉬움과 후회가 남는다고 했잖아요. 지금 이야기한 '지나간 것들'에 대해서는 어때요?
역시 후회가 많아요. 이렇게 해볼걸, 저렇게 할걸, 그렇게 말해 줄걸…. 근데 후회로 끝나는 게 아니라 결국 고마움이 남더라고요. 메모장에 이런 문장을 기록한 적이 있어요. "그리움의 다른 말은 고마움이다." 그립다는 건 후회를 하더라도 결국에는 고마운 일이라는 생각이 들었어요. 어쩌면 그렇게 생각하고 믿으려는 것도 같고요. 지금 당장 그립고 고마운 건 스무 살이에요. 그땐 모든 게 새롭고, 모든 것에 서툴렀거든요. 처음 서울로 올라왔고, 안테나에 들어왔고, 가로수길도 처음 가봤어요. 물론 지금은 안 가지만 (웃음). 그 시절이 가장 그립고… 또 결과적으론 고마워요.

음악 이야기를 좀더 해볼게요. 음악에는 '노래를 부른 뮤지션의 서사가 담긴 노래'랑 '모두가 공감할 수 있는 노래'가 있다고 했어요. 어느 쪽이 좀더 승환 씨한테 가까워요?
둘 다요. 이렇게 대답해야 제가 가수로 먹고살 수 있지 않을까요 (웃음). 지극히 사적인 노래가 있는가 하면 조금 더 전형적인, 대중적인 곡이 있는 것 같아요. 내 이야기에 그치는 게 아니라 동시에 모두의 이야기가 될 수 있는 노래들이요. 지금까지 사랑받은 제 곡들은 후자에 속하는 편이에요. 사실 너무 개인적인 노래면 공감을 사기 어려울 거고, 공감이 안 되는 노래라면 사랑받기 힘들겠다 싶어요.

지금 떠오르는 가사 있어요?
가장 마음에 드는 걸 갑자기 꼽기는 좀 어렵지만… 음…(정적), 음…(정적), 음…(한참 정적). 지금 막 머릿속에 떠오른 건 '안녕, 겨울' 마지막 구절이요. (노래를 부른다.) "어디에 있든 어떤 모습이든 그대로의 그댈 사랑해요 닿지 않겠지만 늦더라도 부디 행복해요."

갑자기 노랠 부르셔서 철렁했네요. 좋아하는 시 구절은 바로바로 읊었는데 좋아하는 가사를 읊는 데는 시간이 꽤 걸렸어요.

제가 쓴 게 다 너무 좋아서 뭘 골라야 할지 모르겠어서(웃음)….

(웃음)네, 알겠습니다. 기록하는 걸 좋아한다고 들었어요. 고등학교 2학년 때 휴대폰 메모장에 쓴 게 기록의 시작이라고요.

어릴 때부터 공상을 많이 하곤 했어요. 생각도 많고 제 언어로 규정하는 걸 좋아해서 혼자 정말 많은 생각을 했죠. 생각에 생각이 꼬리를 물고 이어지다 보면 저 나름대로 깨달음을 얻기도 했어요. 근데 자고 나면 자꾸 다 까먹는 거예요. 그래서 기록하기 시작했어요. 처음에는 제가 생각하는 것들, 생각하는 주제에 관해 이것저것 적어봤어요. 계기는 그랬는데, 점점 모든 걸 기록하게 되더라고요. 시를 좋아해서 시처럼 흉내 낸 글도 많이 썼죠. 지금도 꾸준히 쓰고 있고요. 그렇게 써온 메모가 벌써 10년이 쌓였네요. 기록은 전부 휴대폰 메모장에 해서 폴더도 엄청 많아요. 휴대폰에 기록하는 게 편하고 좋지만, 고장 나거나 잃어버려서 사라진 메모들도 있어요. 특정 시절에만 쓸 수 있는 문체나 화두가 있잖아요, 어릴 때 쓰던 말투는 지금 따라 하기도 어렵고요. 그걸 다시 볼 수 없다는 게 아쉬워요.

지금 휴대폰에도 메모가 있나요?

그럼요. 이 휴대폰은 3-4년쯤 된 건데요. 이 메모장에만… (휴대폰을 켠다.) 1,500개 정도 있네요. 글 쓰는 걸 좋아해서 자주 기록해요. 악필이라 노트보단 휴대폰 메모장이 편하고 좋아요. 글 쓰는 시간은 항상 즐겁고 자유로워요.

'시'라는 폴더가 있네요.

쑥스럽지만 꾸준히 쓰고 있어요.

처음엔 잊지 않기 위해 메모를 시작했지만 10년을 써오면서 새로운 의미가 생겼을 것 같아요.

기록은 여전히 잊지 않게 해주는 행위예요. 그리고… 동시에 완전히 잊게 해주는 일이기도 하죠. 말하자면, 어떤 감정이나 상황을 억지로 붙들고 있는 게 아니라 놓아주는 일 같다고 느낄 때가 있거든요.

기록함으로써 후련하게 보내줄 수 있다는 거군요.

맞아요. 어떤 일들은 기록함으로써 응어리가 남지 않고 사라지기도 하니까요.

글 쓰는 시간이 자유롭다고 했는데, 어떤 점에서 그래요?

완전한 취미이기 때문에 그 누구의 눈치도 볼 필요가 없고 형식도 정해진 게 없어요. 의무와 책임이 완전히 배제된 행위여서 자유로워져요. 누군가를 배려할 필요가 없기 때문에 더 그렇게 느끼고요. 제가 직업적으로 글을 쓰는 사람은 아니니까요.

라디오 디제이를 하실 때, 게스트였던 김민정 시인에게 "죽기 전에 시집을 내고 싶다."고 이야기하더라고요. 훗날 시집을 낸다면 그땐 마음가짐이 좀 달라질까요?

그래야 하지 않을까요. 시집을 내고 싶다는 건 구체적인 목표라기보다는 꿈이에요. 죽기 전에 한 번, 꼭 한 번은 해보고 싶은 일이죠. 제가 정말 시집을 내게 된다면 읽을 사람을 생각하지 않은 지금 메모들과는 좀… 달라야 할 거예요.

기록할 때 시처럼 썼다고 했잖아요. 실제로 시를 쓰기도 했고요. 시가 뭐라고 생각하세요?

너무 어려운 질문인데요(웃음). 저는 시도 많이 썼지만, 시에 대한 글도 많이 썼거든요. 그때 "시는 시적인 것으로 향하는 것 같다."라는 문장을 쓴 적이 있어요. 이상한 얘기인 것 같긴 한데, 그러니까… 시를 벗어나려고 하는 게 시 같아요.

어렵네요.

사실 시라는 게 명료하진 않잖아요. 무슨 말인지 잘 모르겠는 문장도 많고요. 시는 빈 공간에도 의미가 있는 장르가 아닐까 싶어요. 음악은 이 소절과 다음 소절 사이의 숨 쉬는 구간이 굉장히 중요한데요. 시도 그런 면이 있는 것 같아요. 행과 행 사이, 그리고 연과 연 사이가 무척 중요하다고 생각해서요. '침묵에 주목하는 장르'? 정리할수록 어렵네요.

행간까지 읽어야 하는 장르라는 데 동의해요. 승환 씨는 시를 왜 좋아해요?

글을 오래 읽는 걸 별로 안 좋아해서요(웃음). 처음엔 짧아서 좋았고, 그다음엔 제 마음대로 생각해도 되는 것 같아서 좋아하게 됐어요. 엄청나게 열려 있는 장르잖아요. 물론 시인들은 그렇지 않다고 할 수도 있겠지만, 시는 제가 믿고 싶은 대로 믿어도 되겠다 싶어요. 시를 읽다 보면 어떤 땐 한 문장이 유독 와닿을 때가 있어요. 그럴 때면 제가 들통나는 것 같은 느낌이 드는데, 그런 것도 시를 좋아하는 이유예요.

시는 시간을 들여야 의미를 알 수 있고, 그 의미 역시 누가 읽느냐에 따라 달라진다는 생각도 들어요. 근데 승환 씨는 노래를 부를 땐 "말뜻이 바로 전달되는 것이 중요하다."고 이야기해요.
시와 노래가 자주 비교되긴 하지만, 저는 시와 가사는 엄연히 다르다고 생각해요. 노래, 특히 대중가요는 시보다 조금 더 친절해야 하는 것 같아서요. 직관적일 때 힘이 커지고 더 큰 공감을 불러일으키는 장르가 음악 아닐까요? 반면 시는 직관적이기보단 시간을 가지고 빈 공간을 오래 들여다보아야 하는 장르예요. 문장 자체보다도… 활자의 맞은편을 봐야 하는 것 같죠.

그러니까, 음악은 노랫말과 멜로디를 정면으로 보는 거라면 시는 행간을 보는 장르라는 거죠?
제 생각은 그래요.

(잠시 침묵) 곱씹게 되네요. 기록 얘기를 좀더 해볼게요. 세상에는 행복할 때 기록하는 사람과 슬프고 우울할 때 기록하는 사람 두 부류가 있는 것 같아요. 어떤 쪽이에요?
행복하고 기분 좋을 때 기록한 적은 잘 없어요. 사실 구분 없이 쓰고 싶을 때 쓰는 사람인데요. 감정적으로는 조금 우울감이 있거나 슬플 때, 답답하거나 막막할 때 쓰게 돼요. 좋은 이야기를 기록해 놓으면 나중에 봤을 때 분명 다시 기뻐질 거예요. 근데, 좋을 땐 행복하기 바빠서 기록할 겨를이 없어요. 기록이란 상황이나 감정을 마주 보는 행위라는 생각이 들어요. 슬프고 우울할 때는 좀더 나아지고 싶어지잖아요. 그래서 기록하고, 감정을 마주 보고, 끝내 놓아주려고 하는 게 아닐까요? 반면 행복은 놓아줄 필요가 없으니 기록하지 않게 되는 거고요. 그 안에서 오롯이 즐길 때가 가장 좋기도 하고요.

최근엔 어떤 글을 썼는지 궁금해지네요.
작년에 박준 시인님이랑 시 토크 콘서트를 한 적이 있어요. 출판사 난다의 인스타그램 라이브로 송출되는 방송이었는데, 월별로 시인과 뮤지션들이 참여한 행사였거든요. 참여자 모두가 쓴 글을 엮어 잡지 형태로 만든다고 해서 글 한 편을 요청받았는데, 그때 쓴 글이 마지막이에요. 제가 좋아하는 시 한 편과 그 시에 대한 소개를 적었죠. 최근엔 글 쓰는 빈도가 줄었어요. 쓰긴 하는데 전만큼 집중하진 않아요. 요샌 유튜브가 더 재밌었거든요. 혹시 '숏박스' 아세요? 안 보셨으면 꼭 보세요(웃음). 다른 사람들도 그런지 모르겠는데, 저는 꾸준히 쓰기야 하지만 더 많이 쓰는 시즌이 있어요. 잘 안 쓰다가 쏟아지듯이 쓰다가, 또 쉬다가, 마구 쓰다가….

이번에는 라디오 얘기를 해볼게요. MBC에서 2년 정도 〈음악의 숲 정승환입니다〉를 진행했어요. 처음 디제이를 맡을 때 부담감이 컸다고 들었는데, 어떻게 이겨내셨어요?
결국에는 시간의 힘이 제일 컸어요. 하다 보니까 익숙해지고 자연스러워진 건데, 사실 그 안엔 제 노력이 엄청 들어 있겠죠. 아무 노력도 하지 않고 시간만 때웠다면 극복하지 못했을 테니까요. 라디오는 사연으로 이어가는 프로그램이니까 디제이는 말을 잘하고 아는 것도 많아야 할 수 있을 거라고 생각했어요. 잘할 수 있을까 고민하고 있을 때 유희열 선배님이 이런 말씀을 해주시더라고요. "말을 잘하는 것보다 잘 들어주는 디제이가 되면 좋겠어. 그게 내가 생각하는 좋은 디제이야." 그때 마음의 짐이랑 부담감을 많이 내려놓을 수 있었어요.

디제이는 표면적으론 말하는 역할처럼 보이는데, 들어주는 일을 잘하기 위해 어떤 점을 신경 썼어요?
제 라디오를 듣는 사람들 중엔 제 이야기를 듣고 싶어 하는 분도 물론 있을 거예요. 대부분 제 팬분들이겠지요. 하지만 라디오라는 매체를 좋아하는 청취자들은 라디오에서 흘러나오는 누군가의 사연에 더 귀 기울일 거예요. 자신의 상황을 대입해 보기도 할 거고요. 그걸 깨닫고 나니까 그런 의미에서 잘 들어주는 게 제 몫이란 생각이 들더라고요. 누군가의 사연을 잘 읽고, 잘 답해주는 일. 그 이후부터는 이 사람이 뭘 얘기하고 있는지, 또 무엇을 얘기하고 싶어 하는지 생각하면서 사연에 집중하기 시작했어요. 사람 이야기를 들어온 시간이 쌓이다 보니 사람들의 감정을 좀더 깊게 헤아리게 되더라고요. 그러면서 자연스럽게 더 잘 듣는 행위로 연결된 것 같아요.

저도 라디오 키드여서 어릴 때 사연도 많이 보냈는데, 그럴 때마다 편지 쓰는 기분이 들었어요.
저 역시 매일매일 답장을 보내는 기분이었어요. 사실 겨우 이름만 아는, 아니 어떨 땐 이름조차 모르는 사람의 사연을 읽고 대화하는 거잖아요. 어떻게 보면 낯설고 붕 떠 보일 수도 있겠지만 저한텐 그게 큰 매력이었어요. 그 사람의 나이, 성별, 직업 같은 건 사실 중요하지 않아요. 이 사람이 사연에 어떤 감정을 담고 싶은지, 어떤 상황을 담았는지가 읽히니까 다른 정보는 몰라도 문제가 없더라고요. 그게 일반적인 편지와는 조금 다른 부분 같아요.

결국 음악도, 라디오도, SNS도 전부 소통의 도구라고 생각해요. 누구나 자기만의 대화법이 있을 텐데, 승환 씨는 특히 어떤 점에 집중하려고 해요?
무엇보다 속단하지 않으려고 해요. 뭐든 함부로 판단하면 안 된다고 생각하거든요. 그래서 제 의견만이 답이라고

단정 짓지 않으려고 하죠. 누군가 저에게 자기 이야기를 꺼낸다고 해서 늘 의견을 구하는 건 아니라고 생각해요. 어떨 땐 들어주기만 하는 게 백 마디 말보다 나을 때가 있거든요. 그래서 저는 대화할 때도 최대한 성실하게 들어주려고 해요. 상대방은 자기 이야기를 들어주고 있다는 것만으로도 위안을 얻을 테니까요.

그런 느낌이 노래에도 묻어나는 것 같아요. 메시지를 강조하기보단 천천히 전달한다는 느낌이 있거든요. 음악을 만들 때 "좋았던 작품에서 영감을 얻는다."라는 이야기를 한 적이 있어요. 최근엔 어떤 작품을 눈여겨보았어요?
책에서도 영감을 많이 받지만 사실 가장 도움이 많이 되는 매체는 영화예요. 특히 대사가 그렇죠. '안녕, 겨울' 노랫말도 영화 <그녀Her>(2013)의 마지막 장면에서 영감을 받아 만들었어요. 남자 주인공 테오도르가 별거 중인 아내 캐서린한테 메일 보내는 장면이 모티프가 되었거든요.

혹시 지금 떠오르는 영화 대사 있어요?
마침 어제 <조제, 호랑이 그리고 물고기들>(2003)을 오랜만에 다시 봤는데, 마지막에 남자 주인공인 츠네오가 한 말이 잊히지 않아요. "이별의 이유는 여러 가지였지만… 아니, 사실은 하나다. 내가 도망친 거다." 츠네오 관점에서 조제와의 관계를 생각하면 정말 많은 감정이 떠올라요. 같은 영화를 여러 번 보면 처음엔 안 보이던 것들이 보이게 되잖아요. 이 영화를 처음 봤을 땐 조제가 안쓰럽다고 생각했어요. 음… 아마 저도 모르게 몸이 불편한 조제를 약자로 생각해 버린 게 아닐까 싶어요. 근데 두 번째 봤을 땐 츠네오가 더 안쓰럽게 느껴지더라고요. 어제는 조제가 츠네오보다 훨씬 강한 사람처럼 느껴졌고, 츠네오는 정말 연약해 보였어요. 그래서 유독 츠네오에게 감정 이입이 많이 됐어요. 더 불안하고 연약한 사람이어서…. 어떤 작품이든 내 상황과 감정, 가치관에 따라 감상이 달라지는 것 같아요. 그전에는 잘 와닿지 않던 노랫말이 어떤 상황에 갑자기 와닿기도 하고요.

부르는 사람이 내 이야기처럼 불렀을 때 더 그럴 수 있을 것 같고요. 언젠가 가수 이소라 님을 "자기 이야기처럼 노래 부르는 뮤지션"이라고 이야기한 적이 있죠?
맞아요. 이소라 선배님은 제가 정말 존경하는 뮤지션인데, 저도 정말 그런 사람이 되고 싶어요. <비긴어게인>에서 '나를 사랑하지 않는 그대에게'를 같이 부른 적이 있는데, 함께 노래 중이라는 게 실감이 안 났어요. 저는 소라 선배님 노랠 들을 때마다… 기쁜 마음으로 계속 무너져요. 속수무책으로요.

'기쁜 마음으로 무너진다.'는 문장 정말 좋네요. 승환 씨는 어떤 뮤지션으로 기억되고 싶어요?
'이 사람은 진짜 자기 얘기하는 것 같아.' 그런 뮤지션이요.

노래 들으면서 그런 생각 많이 했어요. 이 사람은 경험이 참 많구나 싶었거든요. 헤어지기 전에 꿈 이야기를 해보고 싶어요. 어느 인터뷰에서 어릴 적 꿈이 '예쁜 집을 짓고 예쁜 동네에서 사는 거'였다고 이야기했죠. 그러면서 "계속 이 꿈을 꾸고 싶다."고 하시더라고요. 그 말이 인상적이었어요.
그건 여전히 제 꿈이에요. 꿈이라는 걸 항상 막연하게 느끼는데요. 저한테 꿈이라는 건 특별한 직업이나 목표보다도 그림에 가까운 느낌이에요. 나중엔 아주 조용한 동네에 제가 설계한 예쁜 집을 짓고 싶어요. 단독주택이면 좋겠고, 2층이면 좋겠고… 마당도 있으면 좋겠어요. 예쁜 창을 여러 개 두어서 해가 잘 들면 좋겠고요. 이게 제가 꿀 수 있는 가장 구체적인 꿈의 모습이에요.

그 꿈이 이루어진다면 어떨 것 같아요?
또 다른 꿈을 꾸겠죠?

계속 꿈을 꾸면서 살아가는 거네요.
그러고 싶어요. 꿈은 내일을 기대하게 하고, 무료하지 않은 삶을 살게 하는 힘이거든요.

꿈이 있으면 덜 무료해질까요?
네. 뭔가 바라는 게 있는 거니까요.

계속 꿈꾸고 있을 근미래의 승환에게 한마디 해줄래요?
편지로 써볼게요(웃음).

안녕.

노래는 좀 늘었니? 잘 생겨지는 건
잘 돼가고? 부근은 잘 있지?
귀찮다고 밥 거르지 말고, 조금만
더 일찍. 자고, 조금 덜 생각하고
시간 내서 운동도 했으면 좋겠어
힘들 땐 힘들다 말하고, 아플 땐
온전히 아파하고, 눈물이 날 땐
충분히 울고, 안 되는 일에 너무
매달리지 말고, 지키고 싶어하는 만큼
놓아줄 줄도 알고.
잘못은 인정하되
스스로를 미워하진 않기를
그리고 마지막엔 꼭 웃고 있기를!

〈드라이브 마이 카〉(2021)의 유나는 존재만으로 단단함이 느껴지는 사람이었다.
말없이 가장 와닿는 메시지를 전하는 인물. 유나를 연기한 유림은 자신의 일부를
캐릭터 속에 차곡히 기록하며 유나와 함께 조용히, 그리고 분명하게 나아갔다.
그는 요즘 스스로를 향한 호기심으로 빼곡히 하루하루를 채워간다. 곧은 중심에
타인의 마음을 이끄는 '비밀'을 숨겨놓은 사람, 배우 박유림을 만났다.

나무처럼 단단한 사람

박유림—배우

에디터 김지수
포토그래퍼 임정현

인터뷰 장소로 '커피사'를 추천했어요.
제가 좋아하는 장소를 생각했을 때 가장 먼저 떠올랐어요.
친구 소개로 우연히 들르게 됐는데 처음엔 입구가 숨어
있어서 여기가 맞나(웃음) 반신반의하면서 들어왔는데,
가만히 시간을 보내다 이 공간에 반해버렸어요. 처음
오는 곳인데 말할 수 없는 편안함이 느껴지더라고요.
여기에 속하고 싶다는 생각이 들었어요. 커피사의 주인,
초록 언니와도 친해지고 싶었고요. 마침 함께할 사람을
찾으셔서 운 좋게 같이 일하게 됐죠. 커피사에서 1년 동안
함께했어요.

**연이 깊은 장소였네요. 1년 전이면 〈드라이브 마이 카〉
촬영이 끝났을 때인가요?**
맞아요. 일본에서 촬영을 마치고 막 한국에 돌아왔을
때였어요. 일본에서는 한 달 정도 지냈는데, 아쉬운 마음이
가득할 때였어요. 믿기지 않았던 것 같아요. 너무 좋은
시간을 보내다 왔거든요. 한 건물에서 다 같이 지냈는데,
아침에 일어나면 한 공간에 모여서 밥 먹고 대화도
많이 하고 잊지 못할 시간들이었어요. 촬영도 그랬지만
일본에서의 생활도 즐거웠고요. 아기자기하고 귀여운
일상의 연속이었어요(웃음).

**얼마 전에 미국에도 다녀왔잖아요. 아카데미 시상식은
어땠나요?**
너무 소중한 경험이었죠. 제가 평소에 동경하던
배우들과도 마주할 수 있었고요. 다녀오고 나서는 목표가
생겼어요. 연기를 하면서 큰 목표를 세운 적은 없었거든요.
원래 계획을 세우거나 목표를 정해 놓지 않고 상황에
맞게 움직이는 성향이기도 하고요. 이제는 명확한 목표가
생겼어요.

어떤 목표인가요?
또 가고 싶다(웃음). 더 열심히 해서 다시 가야겠다고
다짐했어요.

**큰 목표가 생겼네요. 시상식 일정이 끝나고 혼자 여행을
다녀왔다고 들었어요.**
함께한 배우들과 유니버설을 갔다가 한국에 돌아오기
전날에 혼자 여행을 했어요. 파머스 마켓에 들렀다 바다에
갔죠. 제가 바다를 정말 좋아하거든요.

**여행을 좋아하나 봐요. SNS에도 여행 사진이
많더라고요.**
여행도 좋아하지만, 사실은 '집순이'에 가까워요(웃음).
집에서 청소하고 낮잠 자고 넷플릭스 보고, 그런 시간들을

좋아해요. 미국에서 돌아온 뒤엔 정말 밖을 안 나갔어요.
그래도 요즘 운전을 시작했어요. 겁이 되게 많은 편인데
운전할 때는 신기하게 겁이 없어지더라고요. 너무 재밌고,
운전하는 사람이 되었다는 것만으로도 저 자신이 멋지게
느껴져요(웃음). 친구가 얼마 전에 춘천으로 이사를 갔는데
운전을 해서 꼭 놀러 가겠다고 약속했어요. 곧 혼자
운전해서 춘천 여행까지 다녀올 수 있을 것 같아요.

**이제 영화 이야기로 넘어가 볼까요? 유나가 등장한 첫
장면이 아직도 잊히지가 않아요. 수어로 연기 오디션을
보는 장면이었죠.**
첫 촬영 신이라 긴장을 많이 했던 날이었어요.

**유나가 연기를 시작하기 전에 혼자 다짐하는 듯한 액팅이
인상적이더라고요.**
스스로 혼잣말하는 순간이 종종 있어요. '파이팅'을
외치고 싶은데 크게 외칠 수 없으니까 속으로 하는 거죠.
집중이 필요하거나 저한테 용기를 주고 싶을 때 혼자
하는 행동인데 그 습관이 연기할 때 자연스럽게 나온 것
같아요. 제가 집중을 해야 사람들이 저한테 집중할 거라고
생각했고요. 첫 촬영을 후회하지 않게 잘 마무리하고
싶다는 마음이었어요.

**집중하기를 넘어서, 저는 유나와 함께 긴장했던 것
같아요.**
긴장이 되었다는 피드백은 처음이네요(웃음). 오디션
장면이라서 더 그렇지 않았을까 싶은데, 속으로 정말
오디션을 보러 왔다고 생각하면서 연기했거든요.

**첫 장면 외에도 유나가 등장하는 여러 장면에서 그런
감정을 느꼈어요. 뭐랄까, 유나는 등장인물들 중에서도
다른 세계에서 온 사람처럼 느껴졌어요.**
수어의 힘인 것 같기도 해요. 수어를 배울 때 깨달은
점이, 수어로 말하는 사람에게 시선을 멈추게 된다는
거였어요. 상대방의 손짓을 집중해서 보게 되고, 무슨
말을 할까 해석하기 전까지 눈을 뗄 수 없으니까요. 그래서
관객분들도 저를 그렇게 봐주시지 않았을까 싶어요.

**이번 영화 준비로 처음 수어를 접했죠. 새로운 언어를
배우는 게 어렵지는 않았어요?**
어렵지 않고 재미있었어요. 현장이 워낙 즐겁기도 했고,
유나를 연기하려면 꼭 필요한 배움이라고 생각해서
당연하게 느껴졌어요. 수어를 배우는 건 해야만 하는
도전이자 경험이고, 〈드라이브 마이 카〉와 관련된 모든
순간들이 다 소중하게만 느껴졌거든요. 수어를 특별한

언어라고 생각하지도 않았고요. 영어처럼 말로 하는
다른 언어를 배우는 것과 큰 차이를 못 느꼈어요. 요즘은
일본어와 영어를 공부하고 있어요. 앞으로 큰 목표가
생겼으니, 뭐든 배우고 싶고 잘하고 싶은 욕심이 생긴 것
같아요. 다 재밌어요.

**열정이 막 느껴져요(웃음). 〈드라이브 마이 카〉 촬영 동안
일기도 열심히 썼다고 들었어요.**
매일 쓰지는 못했지만, 기억하고 싶은 날엔 꼭 일기에
마음을 남겼어요. 나중에 돌아봤을 때 하루하루가 아주
소중한 순간이 될 거라는 걸 알았거든요. 잊지 않고
간직하고 싶은 마음이었어요. 그때그때 느낀 마음을
날것 그대로 적은 문장들이 많아요. 인터뷰를

안 좋아서 서먹서먹했지만 연기는 역시 재미있고 짜릿해."
그리고 다음 장에는, 이건 마지막 촬영 이후인 것 같아요.
"한 달이 조금 넘는 시간 동안 이 작품을 위해서 살았고
모든 것을 걸었고 내 삶이 〈드라이브 마이 카〉 하나를
위해서 돌아간 것 같아. 잘하고 못하고를 떠나서 미련과
후회라는 감정이 들지 않아. 왜냐하면 난 내가 할 수 있는
것들을 전부 다 쏟아내려고 노력했으니까. 너무 행복했고,
자유로웠고, 기뻐. 내가 카메라 앞에서 이렇게 자유롭게
연기할 날이 또 있을까? 감독님이 해주신 말씀과 표정과
음성을 잊지 않을 거야. 행복해서 벅차고 눈물이 나고,
세상이 다르게 보였던 한 달여간의 시간. 사랑해 다
사랑해."라고 적어 놨네요(웃음).

준비하다가 어제 다시 읽었는데요. (일기장을 펼쳐 본다.)
음… 사랑하고, 행복하다는 단어가 정말 많이 적혀
있네요.

어떤 순간들이 그렇게 행복했을까요?
〈드라이브 마이 카〉 팀과 함께한다는 것 자체가 엄청난
행복이었어요. 첫 영화라서 의미를 많이 두기도 했고요.
처음부터 끝까지 다 기억에 남는데 마지막 촬영 날에 정말
많이 울었어요. 지금 그때가 바로 떠오르네요. 끝이라는
생각에 행복하기도 하고 되게 미묘한 감정이 느껴졌어요.
그때 쓴 내용이 이렇게요. "마지막 촬영을 앞두고 나는
잘 달려왔는가, 한 달이라는 시간을 보람 있게 채웠나.
그냥 너무 고마워. 일본에 가기 전, 연기라는 것과 사이가

**와… 감동이에요. 울컥해요. 희망적이고요. 열심히 했던
시간들이 느껴져요.**
저도 놀라워요. 〈드라이브 마이 카〉는 저에게 터닝 포인트
같은 작품이에요. 연기하는 게 정말 힘에 부치던 시절에
다시 나아갈 수 있도록 힘이 되었어요.

**언제 처음 연기를 하고 싶다는 마음이 들었는지
궁금해져요.**
일단 영화를 좋아했어요. 어릴 때 가족들과 극장에 갔던
기억이 정말 많거든요. 비디오를 빌려 본 기억도 많고요.
어떤 특정한 계기가 있다기보다는 영화를 좋아했고, 그
세계에 속하고 싶다는 생각을 늘 했어요. 지금 생각해
보면 영화 속에서 직접 보이는 게 배우들 모습이라 그런

것 같기도 해요. 배우라는 꿈은 대학교 전공을 선택할 때 정했어요. 그 전까지는 무언가 되고 싶다는 생각을 하지는 못했던 것 같아요.

어릴 때 흥미롭게 느껴진 직업이 없었나 봐요.
사실 기억이(웃음)… 오히려 너무 많아서 그런 것 같은데, 항상 유행하는 꿈을 택했거든요. 장래 희망을 적을 때는 친구 따라서 적기도 했고요(웃음).

어릴 땐 어떤 아이였나요?
지금은 MBTI 검사를 하면 I형이 나오는데, 어릴 때는 확실히 E형이었어요. E형이 되고 싶었던 I형이었기도 하고요. 활발해지고 싶어서 노력을 많이 했어요. 매일

누군가가 제 일기를 볼 것만 같은 느낌이 들었어요. 그래서 항상 솔직하게 적지 못하고 누군가 볼 수도 있다는 전제 하에 쓸 때가 많았어요. 그래도 〈드라이브 마이 카〉 촬영 동안 썼던 일기에는 아주 솔직한 내용들만 담았어요.

감정을 혼자 정리하고 싶을 때 일기를 쓴다는 말에 공감해요.
스스로 중심을 잡기 위한 노력이기도 해요. 제 주변 사람들을 배려하는 일이기도 하고요. 어떻게 보면 마땅히 해야 하는 일이죠.

솔직한 마음을 담은 일기를 방금 다시 읽었는데 어땠어요?

친구들과 뭐 먹지, 하는 게 가장 중요한 고민이었고(웃음), 잘 울고 잘 웃는, 감정 표현에 솔직했던 아이였어요. 지금은 많이 달라진 것 같아요. 다 표현하고 드러내지 않으려 하는 면이 있어요. 감정 기복이 있는 편인데, 다 표현해 버리면 주변 사람들이 힘들어할 것 같아서요. 배려하는 마음으로 감정을 절제하는 면이 생겼어요. 내 고민을 다 말해버리면 약점이 되는 것 같기도 했고요. 제 감정을 혼자 느끼고 스스로 정리하고 싶은 마음도 있어요. 너무 큰 감정이 몰려올 때는 일기에 쓰려고 노력해요.

일기를 잘 쓰는 편인가 봐요.
그렇지는 않아요. 꾸준히 일기 쓰는 일이 참 어렵더라고요. 잘 쓰고 싶은 마음은 있는데, 예전에는 이상하게, 꼭

진심을 담아 쓴 일기인데요. 되게… 다른 사람이 쓴 일기처럼 느껴지기도 하네요(웃음). 내가 이런 생각을 했구나, 지금은 또 다른 시간에 살고 있어서 다르게 느끼는 게 아닐까 싶어요. 그때는 정말 〈드라이브 마이 카〉에 빠져서 달려들던 때였으니까요. 일기를 타인 앞에서 소리 내어 읽는 것도 신기한 경험이네요.

요즘 마음은 어때요? 첫 영화를 통해 주목을 많이 받고 있는데, 부담감이 느껴지지는 않아요?
부담감보다는… 행복해요(웃음). 지금은 그냥 충분히 행복해하고 있어요. 분명히 처음엔 고민과 부담을 느꼈는데, 최근에 함께하게 된 회사도 생겼고, 당분간은 걱정 없이 지낼 수 있겠다는 생각이 들어요. 1년에 꼭 한

번 여행을 가자는 혼자만의 약속을 지켜왔는데, 최근에 국제 시상식을 다녀오면서 해소가 됐어요. 에너지를 가득 채워서 돌아온 거죠. 지금은 고민이 막 들어와도 튕겨내는 시기인 것 같아요(웃음).

좋은 시기를 지나고 있네요(웃음). 취미 이야기가 궁금한데, 요즘도 발레를 하고 있나요?
그럼요. 아직 배운 지 4개월밖에 안 돼서 완전 초보자예요. 막 부들거리면서 하고 있어요(웃음). 발레가 되게 재미있는 게, 하루하루 제 몸을 자세히 관찰하게 돼요. 발레를 하고 나면 안 쓰던 근육을 쓰게 되어서 엄청 아프기도 한데, 그게 또 운동한 것 같은 느낌이 들어서 뿌듯하고요. 일상에서는 몸이 삐뚤면 안 되니까 계속 자세를 고쳐 잡아서 신경 쓰게 되는 것도 좋은 변화예요.

방금도 자세를 고쳐 앉았어요(웃음). 운동은 발레만 하나요?
발레 하기 전에는 수영을 했어요. 어릴 때부터 해온 운동인데, 물속에서 자유로운 기분을 좋아해요. 오히려 물 밖에 있을 때 몸이 더 안 움직인다고 느낄 때도 있고요. 물장구칠 때 보이는 물 기포를 보는 것도, 가만히 물빛이 일렁이는 걸 보는 것도 좋아해요. 수영장 특유의 락스 냄새도 저는 좋더라고요(웃음). 발레도 수영도, 운동 자체보다 운동 덕분에 생기는 시간과 제 몸에 찾아오는 변화를 즐기는 것 같아요.

취미가 많네요. 영화 보는 것도 좋아하잖아요. 어떤 영화를 가장 좋아해요?
좋아하는 영화가 너무 많아서 사실 딱 하나를 꼽기가 어려워요. 이런 질문을 받으면 늘 고민하게 되는데요…. 잠시 생각할 시간을 주세요(웃음).

기다릴게요(웃음).
음… 지금 떠오르는 건 〈카모메 식당〉(2006)과 〈버드맨〉(2014)이에요. 〈카모메 식당〉은 마음이 평화로워지고 싶을 때마다 꺼내 봐요. 영화가 가진 색감이 아름답고 그 안에 제가 속하고 싶다는 생각이 들어요. 나도 저기서 같이 빵 먹고 싶다(웃음). 뭐랄까, 커다란 사건 없이 유유히 보게 되는 영화잖아요. 보고 있으면 어떤 일도 별일이 아닌 것처럼 느껴지게 만드는 힘이 있어요. 주인공 사치에와 친구가 되고 싶은 마음이에요. 그녀와 함께 살면 마음이 잔잔해질 것 같아서요. 〈버드맨〉은… 사실 이 영화를 보면서 아주 많이 울었어요. 주인공 리건은 배우이고 사랑받고 싶어서 애쓰는데 그렇지 못해서 슬퍼해요. 결국 마지막엔 버드맨이 되어서 날아가는데, 그

장면에서 깊이 공감했어요. 박수를 쳐주고 싶기도 했고, 누구보다 응원하고 싶은 마음이었죠. 당시 제 상황과 심정이 리건과 많이 닮아 있었어요. 저도 연기를 해서 많은 사람들에게 사랑받고 싶은 마음이 있었으니까요. 한참 연기하는 일에 관한 고민으로 가득 차 있던 시기였죠.

어떤 고민이었을까요.
잘하고 싶은데 이뤄낸 것은 없다는 생각이 들었어요. 혼자 제자리걸음을 하고 있는 느낌이었죠. 서른 살이 가까워질 때쯤이면 뭔가 되어 있을 거라고 생각했는데, 그렇지 않은 것 같아서 길을 잃은 느낌이었죠. 연기를 잘하는 게 맞나, 연기를 계속하고 싶은 것은 맞나, 하는 고민들이었어요. 연기 생각을 아예 안 하면서 살고 싶다는 생각도 했죠.

힘든 시기를 지났네요. 그럼에도 포기하지 않았어요.
생각해 보면, 할 줄 아는 게 연기밖에 없었어요(웃음). 딱히 다른 방안이 있는 것도 아니었으니까요. 다른 일을 해볼까, 하다가도 다시 돌아오게 됐죠.

유림 씨가 생각하는 좋은 배우는 어떤 배우일까요?
많은 선택지가 있겠지만, 좋은 배우가 되려면 어떤 인물을 만났을 때, 스스로 할 수 있는 노력과 시간, 그 모든 것들을 다 쏟아내야 한다고 생각해요. 제가 저에게 바라는 일이기도 해요. 앞으로 작품을 만나고 좋은 인물을 만났을 때, 후회가 없다고 느낄 만큼 최선을 다하고 싶어요. 배우들마다 열정을 쏟는 방식은 다 다르겠지만 저는 대본을 깊이 읽고 넓게 사유하는, 그런 시간을 아주 오래도록 갖는 배우가 되고 싶어요. 가장 기본이 되어야 하는 노력인데 그걸 잊지 않고 꾸준히 이어가고 싶어요. 그래야 기대가 되는 배우가 될 수 있다고 생각해요. 앞으로 어떻게 바뀔지 모르겠지만, 지금은 저를 계속 궁금해해 주셨으면 좋겠어요. 배우로서 굉장히 감사한 일이니까요.

유림 씨도 자기 자신이 궁금한 것 같아요.
맞아요(웃음). 그래서 지금은 고민이나 걱정보다 기대감이 더 커요. 모든 게 재밌고요.

유나를 연기할 때 그 열정을 쏟아냈잖아요. 앞으로 어떤 배역에 애정을 두고 싶어요?
이제 시작하는 단계라 어떤 인물을 만나게 될지는 저도 기대하고 있어요. 아직 연기하고 싶은 특정 배역과 인물은 없는 것 같아요. 다만 어떤 인물을 만나게 되든 제 내면으로, 제 몸으로 표현하는 한 사람이 되겠죠. 그래서 애정과 열정은 당연히 쌓일 수밖에 없어요. 이야기 속에 지어진 인물이라고 해도 완전히 저와 다른 인물을

새롭게 만들어 낼 수는 없다고 생각해요. 제 안에서 나온 사람이니까 제 경험과 생활, 평소에 느끼는 감정들이 묻어나겠죠. 유나가 저였고, 제가 유나였던 것처럼요. 그러고 보니 제가 연기를 좋아하는 이유가 여기에 있는 것 같아요.

어떤 이유일까요?
처음 연기할 때는 배역이 정해지면 아예 다른 사람을 탐구한다고 생각했거든요. 지금은 먼저 저 자신을 탐구해야 한다는 생각이 들어요. 예전엔 연기가 좋은 이유로, 타인을 연기하며 또 다른 삶을 사는 게 흥미롭다고 말했던 것 같은데, 지금은 생각이 많이 바뀌었어요. 오히려 다른 사람을 연기한다는 건 저 자신을 알아가는 과정에 가깝다는 생각이 들어요. 그 시간들이 제가 배우로서, 또 한 사람으로서 더 나아갈 수 있도록 도움을 주는 것 같고요.

〈드라이브 마이 카〉에서 말하는 메시지와도 이어지네요. 타인을 이해하려면 자기 자신을 먼저 바라봐야 한다는, 중요한 가치가 영화에 녹아 있죠.
맞아요. 그렇게 이어지네요.

앞으로 어떤 캐릭터를 연기할지 더 궁금해져요. 혹시 연기해 보고 싶은 캐릭터가 있어요?
얼마 전에 〈봄날은 간다〉(2001)를 봤어요. '은수'라는 사람이 궁금해지더라고요. 일단 너무 아름다우시고, 은수라는 캐릭터가 너무 새롭게 느껴졌어요. 이해가 되지 않으면서 이해하고 싶은, 그런 사람이었어요. 〈카모메 식당〉을 좋아하는 이유처럼 영화에 담긴 색감도 너무 좋았고요.

궁금한 사람을 연기하고 싶은 거네요. 스스로 평범한 사람이라, 무지개 같은 사람이 되고 싶다고 말한 적이 있죠.
저는 제가 눈에 확 띄는 사람은 아니라고 생각해 왔어요. 오디션장에 가거나 같은 배우들과 있을 때 정말 연예인 같은 사람들은 따로 있다고 생각했거든요. 그런 사람들을 무지개 같은 사람들이라고 느꼈던 거죠. 저보다 훨씬 더 다양한 색들로 채워진 사람들을 부러워했어요.

지금은요?
바뀌었죠. 저는 제가 너무 좋아요. 나도 멋진 사람이라고 생각하기 시작했어요. 이제 〈드라이브 마이 카〉로 조금씩 알아봐 주시기 시작했고, 응원도 많이 해주시니까 제가 걸어온 시간이 맞았구나, 저 같은 배우도 있구나,

하는 생각을 조금씩 하고 있어요. 저 자신을 단단한 사람이라고 생각해 본 적이 없었는데 이번 영화를 통해 나무처럼 단단한 사람 같다는 피드백을 많이 받았거든요. 감사한 말들을 떠올리면서 영화를 다시 봤는데 유나가 등장하는 첫 장면에서 제 모습이, 유나의 모습이 다르게 보이더라고요. 정말 확고하고도 단단하게 서 있는 모습이었어요. 물론 앞으로 나무처럼 단단할 때도 있고 이파리처럼 흔들릴 때도 있겠지만, 이젠 그 흔들림을 바로잡을 수 있는 중심이 생긴 것 같아요.

〈드라이브 마이 카〉를 통해 위로를 받았다는 관객들의 피드백도 많았어요. 유림 씨는 어떤 존재한테 의지하고 위로받고 있나요?
고민하게 되네요(웃음). 음… 지금은 저 자신인 것 같아요. 사실 처음엔 위로가 되는 다른 존재들을 떠올렸는데요. 가까운 지인의 응원을 받을 때 정말 괜찮아지고 위로가 되지만, 그건 아주 잠깐의 시간 동안 허용되는 것 같아요. 제가 절 위로할 수 있어야 진짜 위로가 된다고 생각해요. 그래야 아주 오래도록, 그 위로가 지속되는 것 같고요. 지금은 저 자신에게 온전히 위로받고 있어요.

벌써 마지막 질문이에요. 아까 일기를 읽어본 것처럼, 나중에 읽을 수 있도록 여기에 짧은 문장을 남겨볼까요?
음… 정말 단순한데 놀라지 마세요(웃음).

네(웃음).
사랑해 유림(웃음)! 나중에 이 인터뷰를 읽을 때 이 순간, 내가 나 자신을 참 사랑했다는 걸 돌아보게 된다면 좋겠어요.

함께 하고 싶은 영화 속 사람들

"저 장면 안에 속하고 싶은 생각이 강하게 들었어요. 연기를 꿈꾸게 된 이유도 이런 감정 때문이죠. 직접 영화 속 저 사람이 되어 보고 싶기도 하고, 박유림이라는 저 자신이 그 안에 들어가서 영화 속 사람들과 함께 하고 싶은 마음이에요."

1. 〈카모메 식당〉(2006) 사치에

2. 〈킬 빌〉(2003) 더 브라이드

3. 〈데몰리션〉(2015) 데이비스

1. 사치에와 함께 있으면 마음이 저절로 평화로워질 것 같아요. 그녀 옆에 있으면 깊은 고민도 사라질 것 같고요. 가방을 잃어버려도 그러려니, 할 수 있을 것 같아요(웃음). 나란히 앉아서 사치에와 함께 오니기리를 만들고 싶네요.
2. 킬 빌의 브라이드는 단순히 멋지다는 이유 하나만으로 좋아하는 인물이에요. 햐얀 눈밭에서 오렌 이시와 대면하는 장면을 가장 좋아해요. 피가 흐르는 잔인한

장면이기도 하지만 또 묘하게 아름다운 장면이죠.
3. 헤드셋을 끼고 막춤을 추고 벽을 치는 장면이 있어요. 볼 때마다 희열을 느껴요. 가끔 답답해서 소리치고 싶을 때가 있잖아요. 데이비스가 저 대신 그렇게 해주는 것만 같았어요. 영화 속에 제가 존재하는 것처럼 생생한 해방감을 느꼈죠.

의류 브랜드 원파운드를 운영하는 오송민·이지훈 부부는 지난 20여년
동안 친구에서 연인으로, 연인에서 부부로 나아갔고, 이제 곧 부모가 된다.
늘 서로를 더 나은 방향으로 이끌기에 어제보다는 오늘을 사랑하는 두
사람. 세월의 마디마디에 책갈피처럼 꽂혀 있는 편지들은 서툴고 풋풋한
마음이 애틋하고 단단해지기까지 서로를 어떻게 사랑해왔는지 말해준다.

자유로 가득한 오늘

오송민·이지훈—원파운드

에디터 이다은
포토그래퍼 Hae Ran

늦었지만 아기가 생긴 걸 진심으로 축하드려요! 요즘 어떻게 지내세요?

송민: 감사해요. 이제 안정기로 접어들어서 걱정 없이 보내고 있어요. 둘이 일 끝나고 집에 와서 같이 밥 해 먹고 산책도 많이 해요. 임신 준비할 때 남산에 자주 올랐는데 이제 그렇게까지는 못 하고 슬슬 걷는 정도예요.

지훈: 아내도 저도 임신 준비 때문에 운동을 시작한 거라서 이제 그만둬도 되지만, 어느새 중요한 일상이 돼서 계속하고 있어요. 아기 이름이 자유인데요. 자유가 생긴 이후로는 '자유가 세상에 언제 나오나….' 그 생각밖에 안 들어요. 일하는 것 빼고는 거의 모든 게 자유한테 집중되어 있어요.

두 분이 임신 소식을 알린 글과 사진들 보고 생판 남인 제가 다 울컥했어요. 소식 듣고 어떠셨어요?

지훈: 엄청 감동이었죠. 건강하고 아니고를 떠나서 생물학적인 나이는 노산으로 분류되니까요. 저희는 시험관 시술을 두 번 시도해 아이를 가졌어요. 친구네가 시험관 임신을 성공했다는 이야기를 듣고, 너무 당연히, 별 노력 없이 될 거라고 생각했어요. 근데 완전 망한 거예요. 아예 아무것도 안 됐어요. 마음을 다잡고 송민이도 저도 열심히 운동하고 노력해서 성공한 거라 지금이 더 귀해요. 하면 된다는 신기함도 있고요.

송민: 처음에는 둘 다 뭣도 몰랐어요. 여자 몸에 직접 물리적으로 가해지는 것들이 있는데, 지훈이가 이해해 줄 수 없는 부분이 많아서 좀더 힘들었던 것 같아요. 그런데 한 번 실패하고 다시 2차 시도하면서 지훈이가 더 적극적으로 참여하고 살펴봐줬어요. 그 시기에 사이가 더 돈독해지고 애틋함이 많이 생긴 것 같아요.

생활 패턴에도 변화가 있겠네요.

지훈: 원래 출퇴근을 같이 했는데 요즘엔 따로 해요. 저는 9시 맞춰서 출근하고 송민이는 좀 나중에 나오거나 재택근무를 하기도 해요.

송민: 제가 혼자 아침 시간 보내는 걸 좋아해요. 사무실이 집 바로 앞이라 7시에만 일어나도 충분히 여유로운 아침을 즐길 수 있어요. 아침밥을 꼭 챙겨 먹는 편이어서 뭐라도 간단하게 만들어서 먹고, 유튜브 보면서 요가도 하고, 음악 들으면서 일기도 써요. 예전에는 밤에 쓰는 걸 좋아했는데 요즘에는 행복해서 그런지 자꾸 긍정적인 생각이 많이 들어서 아침에 쓰는 게 좋더라고요.

결혼한 지 얼마나 됐어요?

지훈: 2017년 5월에 했으니까 이제 조금 있으면 5년이 되네요.

부부는 가장 가까운 관계잖아요. 게다가 두 분은 고등학교 때 처음 만났고요. 긴 세월 동안 무뎌지기도 할 것 같은데 어쩜 여전히 서로를 웃겨 하고, 귀여워하고, 사랑이 넘쳐나나요?

송민: 처음 만났을 때부터 유머 코드가 잘 맞았어요. 어렸을 때라서 진지한 연애를 한 건 아니지만, 만나면 그냥 재미있으니까 사귀었다 헤어졌다 많이 반복했고 서로 애인이 생겨도 계속 친구로 지냈어요. 이상한 게, 너무 재미있어서 막상 사귀어보면 '우리는 연인은 아닌가 보다.' 하고 헤어졌죠. 그러다 진지하게 다시 만난 건 20대 후반이 되어서였어요.

지훈: …잠깐만요. 끝까지 들어볼게요. 저랑 생각이 다른데….

송민: 잠깐만(웃음) 왜 말이 그렇게 끝났지?

지훈: 생각이 달라…. 처음 들었는데 나는? 만나서 그냥 재미있기만 했다는 얘기 아니야? 나는 너무 재미있으니까 어떻게든 꼭 만나야지, 이랬는데 너는 아 너무 재미있다, 하지만 역시 애인은 아니야, 그랬다는 거 아니야.

송민: 그런 뜻이 아니었어.

지훈: 뭐, 이미 결혼했는데 뭐 어떡해. 괜찮아!

송민: 갑자기 고백하게 된 게 너무 웃기는 저는 여기까지 할게요.

그게 좋겠어요(웃음). 유머 코드 저도 정말 중요하게 생각해요.

지훈: 맞아요. 결혼까지 하게 된 것도, 지금까지 서로 잘 지내는 것도 코드가 통한 게 컸죠. 그런데 유머 코드 하나로만 설명할 수는 없을 것 같아요. 송민이랑은 좋아하는 영화나 음악 취향도 비슷해서 대화가 자연스럽게 잘 통했어요. 성향도 비슷하고요. 둘 다 하고 싶은 일이 생기면 바로 실행하는 스타일이라는 게 제일 잘 맞는 부분이에요. 또 하나의 비결은 제가 더 많이 좋아한다는 거죠. 송민이가 첫사랑이다 보니까 만날 때마다 설렜어요. 옛날 얘기라고 생각하실 수 있지만, 여자보다 남자가 더 좋아해야 오래 행복할 수 있는 것 같아요. 제 소신입니다.

그래도 여전히 다른 부분도 많죠?

송민: 많이 달라요. 저는 좀 소심하고 많이 섬세해서 다른 사람의 기분을 잘 느끼는 편이에요. 반대로 지훈이는 전혀 못 느껴요. 다른 사람 기분에 관심이 없어요. 이렇게 같이 인터뷰를 하고 나서 이따 저녁에 "오늘 에디터님이 그랬잖아." 얘기하면 전혀 공감을 못 해요. 남 신경 안 쓰고 본인에게만 초점이 맞춰진, 자기 자신에게는 아주 좋은 성격이죠. 소신도 강하고 진취적이고… 한마디로 저는 좀 감성적인 사람이고 지훈이는 이성적인 사람이에요.

전형적인 F와 T라서 똑같은 문제를 너무 다르게 받아들여서 싸울 때가 많았어요. 서운한 걸 얘기하면 사과를 하긴 하는데 제 감정을 잘 못 읽는다고 느껴졌어요. 제가 점점 솔직하게 세세히 얘길 하니까 '아 그렇구나.' 하면서 달라지더라고요.

지훈: 지금 생각해 보면 송민이는 어릴 때부터 이미 감정적인 부분이 완성되어 있었던 것 같아요. 예나 지금이나 취향의 기준이 늘 뚜렷했고 변하지 않아요. 오래된 물건을 좋아하고 콜드플레이의 노래를 좋아하죠. 그런 모습 보면서 안정감을 얻고 배우게 돼요.

송민: 저는 20대에 유난히 방황을 많이 했어요. 제 자신이 어떤 사람인지 알고 싶어서요. 무엇을 좋아하고 싫어하는지, 어떤 것에 감동하고 어떤 모습으로 살고 싶은지에 대한 고민이었죠. 저의 뚜렷한 라이프스타일을 만들고 싶어서 음악, 영화, 책, 옷 입는 스타일, 모든 부분에서 취향을 찾기 위해 꽤 많이 노력했어요. 지훈이도 어릴 때부터 저의 이런 모습들을 봐와서 그렇게 생각하는 것 같아요.

송민 씨가 완성형이었다면 지훈 씨는 어땠어요?

지훈: 저는 완성이 안 되어있었죠. 지금도 매일 실수하고 깨닫고 마음도 이랬다저랬다 자주 바뀌지만, 예전에는 누구 말도 안 듣고 도덕적인 면도 많이 부족했어요. 한 마디로 못된 개인주의였는데, 지금은 '내 말이 맞지만 네 말도 맞아.'로 태도가 바뀌었어요. 지킬 것들은 잘 지키고요. 지금의 제 모습은 모두 학습의 결과예요. 완성은 안 됐는데 다행히 습득이 빨라서 송민이가 이끌어주는 좋은 방향으로 변할 수 있었던 것 같아요. 변한 제 모습이 마음에 들고요. '오, 내가 이런 생각을 하네?' 놀라기도 하고, 매일 오늘이 리즈라고 생각해요.

송민: 외형적인 모습이 아니라 자기 내면이 정말 리즈라고 생각한대요. 평소 하는 생각들, 행동들이 너무 마음에 든대요.

좀더 구체적으로, 어떤 것들을 가르쳤고 학습했어요?

송민: 음… 되게 사소한 에티켓이요.

지훈: 수저를 수저받침 위에 놓는 거? 처음에는 '아, 뭐 이거 가지고 그래.' 했는데 생각해 보니 수저가 식탁에 바로 닿는 것보다는 수저받침 위에 있는 게 더 깨끗하지 않을까 싶더라고요. 그리고 제가 프리랜서로 오래 일해서 사람들과 공간을 공유할 때 조심해야 한다는 개념이 없었어요. 직원들이랑 같이 있을 때 엄청 큰 목소리로 통화를 했는데, 송민이가 그걸 보더니 회사에서 전화 받을 때는 되도록 큰 소리 내지 말고 길어질 것 같으면 밖으로 나가서 하라고 하더라고요. 아니 나는

당장 이 컴퓨터를 보면서 일처리를 해야 되고 이 사람이 내 목소리를 잘 못 듣는 것 같으니까 크게 하는 건데(웃음), 그러다가 또 생각해 보면 혼자 쓰는 공간이 아니니까 그럴 수 있겠구나… 수긍하고 그랬어요. 그런 사소한 것부터 송민이가 해준 조언이 다 맞는 말이라서 바꾼 거예요. 저도 제 주장이 있기 때문에 아닌 건 아니라고 합니다(웃음). 어느날 〈라디오스타〉에서 누군가 김구라 씨에게 '이 사람은 아닌 건 죽었다 깨나도 아니라고 한다. 그렇지만 타인의 얘기를 잘 듣고 납득이 되면 또 단번에 인정을 한다.'고 했는데, 저도 그런 것 같아요. 한 번 학습한 내용에 대해서 두 번 실수는 없습니다.

지훈 씨는 태어날 때부터 바르고 다정한 사람인 줄 알았는데 그런 과거가 있었는지 몰랐어요.

송민: 그렇죠? 지금은 완전히 사랑꾼 이미지여서 제가 맨날 너무 미화됐다고, 사람들이 너의 옛날 모습을 너무 모른다고 해요. 어렸을 때 지훈이는 선물이나 편지 주고받는 것도 되게 서툴렀거든요. 편지를 막 워드로 쳐서 인쇄해서 주고….

편지를 워드로요? A4 용지에?

송민: 네. 저는 정성스럽게 손 편지를 써서 줬는데 돌아온 게 워드 편지였어요. 답장을 아예 못 받을 때도 많았고요. 고등학교 때는 그림도 그리고 글씨에 그림자도 넣고 정성을 다하더니 성인이 되면서 성격이 많이 변한 거죠. 군대 다녀오면서 많이 터프해졌어요. 편지 내용도 보면 '나다. 다 걱정 마라. 사랑한다!' 이런 식이었어요(웃음).

처음에 적잖이 당황스러우셨을 것 같은데요(웃음).

송민: 그냥… '왜 저러지?' 그런 생각이 들었어요.

지훈: 아니, 왜냐하면 나는 편지 쓰면 손이 아프니까 그랬어…. 효율만 생각하고 낭만이 없었어요.

송민: 너무 성의가 없다고 한 소리 했더니 잘 받아들이지 못하더라고요. 그래서 지지 않고 더 적극적으로 말했죠. 다음 내 생일에는 편지랑 꽃을 받고 싶다, 작은 엽서에 한 줄이라도 좋으니 꼭 손으로 쓴 걸 받고 싶다고요. '생일 축하해' 그 한 줄이 점점 길어져서 지금 같은 장문의 편지가 된 거예요.

지훈: 그때는 뭐라고 써야 할지도 모르겠고 글씨도 못 썼거든요.

지금 글씨 잘 쓰시지 않아요?

지훈: 이왕 쓸 거 잘 쓰고 싶어서 유튜브 보고 배웠어요.

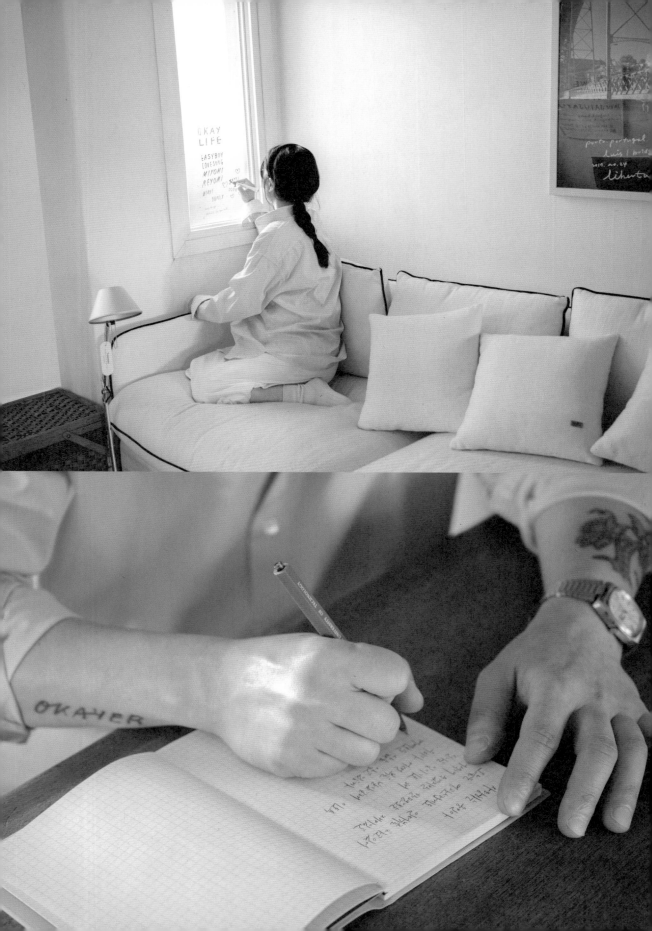

와… 백 퍼센트 노력형 인간이네요.

지훈: 노력형이라기보다는 흥미형이라고 봐야 할 것 같아요. 재밌으니까 한 거거든요. 흥미가 끊임없이 생기고 금방 식는 편이에요. 열 개 시작하면 남는 건 두 개 정도인데, 그 두 개를 1년이 지나도록 지속하면 완전히 즐기는 취미가 돼요. 운동이나 독서가 그렇게 생긴 취미예요.

점점 바뀌어 가는 모습 보면서 송민 씨는 어땠어요?

송민: 연애 때보다도 결혼하고 나서 제 말에 더 귀 기울여줘서 고맙죠. 결혼할 때 고민 많이 했거든요. 할까 말까가 아니라 너무 많이 싸울 것 같아서요. 동갑에다가 오랜 친구고 또 자기 고집이 세니까 걱정 되더라고요. 그런데 지훈이도 말했듯이 제가 하는 말이 맞다고 판단되면 받아들이고 같은 실수는 하지 않으려고 노력하는 게 느껴졌어요. 덕분에 결혼 생활에 믿음이 쌓였고, 사람에 대한 신뢰도 커졌어요. 저도 많이 변했고요. 저는 우울함을 좀 즐기는 편이었어요. 글 쓰는 걸 좋아해서 그런지 혼자 자주 감상에 빠지곤 했죠. 지훈이를 만나고 제가 하는 많은 생각들이 긍정적으로 변했어요. 좀 씩씩해졌다고 해야 하나? 저희 관계는 확실히 지금이 가장 발전적인 상태예요.

다시 편지 얘기로 돌아가 볼게요. 두 분의 편지 역사는 어떻게 시작되었나요?

송민: 처음 받은 건 고등학교 때였어요. 그 그림 그리고 글자에 그림자 넣었다는 편지요(웃음). 그 편지는 주기적으로 꺼내 봐요. 소년의 풋풋한 감성이 묻어나잖아요. 워낙 추억이 많다 보니까 맞아 우리 옛날에 그랬지, 하면서 옛날 얘기도 많이 하게 되죠.

지훈: 아, 그거 저는 안 꺼내 봅니다(웃음).

왜요. 그 시절에 러브장 같은 거 하나씩 다 쓰잖아요.

송민: 맞아요. 저도 많이 썼어요. 어릴 때부터 글쓰기를 좋아했거든요. 편지, 교환일기, 러브장….

지훈: 나는 받아본 적이 없는데?

송민: …미안해.

지훈: 네. 아무튼 그렇게 시작했어요. 저는 원래 그 누구에게도 편지를 써본 적이 없어요. 군대에서는 통신수단이 편지밖에 없으니까 반강제적으로 썼지만요. 그런데 송민이는 워낙 그걸 중요하게 생각했어요. 어떤 대단한 선물보다 마음을 담아 손으로 쓴 편지를요. 편지 쓰는 게 크게 어려운 일은 아니잖아요. 송민이가 좋아해서 시작했고, 이제는 모든 기념일에 편지는 필수적으로 주고받아요.

편지들 다 모아 놓으세요? 아까 보니까 이만한 박스에 편지가 가득하던데요.

지훈: 저도 보고 놀랐어요. 좀 버리라고 해도 안 버리더라고요.

송민: 지훈이 편지만 모으는 건 아니에요. 고등학교 때 친구들하고 쓴 것도 다 있어요. 제가 추억에 좀 집착하는 성향이 있는 것 같아요. 따뜻했던 추억은 물론이고 기억하기 싫은 추억도 그 나름대로 저를 흔들리지 않게 해주거든요. 살아낸 기억이 어떤 식으로든 현재의 저를 단단하게 만들어주는 것 같아요.

그러고 보면 편지를 쓰고, 주고, 다시 받고, 시간이 흘러 다시 읽어보는 일은 참 애틋해요. 그중 가장 좋아하는 과정은 뭐예요?

송민: 받는 거요. 편지는 그 당시 쓰는 사람의 마음을 최대치로 느끼게 해줘요. 내가 이 사람한테 얼마나 사랑받는지 알 수 있죠. 그래서 지훈이한테도 편지 써달란 말을 자주 했나 봐요.

지훈: 저는 쓰는 게 재미있어요. 받는 건… 일단 상대방이 제 옆에 있으니까요. 너무 로맨틱하게 들릴 수 있는데 그런 의미는 아니고요(웃음). 저처럼 첫사랑이랑 결혼한 분들은 아실 거예요. 아주 가끔씩 같이 있는 게 진짜 신기할 때가 있어요. '내가 해냈네.' 그런 기분이요. 결혼만으로도 이미 충분한 감동이기 때문에 받는 것도 좋지만 쓸 때가 더 좋아요. 쓰면서 마음도 정리되고 내가 지금 어떤 생각을 하고 있는지도 알게 되고요.

저는 결혼하고 편지를 잘 안 주고받게 되더라고요. 평소 못 한 말을 편지에 쓰는 건 너무 좋은데, 같이 있다 보면 시간도 공간도 일부러 내기가 어려워요.

송민: 저희도 처음에는 그랬는데 편지도 습관인 것 같아요. 예전에는 결혼기념일 같은 특별한 날에 '축하해. 잘 살자.' 이렇게 써서 교환하는 게 다였는데, 누구 한 명이 길게 쓰기 시작하니까 새삼스럽게 감동적이더라고요.

늘 함께하는데도 할 말이 그렇게 많은 게 신기해요.

지훈: 쓰다 보면 계속 생겨요. 일상에서는 진짜 매일 일어나는 일이나 고민을 나누잖아요. 그런데 편지는 말 그대로 일대일로 마음과 마음끼리 연결하는 거니까 속에 있는 얘기들이 막 나오는 거죠. 저희는 일도 같이 하고 함께한 세월도 많으니까 공유하는 소재가 다른 분들보다 많기는 한 것 같아요. 맞벌이나 살림, 육아로 저녁에만 만나는 부부들은 일부러 말하지 않는 이상 혼자 있을 때 어떤 일이 있었는지 모를 텐데, 가끔 사무실에서 송민이를 보면 뭐 때문에 힘들어하는지 대충 짐작이 가거든요.

지금까지 주고받은 편지 중 기억에 남는 게 있어요?

송민: 기억에 남는 편지 있어요! 여기 냉장고에 붙여놓은 것 중 하나인데, 제가 보고 많이 울었거든요. 시험관 이식한 날인가 그랬어요. 지훈이는 보통 현재와 일상에 초점을 맞춘 이야기를 써주는데, 이 편지는 앞으로 어떻게 살아갈지에 대한 내용이어서 오래된 친구에서 비로소 부부가 된 것 같은, 새출발하는 느낌이 나서 뭉클하더라고요.

지훈: 저는 좀 옛날 건데, 연애할 때 송민이가 생일 선물 주면서 쓴 편지예요. 제 친한 친구가 미국 사는데 그때는 돈이 없으니까 간다 간다 하고 한 10년 정도 못 갔거든요. 그런데 송민이가 편지랑 비행기표를 선물로 줬어요. 일 때문에 한창 바쁠 때였는데 마음을 많이 써준 게 너무 고마웠어요. 편지 내용은 기억이 잘 안 나지만 (웃음) 비행기표를 준비하는 마음이 담겨 있어서 정말 감동적이었어요. 덕분에 신나게 놀고 왔죠.

송민: 선물 이상한 거 사 와서 대판 싸웠어요. 제가 그렇게 비싼 거 선물해 줬으니까 그래도 뭐라도 좋은 거 사 오지 않을까 했는데 괜히 기대했죠, 뭐.

지훈: 나름대로 저는 생각 많이 하고 사 온 거거든요. 그거 있잖아요, 빅토리아 시크릿.

송민: 그걸 예쁘게 포장해서 가져온 게 아니고, 쇼핑백 열어봤더니 막 쓸어 담은 팬티가 이만큼 들어 있었어요. 거기서 포장을 안 해줬으면 집에서라도 하지 참…. 선물을 받았는데 기쁘지가 않더라고요(웃음).

지훈: 기쁘지가 않지, 내가 봐도(웃음). 생각해 보니 지금 제 변화가 돋보이는 이유가 과거에 더 내려갈 데가 없어서였네요.

요즘은 어때요? 아들 자유가 생기고 나서부터 지훈 씨가 계속 편지를 쓰고 있잖아요. 저는 그게 아들한테 보내는 메시지 같기도 하지만 스스로 다짐하는 글로도 보이더라고요.

지훈: 그 말이 정확한 것 같아요. 아들한테 쓰는 게 맞긴 한데요. 자유가 태어나서 글을 읽고 이해하려면 아직 한참 남았잖아요. 그냥 제 마음을 좀 다지고 싶어서 쓰는 거예요. 송민이 배가 이렇게 불러 있는 시절, 그리고 배 나온 송민이랑 사는 시절은 딱 지금밖에 없잖아요. 평생에 다시는 없을 순간들이죠. 어떻게든 기록해 놓고 싶었어요. 진짜 오늘을 느끼고 남기자는 생각으로요.

현재에 매우 충실한 것 같아요. 지금을 기록하는 방법이 또 있어요?

송민: 둘 다 즉흥적인 면이 많고 상황마다 순발력을 잘 발휘해요. 만약 지금 슬프면 슬픔을 바로 기쁨으로

바꾸려고 하죠. 저는 그런 순간들을 영상으로 많이 찍어두는 편이에요. 유튜브 채널을 운영하기는 하지만 꼭 일 때문만이 아니라 지금의 우리를 남기는 일이 즐거워요. 나중에 하나씩 꺼내볼 수 있게 편지를 쌓아놓듯 차곡차곡 영상을 모으고 있어요. 그게 제 기록 방법이에요.

유튜브 채널 '원파운드 TV'에 올라오는 영상들 말씀하시는 거죠?

지훈: 맞아요. 지금 올리는 영상들도 각 잡고 만드는 콘텐츠는 거의 없어요. 그냥 말도 안 되게 막 찍는 건데, 순간의 모습들이 담기게 되잖아요. 서버는 없어지지 않으니까 나중에 웃으며 보고 싶어요.

이러나저러나 이야기의 초점은 계속 현재에 있네요.

지훈: 저희는 진짜 아무 계획 없이 살거든요. 언젠가 어디에서 들었는지 모르겠는데, 계속 마음에 새겨둔 말이 있어요. 누구나 12월쯤 되면 한 해를 되돌아보고 내년에 잘 살아보자는 다짐을 하는데, 한 해를 어떻게 살았는지 알고 앞으로 잘 살고 싶으면 오늘이나 잘 살라고요. 오늘 잘 살려고 하다 보니 편지든 유튜브든 우리를 기록하는 일은 오늘을 잘 살기 위해 필요하단 생각이 들어요.

송민: 어제도 오늘도 우리답게 지내고 있어요. 어느것 하나 어색하지 않고 자연스럽게, 우리답게요. 그래서 대부분의 날들이 편안해요.

두 사람은 언제나 함께 오래된 과거를 추억하고 현재의 행복을 만끽한다. 그리고 그런 사람이 옆에 있다는 게 얼마나 큰 행운인지 너무 잘 알고 있다. 그러므로 송민과 지훈은 확실히 오래오래 행복할 거다.

말 없는 존재를 믿는 사람. 하늘을 보기 위해 바닥에 발을 딛는 사람. 리타는
마음의 중심에, 고독의 축대를 세워 자기 믿음으로 튼튼한 주변을 쌓아간다.
그래서 혼자지만 혼자가 아니고 외롭지만 외롭지 않다고 말할 수 있다.
산책을 좋아하는 그는 스스로 찾은 행복의 한가운데에서 느긋이 걷고 있었다.

행복을 산책하는 삶

안리타—작가

에디터 김지수
포토그래퍼 최모레

리타라는 이름이 참 예뻐요. 본명인가요?

리타는 오래전 인도 여행에서 얻은 이름이에요. 인도를 장기 여행하다가 우연히 북부 보드가야Bodhgayā라는 곳에 오래 머물게 되었어요. 애초에 염두에 둔 장소는 아니었지만, 특유의 분위기에 이끌려 떠나지 못하고 거기서 한동안 수행하며 지내기도 했는데 막상 도착해보니 부처님이 깨달음을 얻었다는 마하보디 절이 있는 지역이었어요. 우연히 사찰과 사찰을 돌아다니며 머물다가 거기서 만난 스님이 불러주신 이름이죠.

여행을 오래 다니셨나봐요.

시작은 독일 유학이었어요. 제가 회화를 전공했거든요. 미술 공부를 하러 떠난 거였는데, 독일 유학 시절은 저의 방황기였어요. 혼란스러운 마음에 답을 찾고 싶어서 계속 여행을 다닌 것 같아요. 함께 공부하던 다른 학생들은 이미 유명한 작가들이 많았고 굉장히 치열하게 경쟁하는 환경이었거든요. 제가 그림을 왜 그리는지에 대한 고민을 처음 하기 시작했고요. 저 자신에게 되물어도 답이 없고 전혀 행복하지가 않았어요. 성공을 위해 유학을 온 건 맞지만 그 성공이 제가 바라던 행복이 아니라는 걸 깨달았죠. 행복은 뭘까, 찾고 싶은 마음으로 계속 떠돌아다녔어요.

그래서 찾았나요?

네. 살아가면서 행복의 의미는 계속 바뀌어 왔지만 그때 제 기준에서 행복이라고 믿는 가치를 찾았어요. 여행 중에 불우한 환경의 지역에 갈 때도 있었는데, 거기엔 비교 대상 없이 온전히 하루하루 자신의 삶을 사는 사람들이 있었어요. 사는 환경이 좋지 않아도 그 사람들은 내일이 없는 것처럼 살고 있었죠. 그 모습들이 당시 제가 원하는 행복의 삶이었어요. 인생의 방향을 그쪽으로 잡고 한국으로 돌아와서, 곧바로 모든 걸 내려놓고 귀촌 생활을 시작했어요.

귀촌이요?

네(웃음). 지리산 아래 구례에 자리를 잡았어요. 거기서 4-5년 전도 감 농사를 짓고 살았어요. 당시에 주변에서 반발이 심했어요. 그동안 쌓아 올린 이력이 있는데 돌연 감 농사를 지으며 살겠다고 하니까, 주변에서 걱정이 많았죠. 그래도 저는 그렇게 살았어야 했어요. 살면서 늘 인간보다는 광활한 자연에 위로를 더 많이 받았고, 그땐 사람과 가까워지기보다는 항상 저를 지켜주던 자연 곁으로 가야겠다는 생각으로 가득 차 있었어요. 여행 중에 조금 더 확신했고요. 큰 고민도 아니었어요. 그런데 살아보니 현실은 많이 다르더라고요.

어땠나요?

생각해보니 저는 그간 현실을 전혀 고려하지 않고 이상만으로 살았어요. 농사만 짓고 살았으니 당연히 가난이 따라왔죠. 그때 여긴 인도가 아니고 한국이라는 걸 실감했던 거예요. 생계를 유지해야 하니까, 마을의 울력을 나가기도 하고, 품앗이도 했어요. 봄에는 양봉장에 가서 일하고, 초여름에는 매실 밭에 가서 매실 수확하여 일당을 받고, 가을에는 감을 따서 겨울을 버틸 월동 준비를 하고요. 그런 식으로 살다 보니 몸이 많이 상했고, 아파도 병원비가 없다 보니 그때 깨달았어요. 이상만으로 살 수 없는 현실을 마주한 거죠. 그래서 서울에 오게 된 거예요. 현실에서 다시 시작하자 하는 마음이었어요. 언젠가는 다시 자연으로 돌아가겠지만 당장은 서울로 가서 돈을 벌어야겠다고 결심했어요. 서울로 와서 정말 열심히 배우고 이것저것 일하기 시작했죠.

고민이 많았겠어요. 그때 독립 출판을 시작한 건가요?

맞아요. 진로에 관한 고민이 깊어지다가 산책 중에 어느 독립 서점에 들르게 됐는데 거기서 좋은 책을 많이 만났어요. 재미있는 책들이 너무 많더라고요. 기존에 제가 알던 책들과는 다른, 날것의 무엇이었어요. 쿵 하고 마음속에 뭔가가 남았죠. 나만의 색깔이 분명한 이런 글을 쓰고 싶다고 생각했어요. 글은 계속 쓰고 있던 거였고, 디자인 관련 일도 했으니 혼자 할 수 있겠다는 확신이 들었어요. 그리고 출간까지 오래 걸리지는 않았어요. 제가 잘할 수 있는 일이라 확신해서 고민 없이 바로 진행했어요.

여행도 독립 출판도, 원하는 게 있으면 바로 실행하는 힘이 있네요.

일단은 저지르고 보는 성격인가 봐요(웃음). 그런 방향성을 믿는 편이기도 하고요. 주변 눈치도 잘 안 보고 제가 하고 싶은 걸 따라가요.

> 혼자라는 생각이 밀려오거나 왠지 모르게 적적하면 집을 나와 거리를 걷는다. 주변의 나무, 계절의 유속, 자연과 사물을 가만히 바라보며 걸으면, 결코 혼자가 아님을 느낀다. 혼자라는 생각을 제외하면 언제나 모두가 그 자리에 그대로 있었다.
>
> — 《리타의 정원》 중에서.

작가님이 쓰신 글에는 '혼자'라는 단어가 유독 많더라고요. 외국에서도 오랫동안 혼자 살았으니 외로웠던 시간이 길었을 것 같아요.

혼자 있는 시간이 너무 길었죠. 학창 시절부터 독립했고, 유학하면서도 혼자 지냈고요. 귀촌했을 땐 부모님 반대를

뒤로하고 떠나야 했으니 의지할 곳 없이 정말 완전한
혼자가 되었어요. 유학 시절에는 이방인으로서의 외로움이
깊어서 혼자 술을 마시면서 시간을 낭비하기도 했고요.
내가 나를 챙기지 않으면 살 수 없다고 하는 생각을
하면서 오랫동안 나도 모르는 생존 본능이 생겼어요.
그런데 외로움은 너무 당연한 감정이잖아요. 사람이
극한의 외로움에 빠지면 두 가지 결과를 맞이 한대요. 못
견뎌서 삶을 포기하거나 그게 아니면 초인이 된다고 해요.
저는 이제 외로움이라는 감정만큼은 극복한 것 같아요.
너무나 익숙하기도 하고 인간은 원래 외로울 수밖에 없는
존재라는 것을 마음 깊이에서부터 받아들인 것 같아요.

작가님은 후자였군요.
그렇다고 생각해요. 어쨌든 혼자 잘 살아 있으니까요. 홀로
오래 지내면서 절대 고독이라는 걸 느꼈어요. 독일에서는
작은 방에 혼자 누워 내가 여기서 못 일어난다고 해도
아무도 나를 발견하지 못하겠구나, 하는 생각까지
들었어요. 그래서 방 안에 있지 않고 계속 여행을 떠났던
것 같아요. 혼자 있는 게 너무 익숙해진 저 자신이 서럽게
느껴져서 울기도 많이 울었고요. 지금은 그런 생각
자체가 저를 외롭게 만들었다는 걸 알아요. 외롭다는
감정이 다른 곳에서 오는 게 아니라, 그 외롭다는 생각
자체가 외로운 감정을 만드는 거죠. 그 원리를 깨달아서
그런지 많은 감정에서 해방되었어요. 요즘은 혼자 있는
게 좋아요. 외롭다는 생각이 없다는 게, 사는 걸 행복에
가깝게 만들죠. 본격적으로 독립 출판을 시작하고 글을
쓰면서부터는 혼자 할 수 있는 일이 너무 많다는 걸
알았고요.

**짧은 기간 동안 많은 책을 기록하듯 출판했어요. 계속
글을 쓰게 만드는 힘은 어디에서 오나요?**
인간에게는 다양한 면모가 함께 하는데 저는 어두운
마음이요. 이제 많이 극복했다고 해도 모두가 그렇듯
어둠은 늘 가지고 있잖아요. 저는 그 힘을 동력으로 쓰는
것 같아요. 저에게 글은 그 어둠을 풀어내는 기록 같은
거예요. 만약 인생이 즐겁기만 하면 글을 왜 쓰겠어요.
그저 맑은 현실에 살겠죠. 이런 면에서 창작의 모순이
있다는 생각도 들어요. 제 삶의 목표가 행복이라고
말했잖아요. 저는 행복하기 위해서 단순하게 살아야
한다고 생각하는데, 글 쓰는 창작 활동은 내면의 어둠과
마음의 근원까지도 깊이 들여다봐야 하는 작업이에요.
어떨 때는 작업을 하며 이렇게까지 내면을 파고 들어가
고통을 마주해야 하나 싶은 마음도 들죠. 책 한 권을 낼
때마다 4-5년은 늙는 것 같고요. 안 그런 작가들도 있지만
저는 글에 마음을 많이 쏟는 편이라서요.

산책하면서 글을 많이 쓰신다고 들었어요.
《사라지는 모든 계절》, 《쓸 수 없는 문장들》은 다
산책하면서 쓴 책이었어요. 《리타의 정원》도 시골
생활에서 느낀 것들을 기반으로 쓴 책이고요. 자연 속에
모든 글의 재료가 있어요. 원래 글을 쓰려고 산책한
건 아니었는데 반려견 밤을 만나면서 산책을 매일
서너 시간씩 하다 보니 자연스레 그 시간에 글을 쓰게
되더라고요. 마음먹고 집에서 글을 쓰다 보면 오히려 더
안 써질 때가 많은데 모든 걸 내려놓고 산책하면 자연스레
글감이 찾아져요. 곳곳에 글의 소재가 널려있어요. 배우는
것이 많고요. 그리고 자연을 사람보다 더 좋아하는 것
같아요. 제가 어떤 상태에 있더라도 늘 제자리에 그대로
있어 주는 자연의 면모를 닮고 싶어요. 자연을 의지하는

**다행이네요(웃음). 요즘 사람이 싫다고 하는 사람들이
많아진 것 같아서, 작가님께도 묻고 싶었어요.**
편견 때문인 것 같아요. 사람들이 서로 상처도 많이 주고
그러면서 고통받잖아요. 그게 인간과 자연의 차이이기도
한데, 저는 그 모든 고통이 다 편견에서 시작된다고
생각해요. 편견이 없다면 사람이 사람을 공격할 일도
없겠죠. 자신이 본 세상이 전부라 생각해서 타인을
바라봤을 때 이해가 안 되고 '왜 저럴까.', '이건 이렇게
해야 돼. 이게 맞아.'라고 말하면서 자기 기준에서만
생각하기 때문이겠죠. 《리타의 정원》에 자연에게 받은
것들에 감사하며, 비슷한 맥락의 메시지를 담기도 했어요.

시간이 길어지다 보니 이제는 사람보다 더 친구 같은
느낌이 들어요. 사회 속에서 애써 아등바등하기보다
편안하게, 이제는 이 평온함 속에서 보고 싶은 거 보고,
좋아하는 거 하고 그렇게 살고 싶다고 바라고 있어요.

얼마나 많은 마음이 심겨 있기에,
풀들은 매일 울며 자랄까. 이곳 발아래 대지는
얼마나 오랜 사연을 지탱하고 있을까.
― 《구겨진 편지는 고백하지 않는다》 중에서.

**《리타의 정원》에서의 문장이 떠올라요. '나는 단 한
번도 혼자인 적 없으며, 세상을 향해 하루도 망각하며
안부를 나누지 않은 적이 없다. 다만 나의 관심이 인간을
향하지만은 않는다는 것이다.' 이 단락을 읽으면서
작가님이 사람을 싫어하는 것은 아닌지 생각했어요(웃음).**
아니요(웃음). 사람들을 싫어하지는 않아요. 다만 좋아하는
사람을 더 좋아하는 것 같아요. 요즘에는 동네 분들하고
많이 친해져서 저희 집 비밀번호도 공유하고 지내요(웃음).

**책마다 주제가 다 다른데, 스스로 어떤 글을 쓰는
작가라고 생각하실까요?**
계속 행복에 관해 이야기하게 되는데, 제가 글을 쓰는
모든 이유는 제 행복을 위해서예요. 저한테 글은 행복과
삶의 깨달음을 찾아가는 과정 속에 있는 도구예요. 그
과정에서 제가 찾은 걸 글을 통해 기록으로 남기고 있고요.
결국엔 삶과 글이 같이 가야 된다고 생각해요. 삶이란 건
말 그대로 여기, 삶 속에 있거든요. 글 속에 없어요. 이런

맥락에서 저 자신을 작가보다 수행자에 가까운 사람으로 여기기도 해요. 대단히 유명한 책을 내는 작가들처럼 되고 싶다는 생각은 하지 않거든요. 제가 사는 만큼, 제가 극복한 만큼 그걸 써서 내보이고 있어요. 그러다 보니 글을 엄청 멋지게 잘 쓰진 않지만, 독자들이 봤을 때 자기 삶과 같다고 느껴지는 부분이 조금 더 크게 작용해서 공감해 주시는 거라 생각해요. 오래 곰곰 생각해 볼 수 있는 순간이 글에 있지 않을까요. 현실 속에서 답을 찾으려 무수히 노력했고 그렇게 어렵게 찾은 가치가 제 글 속에 있을 테니까요.

글에 진심이 담기는 거네요. 가장 기본이지만 가장 어려운 일이죠. 그래서 작가님 글 속에 어두운 면이 더 과감하게 느껴지기도 해요.

저 스스로 정말 힘들고 외로운 삶을 살아왔다고 생각했는데 한편으론 그걸 자랑스럽게 느낄 때가 있어요. 삶을 살아가는 힘이 거기에 있으니까요. 바닥에요. 심지어 제 글을 봐주시는 분들이 저를 되게 연약하고 매일 우는, 그런 사람으로 보실 수도 있는데요(웃음). 실제로 저는 괜찮아요. 바닥에서 하늘을 보는 삶을 살고 있어요. 위에서 바라보면 바닥만 보이잖아요. 오히려 바닥에 있으니 괜찮은 거예요. 사실 아무것도 없거든요. 아무것도 아닌 걸 알아서 오히려 살 만해져요. 그래서 항상 넘어지는 글을 쓰고 싶어요. 같이 넘어지는 글이요. 누군가를 위로하려고 글을 쓰는 건 아니지만 함께 슬퍼하기만 해도 위로가 된다고 생각하거든요. 힘들다고 누군가에게 털어놓으면 '이렇게 하면 되잖아.'라고 해결책을 던져주는 사람들이 있는데 아무것도 위로가 되지 않아요. 그건 공감도, 위로의 방식도 아니기 때문이죠. 글도 마찬가지라고 생각해요. 누군가 힘들어서 제 글을 찾는 순간이 오면, 그 앞에서 조용히 넘어지고 싶어요. 그렇게 글로 누군가에게 힘이 된다면 좋겠어요.

누군가에게 건네듯 글을 쓰고 있네요. 곧 편지 형식의 책을 낼 계획이 있다고 들었어요.

지금 하고 있는 책 작업 끝나면 독자들과 함께 책을 만들고 싶어요. 그동안 많은 북 토크를 진행하면서 받은 질문이 많고 제가 답해드린 것도 참 많은데, 그런 내용을 묶어서 독자분들께 건네는 편지글이 담긴 책을 쓰고 싶어요. 북 토크에서 만나서 책 얘기보다 거의 사는 이야기를 함께 나누는데, 평소에 저는 말을 잘 안 하는 편인데도 그날만큼은 마음을 다 내려놓아요. 늘 감사함을 마음에 담고 있어요. 가장 큰 힘이 되어주신 분들이 첫 책부터 지금까지 만나주시고 있죠. 언젠가 보답하는 책을 한 권 쓰고 싶어요. 대화의 방식도 좋고, 함께 글을 엮어도 좋고, 편지 형식으로도 좋고요.

벌써 마지막 질문이에요. 요즘 새롭게 생긴 고민이 있나요?

새로 생긴 관심사가 있어요. 경제적인 부분을 늘 고민해요. 어떻게 삶을 지속할 수 있을지에 관해서는 누구나 고민하게 되는 것 같아요. 제가 지금까지는 현실적인 고민을 하지 않고 너무 이상만을 추구하며 살았는데, 그러다 보니 아프고, 나이가 들어가며 노후 걱정도 되고, 안정적인 삶을 이어가고 싶다는 생각을 동시에 하게 되죠. 이런 과정에서 지금까지 염두에 둔 적 없는 것, 모르는 영역인 경제에 대한 기사도 챙겨보고 책도 관심을 갖고 보게 되고요. 이것 또한 어쩌면 그동안 제가 가지고 있던 협소한 사고이고 편견이라는 생각이 들었어요. 경제적인 이야기나 삶, 그러니까 돈을 버는 사람들의 마인드는 저와 거리가 멀다고 느꼈거든요. 그런데 실상, 그들은 남들보다 더 착실하게, 열심히 살고 있었어요. 그러기까지 누구보다도 엄청난 목표와 정신력을 가져야 한다는 것을 알게 됐죠. 저도 이상만을 가지고 행복을 위해 살던 시절이 있었지만, 한쪽으로 치우친 삶은 건강하지 못하다는 것을 알게 된 거죠. 행복은 결코 현실을 등지며 얻어낼 수 없어요. 행복을 만들어 가기 위한 현실의 토대를 쌓아야 하는 거예요. 그 토대는 피하거나 외면하는 것이 아닌, 이곳 현실의 중심에서 만들어가야 해요. 늘 자연 가까이 살고 싶다는 꿈을 갖고 있었는데 지금은 그런 순간을 위해 스스로 자유로워질 수 있는 환경을 만들어 가는 데 집중하고 있어요. 좋아하는 것을 계속 지속하기 위해 어떻게 그것을 유지할 수 있을까 떠올려요. 이상과 현실을 균형 있게 동시에 살아내는 삶을 바라요.

이날의 대화를 돌아보며 걷고 있는 내 발걸음을 빤히 보았다. 내 바닥이 어디에 있는지, 살핀 적이 있었나. 어쩌면 난 단 한 번도 바닥을 밟지 못하고 늘 붕 떠 있었던 것 같다. 마치 바닥은 존재하지 않는 것이라 확신하며 그렇게 허우적허우적. 어디로 가는지도 모르고 떠다녔던 듯싶다. 휘청이지 않고 바닥에 단단히 발을 딛고 멈춰보면 어떨까. 바닥이 있다는 것을 인정해보는 것은 어떨까. 그대로, 고개를 들어 하늘을 볼 수 있다면 좋겠다.

900KM를 이끌어가는 혜민과 현우는 종종 세상의 질서가 답답했다.
'우리만 그런 걸까?' 의문을 품고 주위를 돌아보니, 비슷한 불편함을
품고 있는 사람들이 살살 보이기 시작했다. 900KM는 요즘 것들의
이야기에 귀 기울이며 세상이 정해놓은 길만이 정답은 아니라고 말한다.
혜민과 현우는 초대장을 만드는 데 골몰한다. 세상을 살아가는 또 다른
방식이 있음을 전하기 위해, 세상에 정해진 답은 없다는 걸 알리기 위해.

초대장을 보낼게요

이혜민·정현우—900KM

에디터 이주연
포토그래퍼 최모레

날씨가 참 좋네요. 오전은 어떻게 보내셨나요?

현우: 이젠 정말 봄이네요. 일어나서 청소하고, 유튜브 편집 좀 하다가 밥 먹으러 잠시 나갔다 왔어요. 일요일이면 〈출발! 비디오 여행〉을 꼭 봐야 해서 밥 먹다 말고 빠르게 집으로 왔네요(웃음).

혜민: 저희는 밖에서 촬영할 때가 아니면 밖으로 거의 안 나가는 편이에요. 집으로 누군가를 초대할 일도 잘 없는 데다가 집에서 인터뷰하긴 처음이라 낯설면서 설레네요. 집 단장도, 화장도 오랜만에 했어요(웃음). 만나서 반갑습니다.

초대해 주셔서 감사해요. 900KM라는 이름으로 하는 일이 다양해서인지 소개도 조금씩 다르더라고요. 900KM 스튜디오부터 콘텐츠를 만드는 크리에이티브 스튜디오, 콘텐츠 스튜디오….

혜민: 결혼한 2016년부터 지금까지 900KM라는 이름으로 함께 활동해 오고 있는데, 그때그때 추구하는 방향에 따라 소개는 달라진 것 같아요. 지금은 '크리에이티브 스튜디오'라고 이야기하고 있어요. 예전엔 콘텐츠라는 단어를 꼭 붙였는데 이젠 저희가 하는 게 콘텐츠에만 한정되는 것 같진 않아서요. 분명히 콘텐츠를 매개로 활동하지만 콘텐츠를 생산하려고 만든 스튜디오는 아니에요. 콘텐츠는 저희가 말하고자 하는 메시지를 전달하는 일종의 수단이라고 생각해요.

그래서인지 콘텐츠가 하나의 장르에 국한되지 않아요. 지금까지 만들어 온 다양한 콘텐츠로 그간의 행보를 이야기해 볼 수 있을 것 같아요.

혜민: 2017년에 시작한 '요즘 것들의 사생활(이하 '요즘사')'부터 이야기해 볼게요. 그중에서도 '결혼생활탐구'라는 테마로 이야기를 시작했죠. 결혼한 지 얼마 안 되었던 때라 더 그랬겠지만, 사람들이 당연하게 여기는 결혼 문화에서 이상한 점을 많이 발견했어요. '우리만 불편하게 여기는 걸까?'라는 생각에서 출발한 프로젝트였죠. 보편적인 고민은 아닐지라도 공감하는 사람들이 있을 거라고 생각했기에 시도할 수 있었어요.

현우: 우리만 이렇게 생각하는지, 다른 삶이나 대안은 없는지, 사람들이 정답처럼 이야기하는 것들이 정말 괜찮은 건지 확인하고 싶었어요. 결혼생활탐구 이후에는 좋아하는 일로 먹고살 수는 없을까 고민하면서 '먹고사니즘'을 탐구했어요. 좋아하는 일로 먹고사는 사람들을 찾아 인터뷰하고 책과 영상 콘텐츠로 만들었죠. 사실 900KM의 활동은 우리 삶에서 파생된 고민들이기 때문에 일과 삶을 떼어놓고 생각하기 어려워요.

그래서 여행하면서 노동하는 노마드 워커도 되어 본 거군요.

혜민: 맞아요. '워크 앤 라이프 블렌딩Work And Life Blending'이라는 슬로건으로 해본 실험이었죠. 작년 여름에 한 달 동안 강원도 곳곳을 여행하면서 일하는 시도였는데요. 강원도를 시작으로, 앞으로는 더욱 많은 곳에서 더 다양한 일을 해보고 싶다는 생각도 하고 있어요. 올해 2월부터는 개인적인 작업으로 요즘사와 팟캐스트의 컬래버레이션이라고 볼 수 있는 〈책읽아웃〉도 진행 중이에요. '이혜민의 요즘 산책'이라는 이름으로 수요일 코너를 맡고 있는데, 요즘사의 관점으로 책을 소개하고 그 안에서 일과 삶을 이야기하려고 해요.

이렇게만 나열해도 무척 많은데 올해 프로젝트를 새로 또 시작하셨다고요.

현우: 올해 시작한 '베러 노멀BETTER NOMAL' 시리즈는 요즘사를 단순히 유튜브 채널을 넘어서 미디어로 바라보고 발전시키고 싶다는 마음으로 시작한 정기 프로젝트예요. 코로나19 이후에 뉴노멀 시대라는 이야기가 한창 나왔잖아요, 근데 어떻게 보면 뉴노멀은 수동적인 대응이란 생각이 들더라고요. 베러 노멀은 뉴노멀 시대를 그대로 받아들이기보다 능동적으로 더 나은 일과 삶을 찾고 싶은 마음에서 시작했어요. 월간으로 주제를 정해서 매주 새로운 진행하고, 유튜브 영상과 웹사이트yozmsa.com 아티클, 뉴스레터로 발행하고 있죠. 요즘사는 저희가 만나고 싶은 인터뷰나 하고 싶은 주제를 찾을 때마다 비정기적으로 진행해왔기 때문에 이렇게 매달 새로운 주제를 찾아서 영상을 만들고 아티클을 발행하는 것 자체가 저희에겐 새로운 도전이에요. 지금은 시행착오를 겪으면서 몸소 방법을 깨달아가는 중이죠.

900KM 안에서 두 분의 역할은 명확한 것 같아요. 혜민 씨는 스토리 파인더, 현우 씨는 비주얼 메이커라는 명칭을 쓰고 있죠.

혜민: 초반에는 그때그때 소개가 달라졌어요. 에디터라고 하기도 하고, 기획자나 작가라고 하기도 했죠. 유튜브 채널을 운영하면서 크리에이터라고도 했고요. 근데 영상 분야만 봐도 피디가 될 때도 있고, 작가 업무를 하기도 하거든요. 그러다 보니까 하나로 소개하기 어려운 데다가 점점 헷갈리기 시작했어요. 다양한 역할을 표현하기 위해서는 기존 직업명보다는 우리만의 명칭이 필요하겠다고 생각했죠. 가만히 생각해 보니 저는 이야기를 발굴하고 그 안에서 길을 찾는 사람이더라고요. 처음엔 스토리 메이커라고 했는데 이야기를 만드는 것에서 그치는 건 아쉽다는 생각이 들어서 스토리 파인더로

부르기 시작했어요.

현우: 저는 회사에 소속돼 있을 땐 UI/UX 디자이너로 일해왔는데 지금은 영상 촬영은 물론이고 영상 디자인, 그래픽 디자인까지 두루 맡고 있어요. 그러다 보니 모든 일을 하나로 묶어서 설명할 명칭이 필요하단 생각이 들었어요. 혜민이가 스토리를 기획하고 구성하는 데 집중한다면 저는 그걸 효과적으로 보여주는 역할인 것 같아서 비주얼 메이커가 되었어요.

부부가 일과 생활을 함께하다 보면 불편해지는 점도 있을 것 같아요.

현우: 있죠. 회사랑 똑같아요. 그렇지만 오래 함께하다 보니까 초반에 비해서는 싸울 일이 그렇게 많지 않아요. 만난 지 벌써 10년이 넘었거든요.

혜민: 결혼한 지도 벌써 6년이 되었고….

현우: 연애도 6년이나 했고….

혜민: 함께한 지 12년 된 건가? 이제 생활 영역에서 싸울 일은 거의 없는데, 일할 때는 스타일이 달라서 부딪치는 경우가 종종 있어요. 특히 초반에는 일하는 방식 때문에 많이 다퉜어요. 저는 좀 완벽주의적인 성향이 있어서 원하는 결과물이 나올 때까지 붙잡고 있는 성격이라면 현우는 빨리빨리 약속한 시간 안에 쳐내는 걸 원하거든요. 말하자면 저는 장인 스타일, 현우는 스타트업 스타일(웃음).

현우: 근데 오히려 이렇게 다르다 보니까 뭐라도 나오는 것 같아요. 서로 보완이 되어서 이제는 합이 잘 맞거든요. 어떤 점에서는 각자가 고집하던 걸 포기할 줄도 알게 되고요.

12년이나 함께한 사이라니…. 6년 연애하고 결혼한 이야기도 해볼게요. 결혼식을 올리는 대신 산티아고 순례길 걷기를 택했죠. 그때 주변 반응은 어땠어요?

혜민: 회사 사람들 아무도 안 믿었어요. 그때 저희 팀에 예단, 예물, 폐백까지 다 하고, 드레스와 예식장도 고심해서 준비하던 동료가 있었거든요. 드레스 보러 간다고 연차도 내고 그러니까 결혼식 준비하는 티가 나는데 저는 그에 비해 아무 준비도 안 하는 것처럼 보였겠죠. 결혼 준비라면서 주말에 성곽길 걷고, 여름휴가로 올레길 걷고, 등산복을 사러 가고 있으니 더 그랬을 거예요(웃음). 그런 날들이 이어지다 보니 저도 좀 흔들리더라고요. 호기롭게 결혼식 대신 산티아고로 간다고 했지만 이래도 되나 싶은 마음도 종종 들었어요. 선례가 없으니 더 걱정스러웠고요.

현우: 사람들이 안 믿을수록 '우리가 보여주자.'라는 마음이 커졌어요. 청첩장이 없어서 그런가 싶어서 청첩장 대용으로 소식지를 만들어서 보여주기도 했죠.

혜민: 어른들의 경우엔 결혼의 개념을 바꿔드리는 시간이

필요했어요. 조금 다른 방식의 결혼식 장벽을 낮춰드리기 위해 스몰 웨딩 사례를 여럿 보여드렸죠. 마침 그 과정에서 원빈과 이나영이 밀밭에서 결혼해서 '와 잘됐다!' 싶었어요(웃음). 특히 아빠가 보수적인 편이라 준비를 많이 했어요. 정석대로 결혼식을 하지 않으려는 이유부터 과정까지 기획안을 만들어서 보여드리기까지 했거든요.

현우: 근데 다녀와서도 "그래도 어른들 모시고 뭐라도 해야 하지 않겠니." 그런 얘기가 한동안은 나왔어요. 그러다 책《세상에서 가장 긴 결혼행진》도 나오고, 방송도 나가다 보니까 그런 이야기가 잦아들더라고요.

혜민: 이렇게 결혼에 대해 다른 방식을 한 번 얘기하고 보니까 사람들이 이런 행보에 관심이 많다는 걸 알게 됐어요. 응원도 많이 받았고, 비단 결혼 뿐만 아니라 삶 자체를 조금 다르게 살아보고 싶어 하는 사람도 많다는 걸 알게 되었죠. 그때 900KM를 만들면서 책이든 뭐든 여러 방식으로 살아가는 또 다른 길이 있다는 걸 말해보자고 마음먹었어요.

일이든 취미든 새로운 것에 도전할 땐 불안감이 있잖아요. 확신이 51퍼센트만 있어도 시도한다는 이야기를 했는데, 50퍼센트를 넘게 하는 1퍼센트의 어떤 것에 관해 이야기해 보고 싶어요.

혜민: '의미'요. 개인적인 의미일 수도 있지만 요즘엔 좀더 사회적인 의미를 많이 생각해요. 예를 들면, 제가 요즘 채식을 하고 있는데 채식하는 게 저한텐 꼭 미션 같았거든요. 사회적으로 더 나은 의미를 보여주는 활동이라는 점에서요. 물론 힘들기도 하고, 이렇게 바쁠 땐 유지하기도 어렵지만 하지 않을 이유가 없을 만큼 저한텐 너무 의미 있는 일이에요. 저희가 하는 일도 그런 것 같아요. 의미를 찾고 전달하는 거. 사실 콘텐츠 만드는 거 정말 힘들거든요.

그럼요, 당연하죠.

혜민: 저희 콘텐츠를 보고 단 한 사람이라도 '삶엔 또 다른 선택지가 있구나.'라고 느낀다면 그것만으로도 의미 있다고 생각해요. 그래서 계속할 수 있는 거고요. 저희는 유튜브 구독자가 엄청나게 많은 것도 아니고, 900KM 이름을 알린 지도 얼마 안 되었거든요. 그런데도 하고 또 할 수 있는 건 많지 않은 사람들의 반응이 저희에겐 사막의 오아시스처럼 느껴져서였어요. 메시지나 댓글을 받을 때마다 힘이 나고 용기를 얻었거든요. 구독자들 이야기를 들어보면 저희 유튜브 채널을 보기 전까진 어떤 현상이나 문화에 대해 '나만 이렇게 생각하나.'라고 여길 때가 많았대요. 저희 콘텐츠 덕분에 이렇게 살아봐도 괜찮겠다는 생각을 하셨다는 데서 감동을 많이 받았어요.

'그래, 이런 것 때문에 콘텐츠를 만들었지.' 싶었죠. 저희 콘텐츠로 한 명이라도 새로운 길을 발견하게 된다면, 우리도 그 덕분에 발전하고 성장해서 더 많은 이야기를 전할 수 있을 것 같았어요.

그래서인지 점점 더 많은 이야깃거리가 생겨나는 것 같아요. 이번 호 주제어가 '편지'인데 인스타그램, 유튜브, 책 등 많은 플랫폼을 활용해서 이야기를 전하는 것도 넓은 의미의 편지 같아요. 같은 콘텐츠여도 어떤 플랫폼에 보여주느냐에 따라 많은 게 다를 듯한데 어때요?

현우: 처음엔 독립출판으로 활동을 시작했기 때문에 저희가 전하려는 바를 책으로 풀어나가고자 했어요. 근데 영상 콘텐츠를 만들면 좀더 파급력이 생기겠단 생각이 들더라고요. 텍스트로 전달했을 때 예민하게 들릴 수 있는 말들이 영상과 함께라면 부드럽게 풀어지는 면도 있겠다 싶었고요. 책으로만 출판하면 책을 읽는 사람들과만 만날 수 있지만 유튜브를 활용하면 영상을 향유하는 사람들까지, 좀더 확장된 범위에서 만날 수 있을 것 같았어요.

혜민: 어떤 플랫폼으로 접하느냐에 따라 반응은 확실히 달라요. 저희 콘텐츠의 뿌리는 인터뷰예요. 그 내용이 영상이 되기도 하고, 책이 되기도 하죠. 인터뷰는 기획을 통해 전체적인 밸런스를 맞춰 가며 진행하기 때문에 저희는 항상 맥락에 집중해요. 기획 의도가 전체적으로 전달되기를 바라고요. 그걸 가장 잘 보여줄 수 있는 건 책이기에 출판을 메인으로 생각하는 거죠. 그래서인지 책으로 접한 독자들은 확실히 맥락과 의도를 전체적으로 이해해 주세요. 반면, 유튜브 콘텐츠는 단편적인 영상이기 때문에 맥락보다는 단일 콘텐츠에 우리가 이야기하고자 하는 메시지를 임팩트 있게 담는 데 집중해요. 이처럼 하나의 인터뷰에서 출발해도 영상과 책에서 강조하는 부분은 달라져요. 그건 독자 스타일에 맞춰 다르게 기획하는 거기도 하고요.

독자들에게 편지를 받는 일도 있나요? 아까 집을 둘러보다 저쪽에 편지가 모여 있는 걸 봤어요.

혜민: 아(웃음), 저 편지들은 전부 독자들에게 받은 거예요. 편지를 보내 주시는 분들은 보통 저희를 오랫동안 지켜봐 주신 분들이에요. 산티아고 결혼 행진 때부터 알고 지금껏 함께해 준 분들이 대부분이죠. 저희는 독자들이 새로운 도전에 시도했다는 이야기를 해주실 때마다 용기를 얻어요. 그게 저희 콘텐츠를 통해 일어난 일이라면 무척 뿌듯하죠. 저희 구독자들은 대개 20-30대인데요. 제각기 다른 고민을 하며 지내지만 결국 그 맥락은 비슷하더라고요. '나답게 살고 싶다.', '세상이 말하는

정답에서 벗어나서 살아보고 싶다.'는 거죠. 한 번은 저희
콘텐츠를 보고 보물을 발견한 것 같다는 이야기를 들은
적이 있는데 되게 찡하더라고요.
현우: 재미있는 건 군인분들이 편지를 많이 보내 주신다는
거예요. 성비로는 여성 구독자가 7 대 3 비율로 많은데,
그 3의 절반 정도가 군인인 것 같아요. 전역하고 뭘 해야
할지 모르겠다는 고민이 특히 많아요. 저도 군대에 있을 때
진로에 대한 고민을 많이 했기 때문에 공감이 가더라고요.

**무척 의미 있는걸요? 독자들이 자연스럽게 고민 상담도
해올 것 같아요.**
현우: 주로 북토크나 행사에서 많이 듣게 되는데, 최근에
한 대안학교에서 강연하다 좀 어려운 질문을 받았어요.
대안학교이기 때문에 삶의 방식을 다른 시각으로 많이
접할 텐데도 고3이란 무게감 때문인지 진로에 대한 고민이
깊어 보였어요. 굉장히 적극적으로 질문하는 친구들이
많았는데, 그중 한 친구는 하고 싶은 게 있는데 집 형편이
조금 어려워서 졸업하고 나면 돈을 먼저 벌어야 할지, 하고
싶은 걸 해도 될지 고민하더라고요. 제가 상황을 다 아는
게 아니다 보니 답하기가 조심스러웠죠.

뭐라고 답하셨어요?
혜민: 짐을 꼭 본인이 다 지어야 한다고 생각하지
말라고요. 집안 상황을 모른 척하라는 건 아니지만, 저는
학생일 때 해야 할 것, 누려야 할 것이 분명히 있다고
생각해요. 가정 형편을 책임지느라 자기 삶을 포기하면
안 된다는 생각이 먼저 들었죠. 정 힘들다면 주변에
도움을 구해보는 건 어떻겠냐 했는데, 사실 구체적인
이야기는 모르는 데다가 제 답변이 정답은 아니다 보니까
조심스러웠어요.

**콘텐츠를 만들 때도 그런 고민을 할 것 같아요. 두 분이
하는 활동은 사회에서 정답처럼 만들어 놓은 길 말고
다른 길도 있다고 보여주는 거잖아요. 그렇다고 두 분이
이야기하는 게 정답처럼 보여선 안 될 것 같아서요.**
혜민: 맞아요. 항상 '이게 또 다른 정답처럼 여겨지면
어떡하지.'라는 고민이 많아요. 특히 유튜브는 프로젝트의
전체 맥락이 보이는 게 아니기 때문에 저희 의도와는
다르게 읽히는 경우도 있어요. 퇴사하고 직업 실험을
한 사람의 인터뷰 콘텐츠를 보신 분께서 '퇴사만이
정답'이라고 오해하고 댓글을 단 적도 있죠. 인터뷰는
그런 맥락으로 진행된 것이 아니었고, 소속 없이 직접 돈을
벌어보며 진정한 일과 돈의 의미를 발견했다는 것이 핵심
메시지였어요. 하물며 그 인터뷰이는 훗날 다른 회사에
다시 취직하기까지 했어요. 다만, 퇴사 후 직업 실험을 한

덕분에 새로운 관점으로 했던 취업이었기에 더욱 의미 있던 사례죠. 유튜브 콘텐츠 하나에 저희가 의도한 맥락을 전부 담지 못한다는 게 자주 아쉬워요. 저희는 퇴사하고 좋아하는 일로 먹고살기 위해 고민하고 있지만 퇴사만이 방법이라곤 생각하지 않아요.
현우: 그래서 유튜브에서는 메시지를 좀더 강조하게 돼요. 꼭 이렇게 해야 한다는 게 아니라 우리는 이 영상을 통해 여러 삶의 레퍼런스를 보여주는 거라고요.

그런 맥락을 다 이해하는 독자들 반응을 만나면 기쁠 것 같아요.
혜민: 한 독자분이 이런 후기를 남겨 주신 적이 있어요. "책을 다 읽고 났더니 이 문장 하나가 남는다. '살아가는 방식은 다양하고, 모두 다르다. 그래도 된다.'" 결국 저희가 하려는 말도 이거라고 생각해요.

좋아하는 걸로 먹고살려면 내가 좋아하는 게 뭔지 먼저 알아야 할 것 같아요. 아직 나 자신을 모르는 사람들은 내가 좋아하는 걸 어떻게 찾아볼 수 있을까요?
현우: 뭐든 여러 가지를 경험해 보세요. 직접 해보는 것도 좋고, 책이나 유튜브 콘텐츠로 간접 경험하는 것도 좋고요. 콘텐츠를 모두 수용하기보다는 '나라면 이걸 어떻게 해볼 수 있을까.'를 생각해 보면 내가 추구하는 거, 좋아하는 걸 알 수 있을 거예요.
혜민: 내가 부러워하는 사람을 한번 살펴보세요. '저 사람처럼 되고 싶어.'라는 생각이 들게 하는 사람을 살살이 살펴보면 결국 자기가 원하는 점을 찾을 수 있을 거예요

계속 경험해 가면서 새로운 고민과 기쁨을 만나게 되겠죠. 지금 잘 모른다고 해서 문제는 아닐 거고요.
혜민: 그럼요. 저희도 어릴 때부터 이것저것 무작정 해본 경험이 쌓여서 좋아하는 거, 잘하는 걸 알게 된 것 같아요. 우리랑 어울리지 않는 것도 알게 됐고요. 그렇다고 지금 저희가 나다운 걸 완전히 찾았기 때문에 이 자리에서 인터뷰하는 건 아니라고 생각해요. 알아가는 과정 안에 있는 거죠. 그걸 찾아가는 게 인생 아닐까요? 저는 할머니가 돼서도 계속 찾고 있을 것 같은데요(웃음).

900KM의 콘텐츠는 또 다른 삶의 방식을 고민하는 누군가의 이야기를 전달하는 역할도 큰 것 같아요. 지금까지 해온 활동이 사람들에게 어떤 영향을 미친다고 생각하세요?
혜민: 전보다는 영향력이 생겼다고 생각하지만, 그 영향력을 키우고 싶다는 게 지금의 바람이에요. 자신이 살아온 길만이 전부라고 생각하는 사람일수록 소외되고

고립되는 것 같아요. 외로워지기도 쉽고요. 근데 '나 같이 생각하는 사람이 또 있구나.', 혹은 '나랑 완전히 다르게 생각하는 사람이 있구나.'라는 걸 깨달으면 희망을 느낄 수 있어요. 덜 외로워질 수도 있겠죠. 저희는 그런 틈을 벌려주고 싶어요. 지금껏 걸어온 좁은 길의 끝까지 가야만 정답을 찾을 수 있다고 믿는 사람에게 벽에 균열을 낼 수 있다는 걸 알리는 거죠. 그렇게 생긴 틈에서 빛이 새어드는 걸 보면 벽을 부수고 싶다는 생각을 할 수도 있잖아요. 그런 영향력을 미치고 싶어요.

지금 하는 일에 보람을 느끼시는군요.
혜민: 사실 이런 보람이 우리 하는 일의 전부인 것 같아요. 유튜브는 몇십만, 몇백만 명이 구독하지 않는 이상 수익이랄 게 없어요. 오히려 쓰는 돈이 더 많죠. 우리가 만들고 전하는 가치가 영향력이 되고 도움이 된다는 거, 그게 동력인 것 같아요.

이야기 나온 김에 900KM를 해나갈 수 있게 하는 동력 세 가지를 꼽아 볼까요?
혜민: 음, 외주 일을 선택하는 기준으로 이야기해 볼게요. 900KM가 자체적으로 하는 일들은 저희 삶에서 파생된 것이고 하고 싶은 일이기 때문에 따로 동력이랄 게 없는데요. 외부에서 들어오는 일은 '돈', '영향력', '재미' 세 가지를 기준으로 결정해요.
현우: 물론 세 항목 모두를 충족시킬 순 없어요. 재미가 없고 영향력이 크지 않다면 돈을 많이 받아야 하죠. 만일 어느 정도 재미가 있고 일정 수준의 돈을 받는다면 나머지를 채울 정도의 영향력이 있어야겠죠.
혜민: 여기서 말하는 영향력은 이 일을 해서 900KM가 던지고자 하는 메시지의 영향력이 커지는 데 도움이 되느냐는 거예요. 이 인터뷰 역시 영향력이 있는 일이겠죠. 900KM를 모르던 사람들이 《AROUND》를 통해 우리를 알게 되고, 우리 이야기에 관심을 가져줄 테니까요.
현우: 여기서 중요한 건 돈만 충족되어서는 안 된다는 거예요. 돈을 아무리 많이 주어도 우리가 추구하는 가치관과 맞지 않으면 할 수 없거든요. 아무래도 유튜브를 하다 보니까 협찬이나 광고 의뢰가 많은데요. 한번은 한의원에서 녹용 광고가 들어온 적이 있어요.
혜민: 저는 채식을 지향하는데(웃음). 우리 콘텐츠를 이해하지 못한 광고인 거죠. 그런 건 돈을 아무리 많이 준대도 하지 않아요.

재미, 영향력, 돈을 합쳐서 100에 도달해야 하지만, 돈만 100이어서는 안 된다는 거네요.
혜민: 그래서 돈이 정말 급할 때 더 고민이 많아져요.

돈이 필요하니까 눈 딱 감고 해볼까 싶다가도 이걸 하는
동안 진짜 재미있는 일이 들어왔을 때 기회를 놓치면 안
되잖아요.

**선택과 집중이 중요하겠군요. 요즘사와 MZ세대라는
단어는 떼려야 뗄 수 없을 것 같아요. 시간이 지나 두 분도
중년, 노년에 접어들 텐데, 그땐 어떤 활동을 하고 싶어요?**
현우: 그땐 제가 하는 것들을 해줄 사람과 함께 일하겠죠.
저는 디렉터가 되고요. 그럼 자연스럽게 일자리 창출도
되지 않을까요?
혜민: 최종적으로 저희가 바라는 것도 그런 방향이에요.
저희가 생산자로 뭔가를 하는 데는 한계가 있으니까요.
당장은 둘이 힘을 합쳐서 하는 수밖에 없으니 계속해
나가고 있는데요, 꾸준히 이 판을 잘 키워서 나중엔 더
많은 사람을 이 안으로 끌어들이고 싶어요. 그게 고용의
방식이 될 수도 있겠지만 좀 다른 방식을 취해보고 싶어요.
900KM의 활동은 우리의 생애주기를 따라가는 게 아니라
언제나 그 시대의 청년 세대를 위한 활동이면 좋겠어요. 그
시대의 요즘 것들에게 이 판을 물려주고 싶은 거죠.

**다양한 삶의 레퍼런스를 모아 정원을 꾸미고, 그곳으로
사람들을 초대하는 거군요. 정원은 계속 다음 세대로
이어지는 거고요.**
혜민: '다양한 삶의 레퍼런스로 정원을 꾸미고 사람들을
초대하는 일'이라는 말 너무 마음에 들어요. 지금은
저희가 초대장을 보내는 쪽이고, 초대장을 받은 사람들이
이제야 정원으로 조금씩 모여들고 있어요. 앞으로는 그
인원을 더 늘리면서 초대하는 방식도 달리해 보고 싶어요.
책이나 유튜브 말고 또 다른 방식이 있지 않을까요? 계속
고민하면서 다양한 삶의 레퍼런스를 보여드릴게요.

**좋아요. 900KM 덕분에 저도 노마드 워커가 될 수
있겠단 희망이 생겼어요(웃음). 마지막으로 이다음을
이끌어갈 친구들에게 한마디 남겨볼까요?**
혜민: 지금 우리가 이야기하는 이 모든 것이 너희가
사는 시대엔 당연한 것, 이상하지 않은 것이기를 바라.
하지만 우리가 지금 하는 고민이 너희 세대에도 계속될 수
있겠지? 우리가 해온 게 정답은 아니니까 참고만 해주면
좋겠어. 너희 시대에 할 수 있는 것들을 너희 방식으로
해줘. 그리고 그다음 세대에게 계속해서 이 정원을 물려줘!

집을 처음 공개한다는 혜민·현우 부부의 말에 좀더
성실하게 둘러본 집 한쪽에서 싱그러운 초록들을 보았다.
생기를 뽐내는 화분들 틈새로 "BETTER NORMAL"
스티커가 붙은 화분이 늠름하게 놓여 있다. 슬쩍 가리키며
"베러 노멀이네요." 했더니 혜민이 말한다. "베러 노멀
시리즈 인터뷰이들에게 화분을 하나씩 선물하고 있어요."
화분 하나를 누군가에게 건네기까지 얼마나 많은 공과
마음이 쌓였을지 헤아린다. 이 근사한 수고로움 덕분에
정해진 길 바깥의 더 멋진 풍경을 마주하게 되는지도
모르지.

극장에서 〈소피의 세계〉(2022)를 보다가 황급히 노트와 연필을 꺼내 들었다. 어둑한 공간에서 스크린에 시선을 두고 노트에 메모를 했다. 이 순간을 잊지 않고 싶은 마음이었다. 사진을 찍고 블로그에 글을 써 기록을 남기는 소피의 마음처럼. 아름다운 순간은 언젠가 다시 돌아볼 거라는 걸, 직감적으로 알게 된다. 그때와 지금은 어떻게 다를까. 돌아보면 아득한 기억도 순간, 손에 닿을 것처럼 지극히 가까워진다.

다시 돌아볼 기억

이제한—영화감독

에디터 김지수
포토그래퍼 최모레

집에 초대해 주셔서 감사해요. 〈소피의 세계〉
주 촬영지이기도 했죠. 영화를 보면서 창밖 풍경이 CG가
아닌가, 생각했는데 진짜로 인왕산이 멋지게 보이네요.
그대로 찍은 건데, 저도 편집하면서 CG처럼 보인다는
생각을 했어요(웃음). 이 집에서 지낸 지 만으로 3년이
됐네요. 결혼하고 바로 이사 온 첫 집이에요.

영화 속에서 종구와 수영도 이곳이 신혼집이었죠. 집
때문에 갈등을 겪기도 해요. 두 사람의 갈등 장면이 정말
리얼하던데, 혹시 감독님이 실제로 겪은 일이 아닌가
짐작하게 되더라고요.
수영을 연기한 김새벽 배우도 시나리오를 읽고 같은
질문을 했어요. 혹시 우리 부부 사이에 그런 일이 있는
거냐고(웃음). 전혀 아니거든요. 제 상상이었는데 진짜처럼
봐주셔서 감사했죠.

시나리오는 집이 아니라 카페 '이드라'에서 쓰셨다고요.
영화 속에도 등장하는 공간이죠.
집에 있으면 놀고 싶잖아요. 침대에 자꾸 눕고
싶고요(웃음). 〈소피의 세계〉를 쓸 당시에는 뭐라도 써야
된다는 생각이 있었어요. 이드라에 출근하듯 나갔죠.
사장님이 굉장히 좋으세요. 신사다우시고요. 정말 어른
같으시거든요. 글을 쓰려면 하루에 서너 시간은 있어야
하는데, 이드라가 저한테 가장 편안한 장소였어요.
그때가 4월쯤 봄에 날씨도 좋을 때라 야외 테이블에
앉아서 계속 썼어요. 시나리오 속 시간은 가을이라고
상상하면서 작업했죠. 여름이나 겨울은 촬영하기에 너무
힘드니까(웃음).

거의 모든 촬영 장소가 북촌 주변이었죠.
실제로 다 제가 자주 가는 단골집이나 좋아하는 공간들
위주로 배경을 잡았어요. 시나리오에 잘 모르는 공간을
배경으로 쓸 필요는 없다고 생각했거든요. 제가 잘 알아야
자연스럽게 써지기도 했고요. 그곳에 저의 경험과 기억이
있으니까 사소한 디테일을 반영하기에도 편하고요.

시나리오에 디테일을 담는 편인가요?
그렇지는 않아요. 다만 제 머릿속에 명확히 그려지는
장면들은 지문까지 넣어서 자세히 쓰는 편이에요. 보통
시나리오에는 인물의 감정을 묘사하지는 않거든요. 오히려
금기시되어 있는데, 확실히 그려지는 장면에서는 감정까지
소설 쓰듯 세밀하게 적었어요. 어떤 부분들은 아예
배제하고 여유롭게 쓰기도 했고요. 디테일을 가장 신경 쓴
장면은 갈등 신들이에요. 모두 테이크가 긴 장면이었죠.

초반에 수영과 종구의 갈등 장면은 진짜 현실처럼
느껴지더라고요. 배우들 연기도 큰 몫을 했어요. 디렉팅은
어떤 식으로 하셨나요?
거의 안 했어요. 첫 테이크에 오케이가 나왔고요. 사실
의도적으로 그 장면만 리딩을 안 하기도 했어요. 특별한
연기 톤을 잡으려 했던 건 아니었는데 연기가 반복되면 안
될 것 같다는 생각이 들었어요. 순간의 감정이 드러나야
하는데 리딩으로 날것의 느낌이 사라지지 않을까 하는
고민도 있었거든요. 사실 당연히 NG가 날 줄 알고 일부러
그날 오후 시간은 전부 비워 뒀는데 첫 테이크를 시작하고
두 사람이 한두 마디 시작하자마자 뭔가, 될 것 같은
느낌이 들더라고요. 제가 배우를 보는 안목이 있는 것
같아요(웃음). 이번 영화에 함께해 주신 모든 배우분들이
제가 그리던 것들에 가깝게 연기해 주셨어요. 그래서
따로 디렉팅이랄까, 특별한 방법은 없어요. 아, 그런 건
있었어요. 저희가 촬영 전에 모여서 개인적인 자리를
가진 적이 몇 번 있거든요. 종구 역을 맡은 민규 배우가 그
시간들이 연기하는 데 도움이 많이 됐다고 하더라고요.
영화 외의 기억들이 영화 속 인물들의 기억처럼 남아서
도움이 되지 않았을까, 생각해요.

주호와 아내의 갈등 장면도 인상적이었어요. 주호는
명확한 이유 없이 아내를 멀리하는 사람으로 나오는데
저는 아내에게 감정 이입을 해서, 주호가 너무
얄밉더라고요.
그렇죠(웃음). 수영과 종구가 치킨 집에서 그들이 싸우는
모습을 목격하는 장면인데, 거기선 의도적으로 주호를
나쁜 사람으로 보이려 했어요. 영화를 보면 크게 두 사람의
시선이 있잖아요. 그게 수영과 소피로 나뉘는데, 소피에게
주호는 목숨을 구해준 소중하고 좋은 사람이지만, 반대로
수영에게 주호는 책임감 없고 회피만 하는 사람이거든요.
주호가 관객들에게 여러 면을 가진 사람으로 보였으면
했어요. 사실 누구나 그렇잖아요. 어떤 사람에게 나는
한없이 좋고 착한 사람일 수 있지만, 어떤 사람에겐
무지막지하게 나쁜 사람일 수 있으니까요. 에디터님은
주호를 나쁘게 보셨지만 다른 관객들은 그렇게 보지
않았을 수도 있거든요. 주호가 소피를 오랜만에 만난
설정인데, 좋은 사람이었던 주호에게 그동안 무슨 일이
있었을까, 상상도 하게 되고요. 결국 사람은 사람을 모두
다 알 수 없는 거죠. 그런 의미를 주호라는 인물에 담고
싶었어요.

생소하게 느껴졌던 지점이, 갈등 장면인데도 이상하게
사람들이 다정하게 느껴진다는 거였어요. 최소한의 예의를
지키며 싸운다고 해야 할까요. 수영과 종구의 말투가 특히

인상적이었어요. 기본적으로 반말을 하는데 수영 씨, 종구 씨, 하면서 서로 호칭을 높여 부르더라고요. 이런 말투 때문에 인물들이 바닥이 드러나도록 감정을 내보여도 부담스럽지 않았던 것 같아요.

제가 착한 사람을 좋아해요. 저도 착한 사람이 되고 싶고요. 그런 바람이 자연스럽게 영화에 드러난 것 같아요. 종구는 그는 집안의 가장이긴 하지만 스스로 가장 노릇을 못한다고 생각해서 자책하는 인물이거든요. 그래서 종구는 수영을 '수영아'라고 부르지 못할 거라고 생각했어요. 연약하지만 노력하려는 사람이죠.

그러니까요. 종구가 자책하면서 혼자 머리를 때리는 장면이 있잖아요. 수영도 싸우다가 자기 머리를 때리는 행동을 보이고요. 그게 마음이 아프더라고요.

그것도 같은 맥락이에요. 답답한 상황일 때 상대를 탓하기보다는 자기를 괴롭히고 마는 거죠. 그렇게라도 견디려는 거예요. 본질적으로 수영과 종구는 착한 사람들이니까요.

이제 영화 주제 이야기를 해볼게요. 〈소피의 세계〉에서는 인왕산이라는 대자연과 집, 그리고 사람의 관계가 중요하다고 했죠.

결국엔 떠남에 관한 영화예요. 제 이야기를 하자면, 어머니가 군산에 계셔서 가끔 뵙고 오는데요. 딱히 애틋한 시간을 보내다 오는 건 아니지만 돌아올 때면 그렇게 마음이 슬퍼지더라고요. 다음이 있다고 해도 어쨌든 떠나는 거니까요. 이 집에 살기 시작하면서 창밖의 인왕산 풍경을 가만히 보는 시간이 많아졌는데, 문득 이런 생각이 들더라고요. 저 산은 한자리에서 오랜 시간을 버티며 수많은 집과 사람이 떠나는 것을 봐왔겠구나. 그래서 한편으로, 〈소피의 세계는〉 시간에 관한 영화이기도 해요. 저 산과 우리는 아주 다른 시간을 살고 있잖아요. 영화에서 표현하는 과거라는 개념도 같은 맥락이에요. 그때는 거기에 다 있었지만 지금은 그때로부터 멀리 떨어져 있으니 다시 돌아갈 수 없는 거리가 생긴 거죠. 산이라는 자연과 과거라는 시간은 비슷한 감정을 느끼게 해요. 저 멀리 있는 산을 내가 바꿀 수 없는 것처럼 지나간 과거도 마찬가지죠. 영화를 떠올려 보면 인물들이 계속 만나지만 결국 자주 헤어지잖아요. 사소한 관계 설정도 영화 속 주제와 연관 지었어요.

그렇게 이어지는 관계 중에 아이러니한 설정도 있어요. 어머니의 병가로 이 집을 떠나야 했던 종구와 수영이 갈등을 겪는데, 결국 어머니가 돌아가시면서 이 집을 떠나지 않게 됐어요. 어머니는 돌아가셨지만 결과적으론 두 사람에게 안정적인 상황이 된 거죠.

이상하고도 슬픈 일이죠.

실제로도 그런 것 같아요. 누군가의 죽음은 남은 사람을 고통스럽게 하지만 결국엔 더 나은 상황을 만들어 주기도 한다고 생각해요.

그렇죠. 소중한 사람이 떠나간 경험을 해본 사람은 공감할 수 있는 이야기라고 생각해요. 사실 초고에는 어머니와 관련한 장면들을 굉장히 감정적으로 그렸어요. 오열하는 장면도 있었는데 나중에 전부 삭제하고 짧고 일상적인 장면으로 대체했어요.

슬픈 장면이 간결하게 다가와서 더 좋더라고요. 기억과 과거는 감독님에게 어떤 의미인지 궁금해요.

기억은 주관적이라 계속 바뀌는 존재예요. 그렇다고 완전히 바뀌어서 오지는 않고 비슷한 형태로 계속 꺼내지는 것인데, 어떤 계기인지는 모르겠지만 과거엔 옳다고 생각했던 기억이 지금 떠올려 보면 틀렸다고 느껴질 때가 있어요. 돌이켜 생각해 보면 너무 창피할 정도로 잘못했다고 느껴지는 순간이 있죠. 저에게 그런 기억은 아버지에 대한 기억이에요. 아버지가 오랫동안 앓던 병환으로 돌아가셨는데, 당시엔 물론 아주 슬펐지만 한편으로는 돌아가시는 게 모두에게 나을 수도 있겠다는 생각을 했거든요. 돌아가신 후에도 아버지가 그리운 감정을 느낀 적이 크게 없었고요. 그런데 작년부터 아버지가 무척 그리워지고 살아 계셨으면 좋겠다는 생각이 들기 시작했어요. 단순히 시간이 지나서라기보다는 제가 나이를 먹으면서 생긴 새로운 감정이겠죠. 아버지에 대한 사소한 기억들도 조금씩 다르게 이해하게 되고요.

어떤 기억은 시간이 지나 흐릿해지기보다는 점점 진해지는 것 같아요.

훨씬 오래 지나고 나서 더 강렬해지는 기억이 있죠. 어쩌면 개개인의 다름을 결정하는 취향 자체도 좋고 나쁨의 판단으로 정해지기도 하지만 결국엔 경험과 기억이 밑바탕이 되는 거잖아요. 모든 걸 판단할 때 자신의 기억을 통해서 보지 않을 수가 없으니까요. 기억이 없으면 아무것도 인식하지 못하겠죠. 영화를 보는 관점이 사람마다 다른 것도 다들 자신의 기억에 빗대어 보기 때문이고요.

결국 기억은 한 사람을 만들어 가네요. 더 나아가 보면, 영화에서 '소피'는 수영과 종구에게 과거의 기억을 떠올리게 하는 인물이기도 해요.

소피를 안내자처럼 그리고 싶었어요. 수영과 종구에게

일촬표	1	스토리보드	1
		일촬표	1
SDI 케이블 1m	1	SDI 케이블 1m	1
각종 변환잭	1 set	각종 변환잭	1 set
PSC 봉 커넥터	1	PSC 봉 커넥터	1

1

<소피의 세계>는 외국인 친구 소피(아나 루지에로)가 수영(김새벽)과 종구(곽민규)의 집에서 묵었던 나흘간의 시간을 그려낸다. 사랑하는 사이인 수영과 종구가 처했던 곤경, 소피가 한국에서 만난 사람들과 겪은 일들이 담담하게 그려진다. 제목은 <소피의 세계>이지만 이 세계는 다수의 작은 세계들이 모여 만들어진 공존의 세계다. 화자도 여럿이고 사건의 가능성도 여러 출구로 열려 있다. 그러면서도 여린 마음들, 작은 고마움, 기적 같은 만남과 애석한 이별 등이 따뜻하게 이 세계 안에 자리 잡는다. 시간의 개념은 의도적으로 분절되어 혼동되면서도, 전체적인 감정의 분위기는 일관되게 정답고 아련하다. 예민한 형식의 완수, 두터운 감정의 축적, <소피의 세계>는 한 가지도 어려운 이 양자를 유려한 자태로 동시에 해낸다. (정한석)

Sophie's world
소피의 세계

Korea | 2021 | 115min | DCP | color
Director LEE Jeahan 이제한

<소피의 세계>는 외국인 친구 소피아나 루지에로와 수영(김새벽)과 종구의 집에서 묵었던 나흘간의 시간을 그려낸다. 사랑하는 사이인 수영과 종구가 처했던 곤경, 소피가 한국에서 만난 사람들과 겪은 일들이 담담하게 그려진다. 제목은 <소피의 세계>이지만 이 세계는 다수의 작은 세계들이 모여 만들어진 공존의 세계다. 화자도 여럿이고 사건의 가능성도 여러 출구로 열려 있다. 그러면서도 여린 마음들, 작은 고마움, 기적 같은 만남과 애석한 이별 등이 따뜻하게 이 세계 안에 자리 잡는다. 시간의 개념은 의도적으로 분절되어 혼동되면서도, 전체적인 감정의 분위기는 일관되게 정답고 아련하다. 예민한 형식의 완수, 두터운 감정의 축적, <소피의 세계>는 한 가지도 어려운 이 양자를 유려한 자태로 동시에 해낸다. (정한석)

Sophie's world shows the four days in the life of Sophie during her visit at Sooyoung and Jonggu's house. It portrays, in a plain tone, the struggles of Sooyoung and Jonggu, who are in love with each other, and the episodes Sophie experiences with the people she meets in Korea. Sophie's world is not just Sophie's but also the one that is made with and shared by several others' small worlds. There are many narrators who tell the story and many doors open to various possibilities. Inside of it is vulnerable hearts, humble gratitude, miraculous encounters, and heartbreaking farewells. The notion of time is deliberately severed and made confusing while the emotional atmosphere throughout the film is consistently warm and recollective. This movie is successful in both completing a subtle formal and accumulating earnest feelings, which is hard to achieve in general. (JUNG Hanseok)

170 Oct 09 / 09:30 / C4   311 Oct 10 / 19:00 / L4
385 Oct 11 / 12:30 / L8   577 Oct 14 / 13:30 / L3

097

마지막 손님

흑백의 화면 속, 한 남자와 한 [...] 이야기를 차분한 어조로 나누[...] 없이 솔직한 것 같지만 정작 중[...] 기도 하다. 대화는 종종 추상적[...] 장소가 바뀌면서 등장인물이 바[...] 은 자신만의 속도로 흐르기 시[...]

〈마지막 손님〉을 보는 많은 관[...] 것이다. 어떤 장소의 일상성을 [...] 함한 배우들의 연기, 대사를 통[...] 의 영화와 분명 유사한 면이 있[...] 손님〉이 그저 아무 고민 없이 흘[...] 라고 생각하지는 않는다. 이 영[...] 차분한 태도로 영화 언어 속에 [...] 빼곡히 들어차 있다.

이때 특히 주목하고 싶은 주제는[...] 은 인물들의 대사, 촬영과 편집[...] 을 통해 시간의 흐름에는 우리가[...] 미묘하고 불가사의한 영역이 포[...] 기의 전체 상을 파악하기 위해 [...] 간의 문제를 고민하다 보면 우리[...] 기묘한 세계 속에서 헤매게 될 [...] 체를 파악할 수 없는 혼란한 감[...] 고유한 개성이다.

김보년 / 서울독립영화제2020[...]

본선 장편경쟁 5 Feature Competition 5

Director
이제한
LEE Jeahan

소피의 세계
Sophie's world

2021 | Fiction | Color | DCP | 114min 12sec

Director's Statement

집에서 창밖으로 인왕산을 보고 있었는데, 어느 날엔 그 산이 이상하게 느껴졌습니다. 저 산은 얼마나 오래되고 이곳을 바라보고 있었을까 하는 생각을 했고, 그것이 꽤 슬펐던 것 같습니다. 어느 날엔 반대로 산에 올라가 집을 바라봤 쯤 집이 한없이 작아 보였습니다. 지는 산의 입장에서 이 집과 산을 한 영화로 담아보고 싶었습니다. [...]

One day, I was looking out the window at Mountain Inwang from home and felt a little strange. I wondered how long the old mountain have been gazing into this place, and the thought made me sad. Another day, I climbed the mountain and looked at my house. The house seemed infinitely small. I felt as if I was looking at the house from the perspective of the mountain, and experiences like these became stepping stones for the film. I wished to re-create my personal inspiration I had at home and the mountain into a film.

Program Note

수영과 종구 부부가 사는 집에 외국인 소피가 여행 오기 위해 찾아온다. 소피는 인왕산이 잘 보[...] [...] 그 집에서 수영과 종구 부부를 만나고 그들과 대화를 나누며[...] 또 종구와 함께 산에 오르기도 하며 서울에서의 며칠을 보낸다. 시간이 흐른 뒤 소[...] [...]

Filmography

2019 마지막 손님 Their last visitor
2020 서울의 집 The house on a hill

Staff

연출 Director 이제한 LEE Jeahan
각본 Screenwriter 이제한 LEE Jeahan
프로듀서 Producer 서유희 SEO Yunhee
촬영 Cinematographer 김수민 KIM Sumin
동시녹음 Recording 이제형 LEE Jehyong
음악 Music 김우웅 KIM Wooung
색보정 Colloration 김형혁 KIM Hyunghee
사운드 Sound 두락 DDLOCK
출연 Cast 김새벽, 곽민규, 아나 루지에로, 김우경 KIM Saebyuk, KWAK Minkyu, Ana RUGGIERO, KIM Wookyum

Festivals & Awards

2021 제26회 부산국제영화제

과거를 열어 주고 환기시켜 주는 사람으로 보이면
좋겠다는 생각이었어요. 소피가 외국인 이유도 같은
맥락이에요. 수영과 종구의 세계에 잠시 들렀다 다시
자기 세계로 가는, 다른 세계에서 온 사람처럼 보였으면
했거든요. 그래야 영화에서 말하려는 '떠남'의 정서가
더 잘 느껴질 테니까요. 거리감을 만들어 주는 인물이죠.
소피가 부산에서 온 여행객이었으면 마음의 거리가 너무
짧아질 테니까요. 그런 거리를 지키는 인물이면서도
그들을 이해하고 받아들이는 인물이기도 해요. 북촌이라는
영화 속 배경도 우리나라 옛것의 풍경이 많은 동네인데,
그런 공간을 외국인 소피가 관객에게 안내하듯
보여준다는 것도 아이러니하고 재미있는 설정이라고
생각했고요.

**소피의 시선을 따라가서 제가 영화를 더 쏠쏠하게
본 것 같기도 하네요. 과대 해석일지도 모르지만, 영화
속에 유독 문과 문 사이에 인물들이 대치하는 상황이
많더라고요. 방으로 들어갈 때 문을 꼭 닫는 장면이
반복되고요. 영화에서 말하는 헤어짐의 정서와 연관된
설정들일까요?**
처음에 소피라는 사람의 세계를 그렸을 때, 그녀가 기록과
기억이 모여 있는 세계에 사는 사람이라고 상상했어요. 그
세계를 다른 인물들이 오가듯 보이길 바랐고요. 그래서
방과 방을 연결하는 문을 공간적 설정으로 자연스럽게
연출했던 것 같아요. 의도적으로 기억과 기억 사이, 다른
시간 차원으로 넘어가는 장면들 사이에 문이 여닫히는
장면을 넣었죠. 문 사이로 인물과 인물이 분리되고
헤어지는 관계가 나타나길 바랐어요.

**공간 구조에도 영화의 주제가 드러났네요. 소피 이야기를
더 해볼게요. 소피는 기록을 좋아하는 사람인데, 감독님도
기록하는 걸 좋아하시나요?**
사실 저는 글로 뭘 적어서 남기고 사진 찍는 걸 즐기지
않아요(웃음). 하지만 기록을 잘하는 사람들을 좋아해요.
저한테는 부러운 동경의 대상이고 사랑스럽다는 생각까지
들거든요. 대개 기록을 잘하는 사람은 하루하루 사는 걸
소중하게 여기며 삶을 귀하게 생각하는 경우가 많아요.
그 만큼 마음이 좋은 사람, 신중한 사람들인 거죠. 저는
저 자신을 그럴 여유가 없는 사람이라고 보거든요.
시간적 여유가 아니라 마음적 여유가 없는 거예요. 제
아내가 사진 찍는 걸 좋아해서 기억할 만한 일이 있으면
꼭 사진을 찍어요. 그럼 저는 옆에서 억지로 그 순간에
동참하는데(웃음), 나중에 사진을 보며 그 순간을 복기하면
이렇게 재미있는 시간이 있었구나, 새삼 놀라게 돼요.
그 기억을 따라 지금이 밝아지더라고요. 기억과 과거는

중요하지만 눈에 보이지 않고 마음속에만 존재하잖아요.
그래서 없다고 말할 수도 있는데 기록은 그걸 명확한
형태로 남게 하고 '있음'으로 존재하게 해요. 우리 일상의
아주 소중한 자산이죠.

**소피에게 감독님의 개인적인 바람이 반영되었다는
생각이 들어요. 소피가 하는 말 중에 혼자 있으면
우울해진다는 대사가 있는데 무척 공감이 되더라고요.
감독님도 그러신가요?**
저는 혼자 있으면 어두운 생각을 많이 해요. 회의적인
생각에 쉽게 빠지고 일상적이고 밝고 따뜻한 감정에서 잘
멀어져요. 뭐랄까, 약간 곰팡이처럼(웃음) 소파에 누워서
뭔가를 하려는 의지가 별로 없어지고 그러죠. 그래도
나이가 들면서 고쳐지고 있지만 여전히 자주 그렇게
되더라고요.

**영화 속에서 혼자 있기 싫다는 소피를 구태여 혼자
있게 두시더라고요(웃음). 모든 사람들을 만나지만 금방
헤어지게 만들고요.**
소피는 왠지 모든 사람에게 길을 알려주지만 하나씩
떠나보내고 결국 자기도 떠나는, 그런 사람이라는 생각이
들었어요. 좀 부풀려서 얘기하면 거의 천사 같은 존재에
가깝죠(웃음). 소피는 정말 착한 사람이에요.

**소피가 받는 편지 내용도 인상적이었어요. 영화 속에
바닥에 떨어진 편지가 등장하잖아요. 주인 없는 편지이자
도착하지 않은 편지인데, 그 안에 담긴 의미가 궁금했어요.**
어떤 흔적처럼 보이길 바랐어요. 카페 테라스에 편지가
떨어져 있다는 게, 결국 누군가가 다녀갔다는 증거잖아요.
수영이 소피의 블로그 기록을 보고 그 세계에 들어가
자신의 과거를 여행하는 것처럼 떨어진 편지의 주인도
조그마한 자신의 '세계'가 있겠죠. 어쩌면 그 사람도 다른
세계를 돌아다니고 있지 않을까, 일종의 '이스터 에그'
같은 느낌으로 받아들여 주시길 바랐어요.

**그런 의미가 있었네요. 감독님은 편지 쓰기를
좋아하나요?**
편지를 자주 쓰는 사람은 아닌데요. 누군가에게 진심을
전달하고 싶다면 말보다는 글을 택하는 쪽이에요. 낯을
많이 가려서 말을 잘 못하거든요. 속마음을 잘 터놓는
사람도 아니고요. 글로 쓰게 되면 제가 진짜 그 마음이 들
때까지 기다릴 수 있잖아요. 편지 쓰기가 수고로움이
동반되는 일이라 쓰는 일 자체만으로 마음을 보여줄 수
있기도 하고요.

만약 영화를 편지처럼 건넨다면 누구에게 어떤 영화를 소개하실까요?

정말 기억에 남는 관객분이 계세요. 〈소피의 세계〉가 부산국제영화제와 서울독립영화제까지 상영이 이어졌는데 부산에서 첫 상영, 첫 GV 때 첫 번째로 질문을 해주신 분이 계세요. 그날 제가 너무 긴장해서 잠을 딱 한 시간 자고 시사에 들어갔거든요. 그 관객분이 영화를 보고 질문을 적으셨는지 수첩을 열심히 살피면서 질문을 하시더라고요(웃음). 귀 옆에 팔을 붙여 번쩍 손을 드시면서 진지하게 질문하시는 모습을 보고 긴장이 완전히 풀렸어요. 영화를 정말 좋게 봐주셨나 보다, 하는 안도감이 들었죠. 그분을 또렷이 기억하고 있었는데, 서울에서도 똑같이 첫 번째로 질문을 해주시더라고요. 그때도 수첩을 살피시면서 또 다른 질문을 하셨어요. 이번 영화가 제 첫 장편 데뷔작인데, 저에게 여러모로 의미가 있으신 관객 분이에요. 그분께 에릭 로메르의 〈여름 이야기〉(1996)를 추천해 드리고 싶어요. 제가 이 영화를 정말 좋아하거든요. 젊은이들의 사랑 얘기이고, 지금은 봄인데 지나면 곧 여름이 오잖아요. 영화 속 바다 풍경도 정말 멋지고요. 그분의 인상을 떠올렸을 때 〈여름 이야기〉를 좋아하실 것 같아요.

와, 인연이 깊은 관객이네요. '우연'이 겹치면 유독 오래 기억에 남는 것 같아요. 그분이 이 인터뷰를 꼭 보셨으면 좋겠네요.

이건 여담인데… 제가 의미 부여를 좀 잘하거든요. 1이라는 숫자에 집착하는 게 있는데 〈소피의 세계〉 마지막 회차를 1월 11일에 찍었어요. 그때 첫 테이크를 찍으려고 슬레이트를 딱 봤는데 그날이 11회차였거든요. 근데 1월 11일이었고… 게다가 첫 테이크가 1신 1컷의 1테이크였어요. 그러니까, 저는 속으로 계속 '111111…'을 생각한 거예요. 또 이번 영화가 첫 장편 영화잖아요. 이 얘기를 스태프들한테 했더니 막 비웃더라고요.

운명이네요, 운명(웃음). 말 그대로 첫 영화가 개봉을 하고 좋은 평들이 이어지고 있는데, 지금 마음은 어떠세요?

섭섭해요. 시원하기도 하고. 어쨌든 2년 동안 계속 함께한 영화잖아요. 매일 〈소피의 세계〉 생각뿐이었거든요. 매일 제 영화 일만 한 건 아니지만 이 영화가 완성되고 상영되기까지 많은 일들이 성사되어야 했는데… 끝났으니 섭섭하죠. 영화 만드는 과정이 정말 고단하거든요(웃음).

그래도 하고 계시잖아요. 계속하실 거고요.

모르죠(웃음). 제가 시나리오를 못 쓰면 못 하는 거니까요. 그런데 뭐랄까, 괴롭기도 정말 괴롭거든요. 제가 영화를 더 잘 만들 수 있는 사람이면 좋았을 텐데, 제가 더 뛰어난 연출이면 좋았을 텐데, 이런 아쉬움이 많이 들어서요. 장편 시나리오를 쓰는 것도, 찍는 것도, 개봉하는 것도 모두 처음이었으니까요. 시나리오를 쓸 때는 제가 유일한 관객이었고 저라는 사람을 그 위치에 두고 썼던 것 같아요. 제 세계에만 〈소피의 세계〉가 존재하다가 개봉을 하고 관객분들을 직접 만나는 기회를 갖게 되면서 많은 변화를 마주했어요. 관객을 통해 영화가 완성된다는 느낌을 확실히 받았죠. 이건 정말 인생의 귀한 경험이에요. 그 마음을 또 느낄 수 있다면 좋겠어요. 다음 영화를 쓸 때는 아마 〈소피의 세계〉에서 얻은 기억과 경험으로 더 좋은 영화를 만들 수 있지 않을까, 그때는 뭔가 좀더 변화를 보일 수 있지 않을까, 기대하고 있어요.

달의 기억과 지금의 마음, 편지를 받을 사람에 대한 감사와 그리움... 있다. 이토록 편지
찾던 주호를 만나는 길로 안내한다. 결국 사람들은 서로의 세계를 오가며 기억을 만들어
기억을 쌓으며 소중히, 소중히 살아간다.

...게. 네가 잠시 자릴 비운 사이에,
짧은 편지를 하나 쓴다.
...게 쓰느라 글씨가 엉망이지만,
이해해 주렴.
...너와 함께하고 싶었는데,
금세 헤어지게 되는구나.
...속을 지키지 못해서 미안해.
너를 보니,
...옛날 생각이 많이 나더라.
그 당시를 떠올린 건,
...째 오랜만이었던 것 같아.
여유는 없었지만,
...서 공부할 때가 난 정말 좋았어.
...날 마냥 좋아할 수 있었던 때가,
그때였던 것 같아서.

...금은 많은 게 달라졌고…

그래서 그때를 그리워하는 것
막상 다시 돌아가라고 하...
망설이겠지만.
오늘, 예상보다 일찍 도착...
근처를 좀 걸었어.
너한테 뭐라도 선물해 주고 싶...
찾아보아도, 마땅한 것들이 없...
그러다 운 좋게 서점을 하나 찾...
영어책을 한 권 샀어.
네가 이미 읽은 것일지도 모르...
그래도 재밌게 생각해 주...
내일은 어떻게 될지 모르지...
모레에는 인왕산에 꼭 같이...
정상에서 너랑 같이 해 뜨는 걸 보...
항상 잘 지내고,
정말 고맙다.
언제나 소피를 그리워하는...

순간을 멈추게 하는 목소리. 회경의 노래를 듣고 있으면 아주 먼 곳으로 떠나는
느낌이 든다. 정말 소중한 것을 잃었을 때, 깊이 사랑하는 것이 생겨 불안할 때, 길을
잃은 것처럼 허무할 때. 우리는 그녀의 음악을 더듬더듬 찾게 될 것이다.

눈앞에 보이는 사랑

허회경—뮤지션

에디터 김지수
포토그래퍼 Hae Ran

인터뷰 장소로 앤트러사이트 합정점을
추천했어요. 얼마 전에 이 주변으로
이사했다고요.
휴학하면서 본가로 들어갔다가
복학하면서 다시 자취를 시작했어요.
올해는 졸업을 앞둔 시기라 계속 학교
다니면서 집으로 돌아가서 작업하는
일상을 반복하고 있어요. 여긴 재수를
하던 시절에 정말 자주 왔던 공간이에요.

[아무것도 상관없어](2021)

주로 집에서 작업하나 봐요.
작업하러 어딜 나가는 게 꽤
수고스럽더라고요. 한때는 작업실
공간을 알아보기도 했는데 저는 집이
가장 편한 것 같아요. 집에서 하면 바로
컴퓨터 켜고 할 수 있으니까(웃음).
중간에 딴짓을 많이 하거든요. 가만히
쉬다가 뭔가 떠오르면 바로 작업하고,
그런 게 좋아요.

[그렇게 살아가는 것](2022)

딴짓이라면 뭘 해요?
낮잠을 좋아하는데, 요즘은 스스로 낮잠을 금지하고
있어요. 그래서 침대도 일부러 접이용으로 바꿨어요.
일어나면 바로 접어버리려고요(웃음). 프리랜서다 보니
시간 관리가 정말 중요하거든요. 자세하게 시간표를 짜서
움직이는 편이에요. 자취를 시작하니 자잘하게 해야 하는
집안일도 많고요. 다른 딴짓으론 영화 보는 것도 좋아해요.
후에 해석을 찾아보는 것도 좋아하고요. 요즘엔 요리도
슬슬 해보는 중이에요. 다이어트 겸 식단 조절을 하고
있거든요.

요리! 회경 씨 SNS에는 맥도날드 사진이 자주
올라오던데요(웃음).
맥도날드 너무 좋아하죠(웃음). 요즘 안 먹은 지 정말
오래됐어요. 채소 요리 위주로 해 먹고 있거든요.

좋은 변화네요. 영화를 좋아하면, 영화 속에서 얻은
메시지를 곡 작업에 연결할 때도 있나요?
좋은 대사가 있으면 꼭 메모해 놓는 편이에요. 잘 적어
놨다가 가사에 담기도 하고요. 물론 그대로 쓰지는
않고 참고 용도로 기억해 둬요. 최근엔 영화는 아니지만,
넷플릭스 시리즈 〈종이의 집〉을 정말 재미있게 봤어요.
굉장히 자극적인 내용의 드라마처럼 보이지만 사실
그 안에 깊은 서사가 있고 얻을 수 있는 인생의 교훈도
많거든요. 도쿄라는 주인공 캐릭터가 특히 좋았어요.

액션 신들도 너무 좋아서 전율을
느꼈어요.

회경 씨 음악을 떠올려 보면 조금
의외의 취향이기도 해요.
액션은 물론이고 포스트 아포칼립스
장르를 즐겨 봐요. 제가 경험하지 못한
이야기들을 볼 수 있다는 게 흥미로워요.
극본을 쓰는 작가들이 존경스럽게
느껴지고요. 제 음악엔 주로 제 이야기를
담고 있어서 상상력이 필요하진
않거든요. 그래서 엄청난 상상력이
들어간 작품들을 볼 때면 어떤 경외심을
품게 돼요.

음악 작업을 할 때는 상상력보다 자기
이야기에 더 집중하는 편인가 봐요.
완전한 제 이야기만을 쓰지는 않지만
그런 편이에요. 와중엔 일부 상상도
들어가 있고요. 오래된 경험 이야기를 끌어올 때도 있고,
한 가지만을 이야기하기보다는 제 안의 여러 면을 음악에
담고 있어요.

회경 씨 음악은 어디서 시작하는지 궁금해져요.
제 음악은 사랑에서 와요. 사랑엔 여러 모습이 있죠.
남녀의 사랑도 있고, 친구나 가족, 모르는 타인과의 사랑도
있고요. 우리는 사랑 때문에 너무 힘든 감정을 느낄 때가
있잖아요. 저는 사랑에 깊이 의지하는 사람이라, 제가
느끼는 여러 사랑에 기대는 편이에요.

음악도 좋지만 보컬이 훌륭하다는 피드백도 많이 받고
있어요.
맞아요. 들을 때마다 놀라워요. 허세가 없다(웃음),
담백하다는 얘기를 많이 해주시는데 너무 감사해요. 가장
기억에 남는 피드백 중에, 제 목소리를 듣고 누군가를
미워하려는 마음이 사라졌다고 얘기해 주신 분이 있어요.
목소리를 넘어 곡 자체에 관한 피드백이었죠. 혼자 생각을
많이 하게 되더라고요. 누군가를 미워하려는 마음을
없앤다는 건 진짜 힘든 일이잖아요. 미움은 늘 사라지길
바라는 감정이고요. 미워하는 마음이 없을 때 결국 가장
편안해지는 건 자기 자신이니까요.

누군가가 미워서 힘든 적이 있었어요?
당연히 있죠. 좀 많아요(웃음). 그럴 땐 너무 힘들어요.
미움에는 온갖 감정이 따르잖아요. 질투도 있고, 괴로운

기억을 계속 되짚어 보면서 당시에 제대로 행동하지 못한 것에 대한 후회도 들고요. 저를 갉아먹는 과정이죠. 그래도 요즘엔 벗어나고 있는 과정인 것 같아요. 예전에는 아예 그 마음에서 못 떠났거든요. 여기서 더 생각하면 어차피 나만 힘들어지니까 그만하자, 하는 마음을 가지려 해요.

Hey hey I would not live for you ever
내 길 위에 네가 발을 내밀고 있대도
Hey hey hey I would not live for you ever
이제 와 생각해보니 별일도 아니네
난 아무것도 상관없어 날 떠난다 해도
어차피 내 옆자리엔 아무도 없었으니
— '아무것도 상관없어' 중에서.

'아무것도 상관없어'의 가사가 떠올라요. 데뷔 곡이었죠.
학교에서 교수님과 데모 개념으로 녹음한 곡이에요. 폴더에 담아두고 공개하지는 않았는데 그냥 새벽에 갑자기 올리고 싶은 마음이 들더라고요. 충동적으로 사운드 클라우드에 올렸어요. 앨범 재킷도 예전 가족들 앨범 구경하면서 예쁘다고 말했던 가족들 사진이었고요. 가사에 엄마·아빠 이야기도 나오니까요. 처음에는 당연히 반응이 없었어요. 반응을 기대하지도 않았고요. 그러다 한 1년쯤 지났을 때 웹 드라마 제작사에서 곡을 사용하고 싶다는 연락을 받았고, 그런 식으로 점점 곡이 알려지게 되면서 지금의 소속사와도 함께하게 되었어요. 이어서 두 곡이 나오게 됐죠. 오히려 아무것도 하지 않고 힘을 빼서 한 시작이 좋은 결과를 준 셈이죠.

자연스럽게 흘러갔네요. 앨범 커버에도 그렇고 가사에도 부모님 이야기가 나와요. 앨범 자체가 회경 씨 가족들 기록처럼 보이기도 하고요. 부모님은 어떤 분들인지 궁금했어요.
아빠는 무뚝뚝하시고 또 똑똑하세요. 뭐든 여쭤보면 정답을 말씀해 주시는 분이에요. 제가 뭘 모른다고 할 때도 모른다고 탓하지 않으시고 잘 알려주시고요. 시도 쓰시는데 언젠가 시집 한 편 내는 게 소원이라고 하세요. 직접 쓰신 시를 저한테 보내주시면서 가사 쓰는 데 참고하라고 하시기도 해요(웃음). 엄마는 저랑 비슷한 면이 많아요. 너무 밝지도 어둡지도 않으시고, 그냥 저랑 수다 떠는 걸 좋아하시고, 요즘엔 제 일에 관심이 많으세요. 매일 유튜브 영상을 보시고 음원도 계속 틀어놓으세요. 저작권료가 들어와야 한다며(웃음). 오빠가 지겹다고 할 정도예요.

부모님이 다정하시네요. 아버님이 쓰신 시 문장들이 궁금해요.

사실 제가 참고하기에는 어려운 단어들이 많아요. 한자를 쓰신다거나 이게 무슨 말이지, 하는 문장들도 많고요. 지금은 아쉽게도 흘려보내고 있지만(웃음) 언젠가는 가사에 들어갈 수도 있겠죠.

앨범 커버에 가족들 옛날 사진이 많은데, 회경 씨는 어릴 때 어떤 아이였는지 궁금했어요.
공부는 일단 확실히 안 했고요. 피아노 배우는 건 좋아했어요. 피아노 학원 선생님이 되게 좋은 분이셨어요. 항상 칭찬해 주시고 선생님이랑 맛있는 거 해 먹고, 결국엔 노는 게 좋았네요(웃음).

오… 저는 피아노 학원 가면 포도알 그리고 한 번 다 치면 색칠하잖아요. 그걸 너무 싫어했어요….
저는 그냥 막 칠했어요. 한 번 치고 세 번 칠하고… 그래도 체르니 40까지 갔어요(웃음).

역시(웃음). 그럼 어릴 때부터 음악에 뜻이 있었나요?
원래는 클래식 피아노를 전공하고 싶었어요. 어쩌다 친구를 따라 실용음악 학원에 등록하게 됐는데, 진로를 고민하다가 엄마가 작곡을 해보는 게 어떻겠냐고 제안해 주신 게 큰 계기가 됐어요. 작곡은 엄마가 어릴 때 꼭 해보고 싶던 일이었다고 하시더라고요.

신기해요. 보통 부모님들이 진로를 예체능으로 정하도록 허락하시지 않잖아요.
그러니까요 정말. 제가 어릴 때 연기를 하고 싶다고 말씀드린 적이 있었는데 그때는 극구 반대하셨거든요. 부모님 두 분 다 음악을 좋아하셔서 가능했던 것 같아요.

처음은 작곡이었네요. 노래를 잘한다는 건 언제부터 알았나요?
사실 노래는 지금도 못한다고 생각해요.

아이고, 이럴 수가….
너무 잘하는 분들이 많으니까요(웃음). 저는 노래를 잘하기보다는 스스로 하고 싶은 말을 잘 꺼내는 거라고 생각해요. 그 메시지가 잘 와닿기 때문에 공감해 주시는 것 같고요. 아, 어릴 때 외할아버지가 노래방을 운영하셨는데 동요를 부르면 엄청 좋아하셨어요. 동요는 괜찮게 부른 것 같아요. 대회 나가서 장려상도 타고(웃음).

어릴 때 좋은 기억이 많네요. 또 기억에 남는 장면이 있어요?
사소한 건데, 일요일 밤에 가족들이랑 모여 과일 먹으면서

ⓒ 허허경

〈개그콘서트〉를 봤던 기억이 강렬해요. 너무 행복해서
힘들게 느꼈어요. 나중에 이 순간을 떠올리면 슬플 것
같았거든요.

**아이가 그런 생각을 했어요? 저는 다음 날 학교 가기
싫다는 생각만 했는데….**
깊게는 아니고 그냥 스쳐 가듯 느낀 거겠죠. 오히려 너무
행복해서 우울해졌던 것 같아요.

어릴 때부터 생각의 깊이가 남달랐네요.
제 음악만 듣고 저를 실제 나이보다 더 많게 짐작하시는
경우도 있었죠(웃음). 사실 더 슬픈 삶이 어디 있고
더 행복한 삶이 어디 있겠어요. 그냥 다 각자의 다른
짐들을 지고 살아가는 거라고 생각해요. 그중에도 저는
평범하다고 생각하고요. 제 인생에 남들이 겪은 것보다 더
큰 비극이 있거나 그렇진 않았거든요. 물론 힘든 일들은
있었지만 사실 비슷할 거라고 생각해요. 다만 저를 힘들게
하는 일들을 더 예민하게 받아들이는 편인 것 같아요.
그렇게 마음에 일어난 감정들을 가사에 담아내는 거죠.

가시 같은 말을 내뱉고
날씨 같은 인생을 탓하고
또 사랑 같은 말을 다시 내뱉는 것
— '그렇게 살아가는 것' 중에서.

**'그렇게 살아가는 것'의 첫 가사가 떠오르네요. 회경
씨에게 '가시 같은 말'은 어떤 말인가요?**
살다 보면 욕이 나올 때가 있잖아요. 혼자 있을 때
혼잣말로 욕처럼 나쁜 말을 뱉을 때가 있어요. 그런 식으로
풀 수밖에 없다는 생각이 들기도 해요. 혼자 있을 때는
뭐 무슨 말이든 못 하겠어요. 하지만 그 말들이 완전한
진심은 아니겠죠. 진심이라면 이렇게 잘 살고 있지도 않을
테니까요.

**누군가에게 들은 말이 아니고 자기 자신에게 하는
말이었네요.**
저 자신에게 하는 말이기도 하고 제가 남들에게 했던 말일
수도 있어요. 조언이라고 하며 했던 말이 누군가에게는
상처가 될 수도 있었다 생각해요. 신세 한탄하듯 했던 말도
누구에게는 가시처럼 걸렸을 수도 있고요. 그래서 했던
말을 자주 돌아보기도 하고, 애초에 조심하려는 편이죠.

**회경 씨 노래엔 슬픈 구절이 많은데, 이상하게 너무
슬퍼서 위로가 돼요.**
'김철수 씨 이야기'라는 곡의 피드백에 특히 위로를

받았다는 분들이 많았어요. 사실 누군가를 위로하려고
쓴 곡은 아니에요. 그때 제 감정을 다 풀어놓고 싶어서
쓴 곡이었거든요. 너무 우울한 가사라서 어떻게 위로가
되었을까, 의문이 들기도 했어요. 그럼에도 위안이
되었다는 얘기를 해주시니까 그 마음이 너무 감사했고,
제가 음악을 하는 이유가 거기에 있을 수도 있겠단 생각을
했어요. 이런 게 사랑인 거죠. 그래도 '김철수 씨 이야기'
속 가사는 나중에 보면 조금 부끄러울 것 같아요(웃음).
너무 솔직하고 강렬한 비극이 보이는 가사라서 어쩌면
한풀이처럼 들릴까 걱정이 되기도 해요.

**저는 그 곡을 들을 때 정말 우울한 상태였는데요. 가사에
깊이 공감했던 순간이 아주 기쁘게 느껴져서 어쩌면
우울은 꼭 필요하다는 생각까지 들었어요.**
누구에게나 어느 정도의 우울은 필요한 것 같아요. 조금
이상하게 들릴 수 있는데, 가끔 이런 마음이 들 때가
있어요. 너무 우울해서 행복한 착각이 들 때요. 마치 이
세상에서 제일 불행한 사람이 된 것 같은, 그런 순간엔
우울해하면서도 즐기기도 하는 것 같아요.

**알아요, 알아요. 이것도 너무 공감이네요. 정말 힘들고
우울한데 아이러니하게도 세상의 중심이 된 것 같은
기분이요. 우울한 감정에 냉철해지는 과정인 것 같아요.**
한 번 막 힘든 일을 겪고 나면 사람이 오히려 냉담해지는
순간이 오는 것 같아요. '내가 왜 이렇게 힘들어야 해?'
하며 나한테 던지는 반항 같은 감정일 수도 있고요.
극복까지는 아니겠지만 결국엔 '뭐 어때.' 하고 넘어갈 수
있는 마음의 여유가 생기는 거니까, 반드시 겪어야 하는
과정인 거죠.

**혹시 외로움을 많이 타나요? 회경 씨가 총 세 곡을
발매했는데, 모든 곡에서 일관되게 외로움의 정서가
느껴지더라고요.**
외로움을 정말 많이 타요. 혼자 있을 때 가끔 음악을 안 듣고
싶을 때도 있어요. 음악은 저한텐 일이니까 꼭 공부하듯
듣게 되니까요. 혼자 집에 있으면 정적 속에서 냉장고
돌아가는 소리만 들릴 때가 있는데, 그때 특히 외로움을
느껴요. 그러면 바로 친구들에게 전화를 걸어서 몇 시간이고
통화를 해요(웃음). 거의 릴레이처럼 전화를 쉴 새 없이 하는
편인데, 만나려면 약속을 잡아야 하잖아요. 저는 그때그때
감정을 말하고 싶어서 전화를 거는 것 같아요.

**전화로 표현하는 걸 좋아한다면, 편지는 잘 안 쓰는
편일까요?**
편지는 잘 안 써요. 특히 가까운 사람에게 쓰는 건 너무

힘들더라고요. 저는 친한 사람들에게 늘 제 감정을 다 표현하고 있어서 더 이상 할 말이 없다고 느껴지기도 해요. 그래서 오히려 좀 멀어졌던 친구나 오랜만에 만나는 지인에게 편지를 쓸 때 훨씬 할 말이 많아지는 것 같아요. 함께하지 못하는 동안 이런저런 제 감정들을 풀어놓을 수 있는 거죠.

너무 가깝기 때문에 오히려 말을 못 하는 경우도 있지 않나요?
그런 경우가 부모님과의 사이인 것 같아요. 부모님께는 아주 어릴 때 어버이날 편지를 쓰고, 커서는 편지를 전해드리는 게 점점 더 어려워지잖아요. 지금 부모님께 편지를 쓴다면 조건 없는 사랑을 베풀어 주심에 감사한 마음을 전하고 싶어요. 제가 언젠가 부모가 된다면, 우리 부모님처럼 할 수 있을지 모르겠다는 말도 꼭 전하고 싶고요.

> 내 사랑은 늘 재앙이 되고
> 재앙은 항상 사랑이 돼
> 널 사랑할 용기는 아무리 찾아도 없더라고
> 겁쟁이는 작은 행복마저
> 두려운 법이라고
> ― '김철수 씨 이야기' 중에서.

회경 씨, 요즘은 어떤 가사가 나오는지 궁금해요.
음… 확실한 건 '김철수 씨 이야기' 같은 가사는 안 나오는 것 같아요.

다행이네요.
물론 어두운 가사를 쓸 때도 있지만 이젠 너무 극단적으로 어두운 가사는 덜 쓰려고 노력해요. 실제로 그렇게 힘들지 않은가 봐요. 제 마음이 괜찮은데 너무 힘들다고 말하는 가사를 쓰는 것도 웃기잖아요. 지금은 눈앞에 사랑이 안 보일 때도 있지만 그래도 괜찮다는 메시지를 담은 말들이 나오고 있어요. 요즘 제 주변엔 떠나가는 사람도 없고 소중한 사람들이 제 곁을 꼭 지켜주고 있거든요. 지금 마음 상태는 안정적이에요. 매일 제 음악을 들어주시는 분들의 피드백을 확인하면서 오히려 제가 위로를 받기도 하고요.

아직 들을 곡이 많이 없어서 아쉬워요. 열심히 작업해주시면 좋겠어요(웃음).
곧 나와요(웃음). 아마 이 인터뷰가 공개될 때쯤 새 싱글이 나올 거예요.

드디어! 어떤 곡인가요?
아까 우리가 미움에 관해 이야기했잖아요. 이번 곡의 가사에 미움으로 힘들어하는 자신을 보듬어주는, 그런 마음을 담았어요. 남들에게 보이지 않으려 하는 제 연약한 모습에 관해 이야기하기도 하고요.

기다리고 있을게요. 이제 데뷔한 지 1년이 되었는데, 앞으로 회경 씨가 어떤 음악을 하게 될지 궁금해요.
결국엔 사랑 이야기가 될 것 같아요. 계속 해오던 것처럼 어쩔 수 없이 그렇게 될 텐데 대신 여러 가지 사랑에 관해 이야기하고 싶어요. 사랑이라고 해서 딱 하나만 있는 건 아니니까요. 사랑하는데 죄책감이 드는 마음도 있고, 사랑하는데 너무 슬픈 마음이 들 수 있고, 온전히 사랑 자체만 할 수도 있고요. 사랑의 다양한 이면에 관해 제가 느끼는 것만큼 써 내려가고 싶어요.

사랑을 다채롭게 말한다면, 듣는 우리는 그만큼 다양한 방식의 위로를 받을 수 있겠네요.
그러길 바라요. 저는 요즘 그저 안정적인 사람이 되고 싶어요. 그래서 얼른 나이를 먹고 싶기도 하고요. 연륜이 사람에게 주는 안정감이 분명히 있다고 생각하거든요. 여유를 가지고 모든 현상을 통찰력 있게 바라볼 수 있는 시선이 생겼으면 해요. 그러면 제 음악에 좀더 설득력이 생길 수 있겠죠. 아, 언제쯤 그런 시기가 찾아올까요.

까만 밤, 매일 집으로 돌아가는 버스 안에서 회경의 노래를 들었다. 깊이 우울해지는 날이면 더 그 마음에 빠지고 싶어 그녀의 음악을 찾았다. 상처를 입에 담고 사랑을 내뱉는 것. 재앙은 사랑이 되고 사랑은 재앙이 된다는 말. 서로 반대편에 있는 단어들이 결국엔 꼭 붙어 있다는 걸 나는 이제 온 마음을 다해 이해한다.

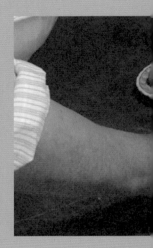

나의 절친한 친구 마리오에게

글 이주연

영화 〈일 포스티노〉(1994)를 보았다면 이 아리송한 이야기를
이해할 수 있겠지요. 보지 않았다면 보고 싶어질 테고요.

ⓒ 〈일 포스티노〉

아빠의 일기장

안녕하세요, 저는 파블리토 루오폴로입니다. 나이는 다섯
살이고 엄마랑 함께 살고 있습니다. 아빠는 한 번도 만난
적이 없습니다. 제가 태어나기 며칠 전에 돌아가셨다고
들었거든요. 아빠 이름은 마리오 루오폴로입니다. 엄마가
잊어버리지 말라며 자주 말해 주었고, 아빠 목소리가
녹음된 녹음기도 많이 틀어주었습니다. 그래서일까요.
저는 아빠를 만난 적이 없지만 늘 함께 있는 기분입니다.
우리 엄마 이름은 베아트리체 루소입니다. 엄마는 칼라 디
소토에서 가장 아름다운 여자입니다. 제 눈에도 엄마는
아름답지만, 옆집 어부도, 그 어부의 아버지도 우리 엄마를
'가장 아름다운 여자'라고 부릅니다. 칼라 디 소토는 작은
섬입니다. 엄마와 아빠가 만난 곳이고, 지금은 엄마와 내가
살고 있는 곳이지요. 이 섬에는 어부가 많습니다. 우리

할아버지도 어부였다고 합니다. 아빠는 배에만 오르면
멀미를 해서 어부가 될 수 없었습니다. 아빠는 섬으로
수많은 우편이 갑자기 밀려오는 바람에 급하게 필요해진
우편배달부가 됩니다. 그즈음 우리 섬에 아주 유명한
시인이 망명해서 섬으로 편지가 많이 도착했다고 하거든요.
아빠는 그 시인이 연애시를 잘 쓰며 여자들에게 인기가
많다고 했습니다. 그 시인에게 도착한 편지는 전부 여자가
보낸 것이었다는 이야기가 아빠 일기장에 적혀 있었습니다.
아빠는 수많은 편지를 가방에 넣고 자전거를 탑니다.
바닷길을 따라 펼쳐진 오르막을 오릅니다. 아름다운 섬의
끝에 도착하면 단정하고 아름다운 집이 하나 있습니다.
거기가 시인의 집입니다. 아빠는 문 앞에서 자전거 벨을
두어 번 울립니다. 그럼 시인이 문을 열고 나와 가벼운
인사를 보냅니다. 편지를 받고는 약간의 팁도 쥐여주는데,
그 시인의 이름은 파블로 네루다라고 합니다. 파블로
네루다는 노벨 문학상을 받은 시인입니다. 세계적으로
아주 유명한 시인이라고 합니다. 아빠랑 만났을 때는
아직 문학상을 받지 않은 시인이었지만 그런데도 엄청
유명했다고 합니다. 우리 집에도 그 사람이 쓴 시집이
있습니다. 전부 다 있습니다. 엄마는 가끔 그 시집을
읽지만, 제가 내용을 궁금해하면 책을 덮어버립니다. 시집
사이에는 오래된 신문 조각이 몇 개 들어 있습니다. 아빠가
살아 있을 때 읽던 신문이라고 합니다. 아직은 이해할 수
없는 말들이지만, 한 가지는 알 수 있습니다. 그 시인이
칼라 디 소토에 대해 무언가를 적어두었다는 걸요.

암호 같은 단어

하루는 아빠 노트에서 알 수 없는 말을 몇 개 발견했습니다.
N은 네루다, M은 마리오가 아닐까 생각했습니다.
"은유"나 "심상" 같은, 어려운 단어를 말할 수 있는 건
오직 시인뿐이라고 생각했거든요. 저는 아무리 읽어도
이해할 수 없는 말들입니다.

N: 은유는 뭐랄까, 뭔가를 말하기 위해 다른 것에 비유를 하는 거야.
—
N: 해변을 따라 천천히 걸으면서 주변을 감상해 보게.
M: 그럼 은유가 떠오를까요?
N: 자신의 소신대로 말할 수 있는 것이 남들이 원하는 좋은 말만 하는
시인이 되는 것보단 훨씬 낫다네.
—
M: 단어가 이리저리 왔다 갔다 하는 것 같아요.
N: 바다처럼 말이지.
M: 맞아요, 바다처럼요.
N: 그걸 운율이라고 한다네.
—
N: 심상이란 순간적으로 탄생하는 거야.

칼라 디 소토의 모든 사람이 아빠는 우편배달부였다고
하지만, 저는 왠지 아빠도 시인이었던 것 같습니다. 아빠
일기장에서 시 같은 걸 많이 발견했거든요. 시가 뭔지는
잘 모르지만, 이런 것들을 두고 시라고 하는 것 같습니다.
엄마가 그렇게 가르쳐 주었으니까요.

당신의 미소는 장미 / 서슬 퍼런 검 / 솟아오르는 물줄기
/ 그대의 미소는 갑작스러운 은빛 파도

"당신의 미소는 나비의 날개처럼 얼굴 위에서 펼쳐집니다."
언젠가 아빠가 엄마에게 이런 말을 했다고 합니다. 엄마는
그 말을 듣고 웃음이 났다고 했고요. 저는 저 문장이 무슨
뜻인지 모르겠습니다. 하지만 엄마가 웃었다는 말이
좋아서, 그 문장을 제 일기장에 그대로 옮겨두었습니다.

바다를 걷는 시인

엊그저께 엄마 가게에 낯선 사람이 찾아왔습니다. 어디선가
본 것 같아서 멀뚱하게 쳐다보는데, 그가 물었습니다.
"너는 누구니?" 저는 그때 그 사람이 흑백사진 속 엄마,
아빠와 함께 있는 남자임을 알았습니다. 그 남자의 이름은
파블로 네루다입니다. 제 이름은 말했다시피 파블리토
루오폴로입니다. 아마 제 이름은 파블로 네루다, 저 시인의
이름에서 따온 것일 테지요. 저는 항상 왜 저 남자와
제 이름이 같은지 묻고 싶었습니다. 그러나 물을 수
없었습니다. 제가 시인의 이름을 말할 때마다 엄마 얼굴은
슬퍼 보였거든요. 우리 집에 찾아온 시인은 제 이름을 듣곤
얼굴 색이 변했습니다. 꼭 얼굴이… 물로 가득 채워지는
것 같았습니다. 엄마는 물빛의 얼굴을 한 시인에게
말했습니다. 제가 태어나기 며칠 전에 아빠가 죽었다고요.
시인은 그 이야기를 듣고 아무 말도 하지 않았습니다.
그런데도 목소리가 들리는 것 같았습니다.
엄마는 아빠 목소리가 담긴 녹음기를 시인에게 주었습니다.
저에게 자주 들려주었던 목소리입니다. 아빠가 살아
있을 때 녹음한 것이라고 했는데, 거기엔 제가 잘 아는
소리들이 들어 있습니다. 이 섬에서 들을 수 있는 파도
소리, 바람 소리, 종소리 같은 겁니다. 이 모든 소리가
저에겐 익숙합니다. 낯선 거라곤 아빠 목소리밖에
없습니다. 녹음기가 아니면 들을 수 없었을 아빠 목소리
말입니다. 파블로 네루다라는 시인은 녹음기를 들고 밖으로
나갔습니다. 나는 그에게 아무것도 묻지 못했습니다. 왜
나랑 이름이 같은지, 왜 얼굴이 물빛이 됐는지, 엄마가
왜 당신의 시집을 슬픈 얼굴로 쳐다보는지…. 저는
바닷가를 걷는 시인의 뒷모습을 오래오래 바라보았습니다.
그는 반짝거리는 바닷가를 보면서 해가 질 때까지 서
있었습니다. 그날 밤 저는 친구에 대해 생각했습니다. 왠지
그러고 싶었습니다.

Movie—마이클 래드포드 〈일 포스티노〉(1994)

파블로 네루다께 바치는 노래

마리오에게 녹음기를 건네며 파블로는 말한다. "내가 머물고 있는 이 섬의 아름다움에 대해 말해보게." 사랑에 빠진 청년 마리오가 뱉은 단어는 단 하나. "베아트리체 루소." 작은 섬으로 망명 온 파블로가 다시 조국으로 돌아간 후, 마리오는 그의 집에 남겨진 구닥다리 녹음기에 칼라 디 소토의 아름다움을 하나씩 녹음하기 시작한다.

Track 01—칼라 디 소토의 작은 파도

Track 02—큰 파도

Track 03—절벽의 바람

Track 04—덤불에 이는 바람

Track 05—아버지의 서글픈 그물

Track 06—고통의 성모 교회 종소리와 신부님

Track 07—별빛이 반짝이는 섬의 밤하늘

Track 08—파블리토의 심장 소리

Interview Collections

마음을 잇는 기록

단어에는 정해진 뜻이 있지만 나만의 해석으로 또 다른 의미를 담을 수 있다. '고요'라는
단어에 그만의 서사가 담긴 것처럼. 특별히 애정을 두는 단어, 문장이 있다면 일상은 더욱
풍요로워진다. 좋은 문장과 단어는 우리를 어디로 데려갈까. 해방촌의 작은 서점, 들어서는
순간 평온함 힘이 느껴지는 '고요서사'에서 그에게 물었다.

나를 먼 곳으로 데려갈 문장

차경희—고요서사

에디터 김지수
포토그래퍼 김혜정

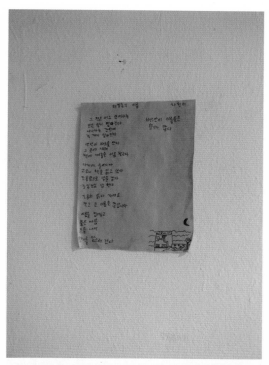

언제 와도 차분한 공간이에요. 고요서사엔 요즘 어떤 소식이 있나요?

코로나19로 손님 방문이 많이 줄기는 했지만 개인적으로 하는 일들은 늘어서 오히려 바쁜 시기를 지났어요. 다행인 거죠. 작년 말부터는 1년 동안 진행하던 프로젝트들이 마무리되면서 여유 시간이 생겼어요. 그동안 고요서사 운영이 행사나 이벤트에 집중하면서 책 선별에 조금 소홀해진 면이 있어서, 공간 구조를 바꾸거나 책 정리도 새로 하면서 기본을 재정비하는 시간을 보냈어요. 오랜만에 아무것도 없이 쉬어 가는 시간이 늘어서 조금 낯선 일상을 보낸 것 같기도 하고요. 고요서사는 올해로 여섯 해를 넘겨 문을 열고 있네요.

고요서사에도 꽤 오랜 시간이 지났네요.

지금까지는 주변의 힘을 받아서 책방 운영이 안정적이었죠. 이제 고요서사 자체의 동력으로 움직여야 한다는 생각으로 조금씩 변화를 주려고 해요.

시기별로 달라지는 책 동향의 흐름도 자연히 읽히실 것 같은데, 요즘 사람들은 어떤 문장을 필요로 할까요?

고요서사는 소설, 시, 에세이를 주로 소개하기 때문에 전체 도서 시장의 흐름을 다 잘 아는 건 아니지만, 서점을 시작할 때는 사람들이 '공감'되는 책을 많이 원하고 찾았던 것 같아요. 일상적인 에세이나 우울증 관련 에세이가 인기 있던 게 기억나네요. 그러다가 요즘은 '롤 모델'이 되어줄 인물이나 이야기를 원한다는 느낌이 들어요. 젊은 작가들의 소설도 일상의 디테일을 살린 소설들이 주목받다가 지금은 여성이나 소수자들이 연대하고 더 나은 삶으로 나아가는 이야기를 많이들 원하는 것 같아요. '공감'이든 '롤 모델'이든 기본적으로는 이를 통해 '위로'를 얻는 느낌이라는 생각도 들긴 해요.

SNS의 영향력도 무시할 수 없죠. 고요서사의 이름은 박인환 시인의 책방 '마리서사'에서 나왔다고 했는데, '고요'라는 단어에는 어떤 의미가 담겼을까요?

'마리서사'라는 이름과 그 서점이 가지고 있던 이야기가 좋았는데, 실제로 책방 운영은 힘들었다고 해요. 결국 일찍 문을 닫았는데, 같은 이름으로 하면 비슷한 운명을 따르게 될까 싶어서(웃음), 한글 중에 적절한 단어를 고르고 있었어요. 그때 20대 초반에 하던 블로그를 오랜만에 다시 열어보니 제목이 '고요에 집중'이더라고요. 저한테 고요는 속이 시끄럽고 머리가 복잡한 상태일 때 안쪽으로 침착해지는 마음 상태를 의미한 거였어요. 어쩌면 좋은 책이 주는 역할도 '내면의 고요'이지 않을까, 생각이 이어졌고요.

여러모로 자연스러운 의미가 담겼네요. 고요서사는 문학 서적 위주로 운영되고 있죠. 판매율을 생각하면 그리 쉬운 선택은 아니었을 것 같아요.

일단 작은 서점을 해야겠다고 마음먹었을 때 출판사를 다니고 있었어요. 당장 그만두고 뛰어들기에는 준비된 것도 없고 제가 그렇게 추진력이 좋은 사람이 아니라, 생각만 맴돌고 있었거든요. 집 근처에 '책방 만일'이라는 작은 서점이 생겼는데 거긴 인문학 위주로 소개하는 책방이었어요. 그때 사장님과 책에 관한 이야기를 나눴는데, 문학은 잘 팔리지 않아서 입고하기가 더 까다롭다는 이야기를 해주시더라고요. 그때 저는 판매가 힘들다는 건 알고 있지만, 모아서 문학만 내보이는 공간이 있다면 좋아하는 사람들은 찾아오지 않을까 하는 생각이 들었어요. 당시 제가 출판사에서 편집을 맡았던 분야가 비문학 분야라서 그런지 여가 시간에 읽는 책들은 모두 문학 서적이었기도 했고요. 제가 흥미를 가지는 책을 소개하는 게 맞겠다는 판단에서 그런 선택을 했죠.

문학, 그러니까 소설은 어떤 점에서 좋아해요?

어릴 때부터 친숙했던 것 같아요. 거리감이 적당해서 편안하고요. 거리감이라는 게, 고통스러운 서사를 접했을 때 인물에 너무 이입해서 함께 힘들 수 있잖아요. 없는 이야기라고 생각할 수 있으니까 안전한 장치를 두고 읽는다는 생각이 들어요. 문학 읽는 걸 시간 낭비라고 말하는 사람들도 있는데요. 저는 나이가 들수록 사람을 이해하는 눈이 오히려 좁아질 수도 있다고 생각하거든요. 제대로 살아가려면 다른 사람 이야기에 귀 기울여야 한다고 생각하고요. 그런 면에서 소설은 어쨌든 다른 사람의 삶을 이야기하고 있잖아요. 소설을 찾는 여유, 타인의 이야기를 들으려는 힘이 있는 게 진정으로 마음이 건강한 상태가 아닌가, 하는 생각도 들고요. 실제로 제가 소설이 안 읽힐 때는 제 개인적인 문제에 골몰해 있을 때가 많아요.

좋은 관점이네요. 그래도 서점은 판매를 생각하지 않을 수 없는데, 오래 유지할 수 있는 힘은 어디서 온 걸까요?

오히려 절망 상태랄까(웃음), 사실 조금 비관적인 마음으로 시작했거든요. '생각보다는 괜찮네?' 하는 마음가짐이 계속 이어졌던 것 같아요. 찾아오시는 분들이 소수지만 아주 큰 힘이 됐고, 애초에 기대치가 없던 상태가 오히려 도움이 된 것 같아요. 희망이 보였던 거죠.

'오히려 좋아'라는 요즘 유행어가 떠올라요(웃음). 손님분들과 정이 쌓이기도 하겠어요.

그렇죠. 실제로 친구가 된 적도 있어요. 서점을 열고 나서

단골손님분들도 생겼고, 쪽지나 엽서처럼 작은 메시지들을 자주 주고받았어요.

아, 편지가 아니라 주로 엽서나 쪽지를 주고받는군요.
편지는 뭔가 작정하고 상대와 나에 대해 써야지, 하는 의무감이 들잖아요. 엽서는 한 장 속에 그 순간 하고 싶은 이야기를 전할 수 있어서 훨씬 부담 없이 주고받게 되는 것 같아요. 편지를 쓰다 보면 이상하게 일기처럼 될 때가 있어서(웃음) 열심히 다 쓰고 안 준 적도 되게 많거든요. 받는 사람이 부담스러울까 싶어서요.

종종 전해주지 못한 편지가 생기죠(웃음). 책을 소개받고 싶어요. 문학 작품을 추천해 주실까요?
워낙 한 가지만 꼽는 일을 잘 못하고 어려워해요. 그래서 비슷한 질문을 받으면 그때그때 떠오르는 책이나 문장을 말하는데요. 지금은 한강 작가의 《희랍어 시간》이라는 소설이 떠올랐어요. 좋은 문장을 딱 하나 고르기 어려울 정도로, 마음에 남는 힘 있는 문장들이 가득한 소설이에요. 소설 자체가 '언어'를 말하거나 읽는 행위에 대해 말하고 있기도 하고, 두 인물이 '희랍어'라는 언어를 계기로 만나게 되는 이야기가 굉장히 오래 기억에 남아 있거든요.

일상 속에서도 문득 좋은 문장이 들릴 때가 있잖아요. 드라마나 영화에서 발견한 문장들이 있나요?
며칠 전부터 영화 〈해피 아워〉(2015)를 보기 시작했어요.

한 번에 보기에는 길어서 나눠 보는 중인데, 30대 후반, 아마도 저랑 같은 나이인 여성 네 명의 이야기라 더 흥미롭게 보이는 것 같아요. 오랜 친구들인 인물들이 서로의 깊은 속사정을 갑자기 털어놓는 장면이 있어요. 친구의 좋지 않은 소식을 갑작스럽게 들은 한 친구가 당황하면서 왜 그동안 말하지 않았냐고 따져 묻는데, "아무도 안 물었으니까 말 안 한 거야. 말하고 싶어져서 지금 말한 것뿐이고."라고 답을 해요. 요즘 그 장면이 종종 떠오르더라고요.

공감하는 마음일까요?
평범한 말이긴 한데, 저도 주변 사람들과 인연이 길어지면서 놓치는 부분이기도 하거든요. 모두 그런 경험들이 있잖아요. 너무 가까운 사이라 오히려 말을 안 하게 되어서 서로 서운한 감정이 쌓일 때요. 저 대사를 가만히 떠올려보다가 제 주변 사람들을 떠올리게 됐어요.

우연히 발견한 작은 문장에서 깊은 생각이 이어질 때가 있는 것 같아요. 좋은 문장은 우리를 어디로 데려갈까요?
어느 날 서점에서 혼자 음악을 듣는데, 아주 멀리 떠난 것 같은 기분이 들 때가 있었어요. 언제, 어디인지 구체적으로 상상된 건 아니지만 왠지 '향수'나 '그리움'이 느껴지는 느낌도 들었고요. 좋은 문장도 역시 우리를 '멀리' 데려간다는 생각이 들어요. 제가 아까 말한 '고요'가 내가 어디에서 무얼 하든 책과 나 둘만 남은 세계처럼 느껴지는 순간을 말하는 건데, 비슷한 이야기 같기도 하네요. 그곳이 어디든지, 우리를 먼 곳으로 데려가는 문장들이 있는 것 같아요.

벌써 마지막 질문이에요. 지면을 빌려 기록하고 싶은 문장이 있나요?
서점을 열 때나 무슨 일을 할 때 되새기는 문장이 있어요. 문제를 일으킨 사람이긴 했지만… 화가 에곤 실레의 편지나 글들을 읽으며 만난 말인데, "나는 나의 훌륭함이 마음에 듭니다."라는 문장이에요. 세상에는 셀 수 없이 뛰어나고 훌륭한 사람이 많지만, 그럼에도 나는 나의 훌륭함을 알고 있으며 존중한다는 뜻 같아요. 뛰어난 사람들이나 공간을 보면 괜히 주춤할 때가 있는데, 이 말을 떠올리면 소박한 힘으로 나아갈 수 있어요.

편지 봉투 모양 책갈피가 있다. 투명하게 만들어져 책 어디에 꽂든 새로운 편지가 된다. 책장을
넘길 때마다 책갈피는 또 다른 편지가 되고, 편편의 편지를 모두 읽으면 한 권의 책이 끝난다.
매일매일 내용이 달라지는 이 편지는 손짓과 몸짓을 연구하며 사랑의 정도를 읽는 섬세한 사람,
NOWWE로부터 출발했다.

사랑의 정도

NOWWE—일러스트레이터

에디터 이주연
사진 NOWWE

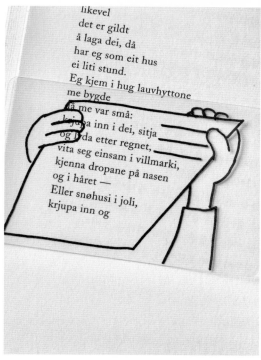

이번 호 주제어에 NOWWE를 떠올린 건 편지를 모티프로 한 책갈피 덕분이었어요.
고맙습니다(웃음). 저에게 편지는 기록이에요. 말은 기억 속에 있지만, 글은 손에 쥘 수 있어서 평소에도 작은 쪽지나 편지를 소중하게 생각해요. 저도 자주 쓰는 편이고요. 작은 말이라도 편지글을 통하면 기분이 좋고 새로운 마음이 들게 해요. '러브레터' 책갈피와 '레터' 책갈피는 편지를 보았을 때의 진심과 작은 감동을 생각하면서 작업했어요. 책방 유어마인드에서 진행한 책갈피 특집전에 참여하면서 만들었는데요. 책갈피가 단순히 읽은 부분을 표시하는 도구가 아니라 마음의 지표를 표시해 주는 매개라는 생각이 들었어요. 그래서 책의 어느 곳에든 지표를 놓을 수 있는 편지를 생각했지요. 러브레터 책갈피에는 글귀가 적혀 있고, 레터 책갈피는 투명해요. 레터 책갈피는 책 어느 곳에든 꽂아 놓아 자신을 위한 편지글을 만들 수 있도록 제작했죠.

러브레터 책갈피엔 이러한 문장이 쓰여 있죠. "잊히지 않는 대화가 있어. 내가 건넨 말에 너는 얼굴로 답했던, 그때의 마음을 기억하고 있어. 우리 사이에 많은 것이 변하고 변했지만 잊지 마, 여전히 난 그날의 너의 손을 잡고 있어."
'NOWWE DRAWING PAPER' 프로젝트를 진행한 적이 있어요. 제 그림과 사진, 김지나의 글을 함께 전송하는 메일링 서비스인데, 그때 쓴 편지글이에요. 누구에게나 잊히지 않는 대화가 있다고 생각해요. 그런 대화가 자주 오가면 좋겠다는 바람이 있고요. 잊을 수 없는 대화가 말이 아닌 얼굴과 마음이고, 여전히 기억되고 있다는 글이 좋아 드로잉 페이퍼에 넣고 책갈피까지 만들게 되었어요.

편지라는 단어에 어떤 이미지가 떠올라요?
음…, 문득 '모든 책이 편지'라는 생각이 드네요. 옛날에는 메일이나 SNS가 없어 모든 걸 편지로 대신한 게 생각났어요. 지금은 SNS가 그 역할을 대신하는 듯한데 편지를 쓰는 것이 자연스럽던 때는 '모든 책이 사실 편지로 시작하지 않았을까'라는 생각이 들었어요. 또, 메시지를 전한다는 점에서 실제로 모든 책이 편지 같기도 하고요.

편지 이야기를 하느라 소개를 빼먹었네요(웃음).
NOWWE라는 이름으로 활동하고 있죠. Now와 We가 결합된 단어처럼 보이기도 하고, 새로운 단어 같기도 해요. NOWWE는 독립출판물 행사인 '언리미티드에디션'에 처음 참가할 때 지은 이름이에요. '나에게 가장 중요한 무엇'을 생각해 보니 지금, 그리고 무언가와 함께하는 것이었어요. Now, We 두 단어의 합성어지만 NOWWE

하나의 단어로 만들어 사용하고 있죠. 독일에서는
'노베'라고 읽힌다고 해서 재미있었어요.

**독일어로 읽으니 사람 이름 같기도 하네요. 홈페이지에
페인터, 아트북 메이커라고 소개되어 있더라고요.**
그림을 그리는 것, 아트북을 만드는 게 저한테 가장 즐겁고
의미 있는 일이에요. 단순히 제가 좋아하는 그림을 그리고
아트북을 만드는 것보다는 관심 있는 주제인 정체성,
신체, 언어를 그림과 책의 물성을 통해 다양한 각도로
이야기하고 싶어요.

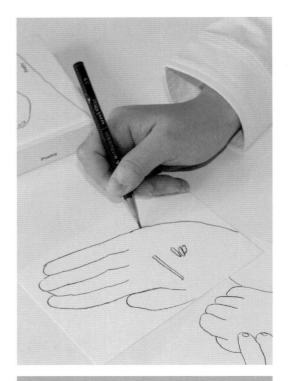

**그래서 "손짓과 몸짓 언어를 이미지로 연구하고, 개인의
정체성과 개성의 가치를 드로잉 합니다."라고 소개하고
있군요. 손짓과 몸짓 언어에 어떻게 관심을 갖게 됐어요?**
우리가 말로 다 할 수 없는 것들이 손짓과 몸짓을 통해
전달된다고 생각해요. 적절한 몸짓과 손짓을 통해 의도를
표현하는 것이 적절한 단어와 문장을 구사해 말하는
것만큼 중요하다고 생각하죠. 어떤 때는 몇 마디 말보다
한 번의 토닥거림이 위로될 때가 있어요. 축하한다는
말보다 최고라는 손동작이 더 와닿을 때가 있고요. 손짓과
몸짓에는 말보다 강한 전달력이 있다고 생각해요. 이것을
표현하는 방식이 사람마다 고유하다는 점이 개인의
정체성을 나타내고, 개개인의 개성과 가치를 드러낸다고
보고요. 신체 언어는 중요하면서도 흥미롭고, 이미지는
그 어떤 것보다 강한 언어이기에 이것을 그림으로
그려야겠다고 생각했어요.

**그림을 선보이는 방식 중 책이라는 도구를 선택한 이유가
있어요?**
책을 굉장히 좋아해요. 종이를 한 장씩 넘기면서
이루어지는 시각 전환과 손으로 느껴지는 물성을 특히
좋아하고요. 아트북을 작업할 땐 그림을 담은 책이
아니라 책의 물성을 이용한 그림이라고 생각하며

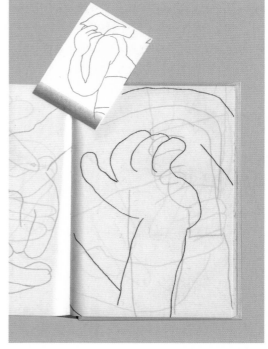

진행해요. 책 제작 자체를 하나의 작업 도구로 생각하는
거죠. 처음 작업을 시작할 때부터 책으로 만들고
싶었어요. 목적에 맞게 전시하거나 캔버스에 그려서
선보이는 것도 좋지만, 책만큼 매력적인 소재는 찾지
못했어요. 제 작업은 아트북을 고려한 것이 아니라
아트북에서 시작된 거예요. 제본이나 종이, 구성, 넘김
등을 그림과 의도에 맞게 적절히 선택할 수 있다는 점에서
그렇지요. 좋은 실험을 해나가면서 재미있는 책들을 많이
만들려고 해요.

**아트북 《Hand, Hand, Hand, Hand, Poetry》를
흥미롭게 보았어요. 손짓과 관계를 엮어 진행하는 방식이**

**인상 깊었는데요. 대화로 진행되는 구조가 아니기 때문에
조금 더 깊은 연구와 고민이 필요할 것 같아요.**
이미지를 통해 대화를 만들어 나간다고 생각해요. 그래서
사람들의 손동작이나 몸짓을 수집하죠. 보통 사진으로
찍어두고, SNS에 올라오는 이미지를 보기도 하고요.
수집한 이미지에서는 손동작의 모양보다 표현되는 느낌을
관찰해요. 그리고 그걸 최대한 담아 그림으로 그려요.
선이 매끄럽지 않거나 왜곡되어도 개성이나 느낌을 잘
담고 있다면 좋은 그림이 된다고 믿거든요. 《Hand,
Hand, Hand, Hand, Poetry》는 손짓과 몸짓을 그려
얇은 종이에 겹쳐지게 표현한 작품이에요. 손짓을 이용한
대화가 마치 시처럼 보이도록 차곡차곡 쌓아서 겹치는
책으로 만들었죠.

**손동작이나 몸짓을 수집하면서 새롭게 깨닫는 부분도
있을 것 같아요.**
사람은 저마다 고유한 몸동작이 있어요. 멀리서 걸어와도
친구는 바로 알아볼 수 있듯, 표현하는 모든 동작이 그
사람의 개성이죠. 꾸준히 관찰해 보니 사람들의 손짓,
몸짓은 그 사람의 성격을 표현하더라고요. 마음이 편안한
사람은 동작도 자연스럽고 편안해 보여요. 불안한 사람은
강박적인 동작을 자주 하고요. 또, 자신감이나 자존감도
동작이나 태도에서 드러나는 경우가 많아요. 하지만
자세히 보지 않으면 스치듯 지나갈 몸짓들이죠.

때로는 말보다 몸짓이 더 많은 걸 표현하는 것 같아요.
맞아요. 자신에게 특별한 사람에게는 특별한 손짓과
몸짓을 하게 돼요. 손짓이나 몸짓에서만 알 수 있는 정보는
사랑의 정도라고 생각해요.

**생각해 보면 좋아하는 사람이랑 대화할 땐 몸을 좀더
기울여 듣게 되는 것 같아요. 몸짓은 직접적인 발화가
아니기 때문에 해석하기 위해 좀더 생각하게 되는 점도
사랑의 정도 같고요. 그런 몸짓을 담고 있어서인지
NOWWE 작업도 시간을 들여 해석하게 돼요.**
작업을 통해 정체성과 언어, 신체에 관한 내용을 말하고
있지만 무엇보다 보는 사람들이 개인의 가치를 알았으면
해요. 개인이 있어야 온전한 사회와 세계가 있다고
생각해요. 그건 개인이 자신의 가치를 아는 것에서
시작된다고 믿고요. 개인의 가치를 아는 것은 자신만이
가지고 있는 아름다움을 발견하는 것이지 않을까요?

**내 아름다움을 스스로 발견했을 때 나의 가치를 알게
된다는 거군요.**
맞아요. 자신만의 생각과 가치관, 좋아하는 것을 표현하고
행동하는 모든 것에서 자신의 아름다움과 가치를 발견할
수 있죠.

**앞으로 손짓과 몸짓으로 어떤 이야기를 건네주실지 무척
기대돼요.**
지금까지 드로잉 작업과 채색 작업에 구분을 두지 않고
그때에 맞는 방식으로 작업해 왔는데, 선으로 그린 그림이
많아지면서 드로잉 비중이 커진 것 같아요. 선으로 그려진
그림엔 직접적인 시선과 감정이 개입된다고 생각해요.
손의 감각이 그대로 전달되어 그려지기 때문이지요.
그래서 드로잉 작업을 좋아하지만, 페인팅도 그만의
매력이 있답니다. 두 작업을 구분하지 않고 의도와 방향에
맞게 앞으로도 함께 진행할 예정이에요. 그림과 아트북을
꾸준히 이어 나가며 계속 이야기를 건네고 싶어요. 책의
물성을 빌린 새로운 작업도 계속해 나갈 거고요. 다양한
방식으로 좋은 작업들을 많이 보여드릴게요.

**저는 아트북 사이에 책갈피를 끼워 넣으며 계속
NOWWE만의 언어를 읽어 나갈게요.**
좋아요!

자고로 편지에는 감사와 미안함, 사랑의 마음이 담기기 마련인데, 《욱해서 쓴 편지》에는 갖가지로
화가 나는 상황에 던지는 고백들이 담겼다. 때로는 정중히, 때로는 열정을 다해 풀어내는 편지글을
읽다가 가만히 고개를 끄덕이게 된다. 지극히 개인적인 한 사람의 감정에서 시작해, 타인을 위한
따스한 마음으로 끝을 맺는 편지들. 결국 편지의 끝은 다정함이라는 걸, 새삼스레 깨닫는다.

끝내 다정한 마음

박소예—작가

에디터 김지수
포토그래퍼 김혜정

오자마자 책 둘러보느라 정신이 없네요(웃음). 소개로 시작해 볼까요?

안녕하세요, 새로운 세계 창조하기를 사랑하는 덕후 박소예입니다. 영화를 주제로 좋은 책들이 많죠(웃음). '관객의취향'은 영화를 둘러싼 책을 소개하고 커뮤니티를 만들어 가는 책방이에요. 영화를 공부했고 영화를 만들다가 관객의취향을 오픈했어요. 이곳을 유지하기 위해 회사도 다니면서 글도 쓰는 엔잡러로 살아가고 있죠.

매일이 바쁘겠어요. 소예 씨가 말하는 '새로운 세계'가 어떤 것인지 궁금해요.

때마다 달라지는데요. 언젠가부터 주변에서 영화를 하다가 어떻게 책방을 오픈하게 됐냐는 질문을 많이 받았어요. 영화와 책방에 연결점이 없다고 생각하시는데, 사실 저에겐 자연스러운 흐름이었거든요. 영화는 새로운 세계와 공간, 인물을 만드는 창조적인 일이고 책방이라는 공간도 이곳에 오는 사람들을 위해 공간을 지어 한 세계를 창조하는 일이라, 같은 맥락에 있다고 생각해 왔어요. 저는 좋아하는 것을 따라 변화하는 사람이에요. 물성만 바뀐 거지, 본질은 같고요.

《욱해서 쓴 편지》를 정말 재미있게 읽었어요. 편지는 고마운 마음으로 시작하는 게 일반적인데 욱해서 편지를 쓴다는 게, 새롭게 느껴지더라고요. 어떻게 쓰게 된 책인가요?

영화 일은 프리랜서라, 일을 하는 시기와 공백기가 확실히 구분되어 있어요. 본의 아니게 백수가 되는 시기가 있었는데 그때 독립 서점을 돌아다니면서 글쓰기 워크숍에 참여했어요. 어쩌다 편지 형식으로 글을 쓰게 됐는데, 모임에 함께했던 분들께 좋은 피드백을 받았어요. 편지 형식을 빌려서 잘 읽히고 접근성도 좋고 개인적인 이야기지만 부담스럽지 않은 글을 쓰게 된 거죠. 힘입어 독립 출판으로 첫 책을 냈어요. 그러다 출판사 연락을 받고 기성 출판까지 이어졌고요. 원래 원고량은 적었는데, 기성 출판 제안을 받고 원고를 더 썼어요. 사실 처음에 쓴 원고들은 진짜 욱해서 쓴 편지들이 맞지만 이후에 쓴 편지들엔 고마운 마음, 아끼는 마음이 담겨 더 따뜻한 시선으로 쓰인 편지들이 많아요.

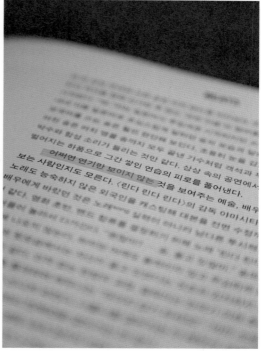

책을 읽다 보니 '화'라는 감정에 대해 곱씹게 됐어요. 화도 정중히 낸다면 꼭 필요한 감정 표현이라는 생각이 들더라고요.

편지 형식을 빌렸기 때문에 정중하게 느껴진 거겠죠. 저한테 '화'라는 감정은 단순하게 발설하는 게 아니라 왜 화가 날까, 탐구하는 데서 시작되기도 해요. 화나는 상황이

생기면 그 자리에서 바로 화를 내지 못하고 돌아와서 가만히 생각했을 때 더 화가 날 때가 있잖아요. 저는 그 이유를 찾고 납득을 해야만 화가 식는 사람이에요. 글로 그 이유를 풀어내다 보니 논리적이게 되고, 게다가 편지 형식이라 정중해진 것 같고요. 말로 했다면 차분할 수 없었겠죠. "왜 그랬어요!" 하면서 정말 화를 냈겠죠(웃음). 편지와 글로 마음을 전달하면 좋은 점이, 행동이나 말로 어수선하게 표현되는 지저분한 감정들을 단정하고 간결하게 만들어 준다는 거예요. 오히려 제 본심을 좀 더 섬세하게 표현할 수 있고요.

소예 씨는 글로 마음을 내보이는 게 더 익숙한 사람인가 봐요. 어릴 때부터 친구들에게 말하고 싶은 게 있으면 편지로 전했다고 했죠.
어릴 때는 고마운 마음으로 쓴 편지와 오해를 풀기 위한 편지, 이렇게 두 종류의 편지를 주로 썼어요. 제가 조금 무딘 성격이라 어릴 때 친구가 보내는 시그널을 잘 못 알아챘거든요. 제가 상처를 안 받으면 남도 상처를 안 받는 줄 알았어요. 그러다 갑자기 친구가 저에게 서운한 일들이 쌓여서 저를 멀리하면 엄청 충격을 받았던 거죠. 또 성격이 급하고 곧바로 행동하는 타입이라 관계를 되돌려 보려고 친구에게 캐묻고 그 이유를 알기 위해 노력하는 아이였거든요. 지금 돌이켜보면 사람은 입체적인 존재라 서로 달랐다는 걸 알아서 섣불리 행동하지 않았을 텐데, 어릴 때는 그걸 잘 몰라서 평면적인 태도로 친구를 대한 것 같아요. 그래서 편지의 힘을 자주 빌렸죠. 인터뷰를 앞두고 예전에 받은 편지를 모은 파일을 찾았는데, 같이 보실래요? (파일을 가져온다.)

와 정말 많아요. 이건 재산에 가깝네요.
펜팔을 많이 썼어요(웃음). 롤링 페이퍼도 많고요. 신기한 게 그 당시에 좋아했던 가수들 이름이 꼭 나오더라고요. 최애 가수는 자주 바뀌었어요. 막 서로 누구 좋아하는지 얘기하고(웃음).

그 시절엔 가장 큰 화두였죠(웃음). 가장 마음에 남았던 편지를 소개해 주실까요?
고모가 제 일기장에 써 주신 편지가 있어요. 제가 아홉 살 때 자물쇠 달린 일기장에 죽고 싶다고 쓴 적이 있거든요. 고모가 그 일기를 몰래 보시고 옆 장에 편지를 써 주셨어요. 우리 가족들이 저를 얼마나 사랑하는지, 제가 이 세상에서 얼마나 귀한 존재인지, 제가 사라진다면 얼마나 슬퍼할지, 힘든 마음을 안 가졌으면 좋겠고 그런 마음이 생기면 언제든 얘기해 줬으면 좋겠다고 말씀하셨는데 그 편지를 보고 많이 울던 기억이 있어요. 그 후로는 다시

그런 말을 하지 않게 됐고요. 절대 잊히지 않는 소중한
편지죠.

아이가 왜 그렇게 힘들었을까요.
모르겠어요. 아이라고 해도 마음에 우울함이 있지
않았을까요. 그 감정이 뭔지 잘 모르는 것뿐이지 마음은
저도 모르게 알았던 거겠죠. 저는 뭐든 글로 쓰기를
좋아하던 아이니까 속마음을 정말 일기에 써버렸던
거예요.

**소예 씨에게 글과 편지란 여러모로 의미가 깊은 존재인
것 같아요.**
말로 다 형언할 수 없는 감정들을 본질에 좀더 가깝게
전할 수 있도록 도움을 주는 존재예요. 지금까지 받은
편지를 살펴보면 그 시절의 제가 보여요. 일종의 기록
같은 의미이기도 하죠. 오히려 스스로 잘 모르고 흘러
지나갈 뻔했던 내 모습을 편지 속 타인이 말한 저 자신으로
다시 발견하게 되는 거예요. 아, 내가 사람들에게 이렇게
보였구나, 되돌아보는 시간을 주기도 하고요.

**《욱해서 쓴 편지》를 읽다가, 처음 감정은 '화'로
시작하지만 결국엔 타인을 위하는 다정한 마음이 편지를
완성했다는 생각이 들었어요.**
저도 몰랐는데 그런 피드백을 많이 받아서 생각해
봤어요. 제가 아름답게 생각하는 세상은 모두가 각자의
모습으로 살아가는 세상이거든요. 사람들 행동에는 저마다
이유가 있잖아요. 다름을 존중하는 세상이 진정으로
좋은 세상이라는 생각을 늘 갖고 있어요. 그래서 다름이
무시되는 걸 목격하면 그렇게 화가 나는 것 같아요. 결국엔
타인을 위한 마음이 편지에 담겨 마침표를 찍게 되는 것이
아닐까, 모두가 각자의 우주 속에서 온전하게 살아가는
세상을 바라고 있어요.

**요즘은 화가 많이 사라졌다고 말하기도 했어요. 지금은
화 대신 어떤 감정을 더 자주 느끼나요?**
화가 정말 많이 사라졌어요(웃음). 다행이죠. 요즘은 감동을
많이 느끼는 것 같아요. 나이가 들어서 그런가(웃음).
20대 초반에는 세상의 좋은 것과 나쁜 것들 사이에서
항상 나쁜 쪽에 시선을 쏟았거든요. 불합리하고 정의롭지
못한 사람들, 불공평한 상황들에 항상 화가 나는 마음을
정제해야 했어요. 지금은 생각도 조금 단순해졌고
자연스레 좋은 풍경들에 시선을 두게 됐죠. 이 어지러운
세상 속에서도 이렇게 아름다운 일이 있군, 하면서
감동받을 일을 스스로 보게 된 것 같아요.

**여유가 생긴 거네요. 마지막 편지의 내용이 떠올라요.
좋아하는 일과 사람들의 시선 때문에 힘든 시절에 의지가
되었던 한 사람에게 쓴 편지였죠.**
저는 평생을 하고 싶은 일을 하면서 살아왔고 그 대신 해야
하는 일들도 병행해 왔어요. 사실 영화도 책방도 수입이나
여건을 따지면 쉽게 선택할 수 있는 일들이 아니잖아요.
시작하기 전엔 늘 주변의 만류가 따랐는데, 그 모든 걸
항상 이해해 주고 지지해 주던 한 사람이 있었어요.
지금 제 남편인데(웃음), 그 편지를 쓰던 당시는 연애
시절이에요. 스무 살이 되어서 제가 영화를 하겠다고 했을
때 모두 반대 했는데 그 사람은 외장하드를 선물로 주면서
제 꿈을 응원해 줬거든요.

학생 때 외장하드는 꽤 비싼 선물이었을 텐데요(웃음).
그러니까요(웃음). 그때 아무리 외로운 상황이 찾아와도
나를 믿어주는 한 사람만 있으면 삶을 살아갈 수 있겠구나,
하는 깨달음을 얻었어요. 세상이 돌아서도 그래도 너는 할
수 있다고 말해주는 한 사람이 있었으니까 제가 좋아하는
일들을 할 수 있었다고 생각해요. 감사한 마음을 담아서
마지막 편지를 썼어요.

스티비는 이메일 뉴스레터 서비스로, 이메일 뉴스레터의 제작과 발송, 마케팅을 돕는 툴이다. 기존 뉴스레터는 기업에서 이메일 마케팅을 위해 사용하는 경우가 많았는데 요즘은 크리에이터들 또한 개인적으로 뉴스레터를 발행하고 있어 사용자 폭이 넓어지는 추세다. 모든 뉴스레터 발행인이 뉴스레터를 더 잘 전달할 수 있도록 서비스의 깊이를 더해가는 중이다. 뉴닉, 배달의민족, 마켓컬리, 작가 이슬아, 조선일보, 중앙일보 등 다양한 조직과 개인이 스티비를 사용하고 있다.

소식을 나르는 꿀벌

매일 아침 우편함을 여는 일이 즐거워졌다. 철컹거리는 집 앞의 그것이 아니라 랜선을 타고 이동하는 온라인 메일함 말이다. 주기적으로 메일을 보내주는 발신인은 작가이거나 브랜드, 고양이거나 고슴도치, 때로는 상상 못 할 무엇일 수도 있다. 이 수많은 편지를 매끄럽게 완성해 주는 섬세한 우체국, 우리는 그들을 스티비라고 부른다.

에디터 이주연

자료 제공 스티비

우편함이 다시 반가워집니다

불과 몇 년 전까지만 하더라도 뉴스레터는 다소 귀찮은 존재였다. 마치 마트에서 나눠주는 전단지처럼, 광고 글귀로만 가득 차 법석이는 느낌이었다. 언제부터였을까, 메일함에서 뉴스레터를 기다리게 된 것은. 이제 우리는 사람과 브랜드와 고양이와 강아지, 때로는 고슴도치까지도 뉴스레터로 소통한다. 그것은 보고 듣기만 하는 일방적인 이야기일 수도 있고, 대화를 나누는 소통일 수도 있다. 그보다 확장된 무엇일 수도 있지 않을까.

스팸으로 분류되던 뉴스레터가 다시금 일어난 이유로 스티비 팀은 '스마트폰의 등장'을 꼽는다. 꼭 컴퓨터를 켜지 않아도 간편하게 스마트폰 액정으로 여러 이야기를 확인할 수 있게 되었으니까. 그 덕에 뉴스레터는 광고나 정보를 넘어 더 많은 장르로 뻗어나갔고, 여전히 확장은 계속되고 있다. 뉴스레터는 브랜드 소식이나 지구 저편의 정보를 알려주는 역할도 하고, 에세이나 일기 같은 사적인 이야기로 채워지기도 한다. 때로는 만화나 음악, 영화 같은 예술의 영역으로 접근하기도 한다. 묵직한 울림 없이 귀여운 걸 모아주는 뉴스레터도 있고, 동물의 입을 빌려 반려동물의 이야기를 전하는 사랑스러운 콘텐츠도 있다. 편지의 세계가 이토록 다양했던가. 연이어 생겨나는 다양한 뉴스레터에 메일함을 여는 손이 연신 분주하다.

흔히 지금을 콘텐츠가 범람하는 시대라고들 한다. 우리는 길을 걸으면서, 라디오나 티브이를 통해, 엘리베이터에 설치된 모니터나 버스 광고판을 만나며 수많은 정보를 접하게 된다. 개중 머릿속에 유의미하게 입력되는 광고는 과연 몇 개일까. 콘텐츠의 홍수 속에 살고 있기에 우리는 뉴스레터를 찾게 되는지도 모른다. 수동적으로 전달받는 광고가 아니라 직접 구독해야만 메일함으로 날아오는 콘텐츠니까, 내가 선택한다는 데서 좀더 가까이 연결되고 싶은 주제를 만나 볼 수 있을 테니까.

적극적으로 콘텐츠를 받아보는 일, 그게 넘쳐나는 콘텐츠 사이에서 진짜 내 것을 만날 수 있는 지름길이 아닐까.

이메일을 통해 내 메시지가 수신자에게 정확하게 도달하는 모습에서 '달라붙는다Stick'는 의미를, 그 모습이 꼭 꿀을 모으고 전하는 '벌Bee'의 모습과 비슷하다고 여겨 스티비Stibee라는 이름을 갖게 된 이메일 뉴스레터 서비스는 모든 발행인과 구독자의 긴밀한 연결을 통해 더욱 풍성한 메일함을 만들어 가고 있다.

당신의 편지에 함께합니다

간편한 도구

안정적인 시스템

소통과 관계 맺기

스티비의 시작은 뉴스레터 편집의 어려움을 해소하는 것이었기에 이 부분에 가장 많은 고민과 노력을 담았다. 사용자들이 내용에 더욱 집중할 수 있도록 '쉽고 간단하게 사용할 수 있는 도구'를 지향한다는 점이 스티비의 가장 큰 매력일 테다. 특히 예전보다 개인 사용자의 비율이 높아진 만큼, 더욱 쉽게 뉴스레터를 발행하는 것이 중요해졌다. 사용자들의 피드백을 참고하여 발전하고 있으니 실사용자를 배려하는 태도 역시 이들의 매력으로 꼽을 수 있지 않을까.

스티비는 마케팅 솔루션에서 시작한 툴이기에 다른 이메일 뉴스레터 서비스에 비해 자동화와 구독자 관리, 통계 같은 기능이 출중하다. 오랜 기간 운영하면서 쌓인 여러 노하우를 바탕으로 이메일 발송을 빠르고 안정적으로 처리한다는 점이 매력적이다. 제아무리 편지여도, 전산화되어 버린 이상 체계적인 시스템은 필수적이다.

오늘날 뉴스레터 발행인들은 단순히 내 이야기를, 브랜드 소식을 전하는 데 그치지 않고 구독자와의 소통과 관계 맺기를 원한다. 그것은 구독자들 또한 마찬가지다. 일방적인 소통보다는 쌍방의 대화를 원하는 요즘, 스티비는 이와 같은 니즈를 미리 파악하고 새로운 기능을 계속해서 만들어 나간다. 최근 추가한 '페이지' 기능 역시 그렇다. 뉴스레터를 중심으로 구독자들이 모이는 작은 공간을 제공하여 단순히 받은 편지함에 뉴스레터가 쌓이는 데서 그치지 않고, 발행인과 구독자의 관계를 한층 탄탄히 만들어 갈 수 있게 돕는다.

콘텐츠 기획도 했고 구독자도 모을 준비가 되었는데, 도대체 이 뉴스레터는 어떻게 해야 보낼 수 있는 걸까? 뉴스레터를 디자인하고 그 안에 콘텐츠를 담는 컴퓨터의 세계를 이해하기 어려운 이들에게 스티비가 지혜로운 포맷을 제안한다. 스티비는 기본적으로 발행인을 위한 툴이지만 발행인과 구독자가 연결될 수 있도록 돕는다는 데에서 뉴스레터 속에 또 다른 세계를 만들어 내는 데 앞장선다.

우리의 편지를 읽어볼래요?

S.YO Letter
뉴스레터 발행인들을 위한 뉴스레터—스요레터

BE.LETTER
뉴스레터를 소개하는 뉴스레터—비레터

발행인의 메일을 더 잘 읽히게 하고, 더 많은 사람에게 연결하기 위해 스티비가 발행하는 이 뉴스레터는 뉴스레터 발행인이라면 귀가 뜨일 만한 소식들로 채워진다. 세 테마가 번갈아 발행되는 스요레터는 이메일 마케팅을 비롯하여 알찬 뉴스레터를 만들어 갈 수 있는 조언을 아끼지 않는다. 뉴스레터에 관심을 갖는 마케터와 크리에이터에게 특히 유용한 뉴스레터. 스티비에서 보내는 뉴스레터지만 스티비를 몰라도, 스티비를 사용하지 않아도 이메일 마케팅이나 뉴스레터에 관심이 있다면 누구나 반가울 것이다.

Theme01—이달의 스요레터
마케터나 크리에이터가 레퍼런스 삼을 수 있는 뉴스레터를 소개합니다.

Theme02—스요일의 꿀팁
이메일 제작과 발송 단계에서 실질적으로 도움 될 만한 정보를 전합니다.

Theme03—[보낸사람:]
뉴스레터 발행인과의 인터뷰를 통해 뉴스레터로 새로운 시도를 해나가는 사람들의 이야기를 전합니다.

뉴스레터의 세계는 생각보다 훨씬 더 크다. 다양한 배경을 등에 업고 각양각색의 주제로 뉴스레터를 발행하고 있으니 세상에 같은 뉴스레터는 단 하나도 없다는 말에 끄덕이게 된다. 스티비는 뉴스레터를 소개하기 위해 뉴스레터의 세계를 샅샅이 탐험한다. 그 과정에서 발행인이 뉴스레터에 밝히지 않은 이야기를 알게 되기도 하는데, 그 소식을 아는 일은 비레터를 통해 알 수 있는 또 다른 즐거움이다.
좋은 뉴스레터를 전하는 뉴스레터라니, 이런 선순환이 또 있을까. 좋은 뉴스레터를 보물처럼 물어다 주는 비레터는 '이 뉴스레터를 더 많은 사람이 알아야 하는데!'라는 마음에서 출발한다. 스티비는 말한다. 비레터는 새롭게 시작하는 발행인을 향한 응원이기도 하지만 좋아하는 콘텐츠를 영업한다는 마음도 담겨 있다고.

"발행인들이 홍보나 구독자 모으는 걸 많이 어려워해요. 비레터에서 소개된다고 구독자가 10배, 100배로 뛰진 않을 거예요. 하지만 지금 발행인이 보내는 이야기를 더 듣고 싶다고, 계속해 주면 좋겠다는 응원을 보내고 싶어요. 물론 비레터에 소개된 덕분에 구독자가 늘면 더욱 기쁘겠지요!"

스티비는 이메일 뉴스레터 서비스답게 뉴스레터와 관련된 이야기를 뉴스레터로 전하고 있다. 직접 발행인이 되어 스티비라는 툴을 경험하는 것은 더욱 나은 환경을 만들어 가는 데 상당한 도움이 되지 않을까. 직접 해보는 것, 여기서 우리는 스티비의 바지런함을 본다.

스티비를 알면 뉴스레터가 보여요

임호열—대표
이루리—마케팅 매니저
한세솔—마케터

스티비의 출발이 궁금해요.
임호열(이하 '임'): 스티비는 원래 슬로워크라는 회사 안의 한 팀으로 시작했어요. 슬로워크가 하는 일 중 뉴스레터 대행 업무가 있었는데요. 그 과정에서 뉴스레터 편집의 번거로움, 대행을 맡겼을 때의 비효율 등 문제점을 발견했고, 좋은 도구가 있으면 해결할 수 있다고 생각했어요. 가장 크게 느낀 문제점이 뉴스레터 편집의 번거로움이었기 때문에 처음에는 뉴스레터 편집 도구로 시작했고, 곧 이메일 발송, 구독자 관리, 자동화 등의 기능을 더하면서 지금의 모습이 됐어요. 사실 이메일 마케팅 도구로 시작했기에 첫인상이 그리 좋지는 않았어요. 광고나 스팸을 돕는 것처럼 보였거든요. 그러다 이메일을 새롭게 활용하는 발행인이 등장하고 성과를 내면서, 자연스레 뉴스레터에 대한 인식도 바뀌기 시작했어요. 그런 뉴스레터 대부분이 스티비를 사용했기에 스티비도 자연스레 알려진 거죠. 지금은 뉴스레터가 '메시지를 전하는 도구'에서 '구독자와 관계를 만들고 관계를 지속하는 도구'가 된 것 같아요.

"스티비는 이메일 뉴스레터 서비스지만, 넓게는 콘텐츠, 더 넓게는 커뮤니케이션 도구입니다."라는 설명이 재미있어요. 뉴스레터는 일방향 소통처럼 보이기도 하는데 커뮤니케이션을 표방한다는 점에서.
이루리(이하 '룰'): 이전의 뉴스레터를 떠올리면 "이 메일 주소는 발신전용 주소입니다. 회신이 불가능합니다."라는 문장이 생각나요. 그런데 스티비에서 보내는 이메일은 기본적으로 모두 수신이 가능하게끔 만들어져 있어요. 그러다 보니 실제 피드백도 이메일 답장으로 전하는 경우가 많아요. 저도 개인적으로 뉴스레터를 발행하고 있는데, 구독자의 답장을 받는 건 SNS 댓글과는 좀 다른 느낌이에요. 나만 보는 메일함을 통해 주고받기 때문인지 좀더 긴밀하고 개인적인 대화가 이루어지죠. 친밀감도 생기고요. 그때부터는 발행인, 구독자를 넘어선 또 다른 관계가 생겨나는 것 같아요.

뉴스레터로 발송되는 콘텐츠의 장르가 나날이 확장되고 있어요. 뉴스레터 성격에 따라 특징도 다를 것 같아요.
한세솔(이하 '솔'): 기업의 뉴스레터는 제품이나 브랜드를 알리는 데 목적을 두는 경우가 많고 개인의 뉴스레터는 에세이 등을 통해 자신의 이야기를 전한다는 경향성이 있지만, 점점 장르의 경계가 희미해지는 것 같아요. 뉴그라운드에서 발행하는 '뉴그라운드 레터'나 배달의민족의 '주간 배짱이'처럼 브랜드 뉴스레터인데도 에디터와 필자의 목소리가 두드러지는 사례가 있는가 하면, 개인 뉴스레터의 대표 격인 '일간 이슬아'는 최근 에세이가 아닌 홈 드라마라는 새로운 픽션 시리즈를 발행하기도 했죠. 자세히 찾아보지 않고는 기업의 뉴스레터인지 아닌지 판단하기 어려운 경우도 있고요. 개인적으로 뉴스레터가 장르화되기보다는 점점 다양해지고 입체적으로 변하고 있다고 생각해요.

오늘날 많은 사람이 뉴스레터를 구독하고 있어요. 그만큼 예비 발행인도 늘었을 텐데요. 뉴스레터 발행을 꿈꾸는 기업, 브랜드, 개인에게 용기와 응원을 전해 주세요.
임: 꾸준히 하는 게 정말 중요해요. 그만큼 어렵기도 하고요. 시작은 쉽지만 정해진 날, 정해진 시간에 보내야 한다는 부담이 있기 때문에 처음부터 너무 많은 공을 들이면 금방 지쳐 버려요. 다른 채널처럼 알고리즘의 간택을 받아 갑자기 구독자가 증가하는 일은 없겠지만 꾸준히 하다 보면 어디서도 얻을 수 없는 나만의 진짜 구독자가 생기고, 그분들과 끈끈한 관계를 만들 수 있을 거예요. 혹시 시작부터 막막하거나 시작은 했는데 지쳐가고 있다면 스티비가 운영하는 크리에이터 트랙에 참여해 보세요. 많은 도움, 위로, 용기, 희망을 얻을 수 있을 거예요.
룰: 뉴스레터를 시작하고 싶어 하는 기업, 브랜드라면 '우리가 계속할 수 있는 이야기'가 무엇일지, 혹은 '모으고 싶은 타깃'은 누구인지를 고민해 보고 시작해 보세요. 다들 하니까 우리도 해야 한다고 생각하면 지치기 쉽거든요. 하지만 계속하고 싶은 이야기, 해야 하는 이야기를 반복적으로 전하는 수단을 찾고 있다면 아마 뉴스레터만 한 게 없을 거예요(웃음). 많지는 않더라도 이 이야기를 꼭 들어주었으면 하는 타깃과 관계를 맺기에도 유용하고요. 개인이라면 일단은 '그냥' 해보세요. 며칠 전에 읽은 책에서 이런 문장을 보았어요. "독자가 한 명이라도 있으면 소설가는 누구든지 될 수 있다." 제가 구독할게요.
솔: 기업이든 브랜드든 개인이든 뉴스레터를 통해 내 이야기에 온전히 귀 기울여주는 청자를 만나는 경험은 다른 매체를 운영하는 것과는 분명히 다른 감각일 거예요. 훨씬 긴밀하게 연결되고 또 지지 받으며 발화할 수 있는 채널이거든요. 꾸준히 전하고 싶은 이야기가 무엇인지 고민하는 것으로 첫걸음을 떼어 보는 건 어떨까요? 이후에는 자연스레 그 이야기를 궁금해하고 듣고 싶어 하는 사람이 분명 모여들 거라고 생각해요.

스티비는 어떤 뉴스레터를 구독하나요?

커피팟 | 대표 임호열

업의 특성상 정말 많은 뉴스레터를 구독했다 해지하곤 하는데, '커피팟'은 초기에 구독해 지금도 꾸준히 챙겨 보는 뉴스레터예요. 해외 비즈니스 소식에 특화된 뉴스레터인데, 단순히 뉴스 큐레이션만 하는 건 아니고, 몇 가지 이슈에 대해 맥락과 배경을 이해하기 쉽게, 그리고 깊이 있게 전해주지요. 예전엔 궁금한 이슈가 있으면 해외 기사를 하나하나 찾아봤는데, 커피팟 덕분에 그럴 필요가 없어져서 출근 후 아침 시간이 한층 편안해졌어요.

들불레터 | 마케터 한세솔

자기만의 세계를 만들고 목소리를 내는 여성들의 이야기에 관심이 많다면 추천해요. 여성 작가들의 신간과 새로운 소식을 읽다 보면 이렇게나 많은 여성들이 글쓰기를 지속하고 있다는 것에서 힘을 받게 되거든요.

썬데이파더스클럽 | 운영 매니저 김두현

생각보다 아빠의 관점에서 쓴 육아일기가 많지 않은데, 기존에 있던 콘텐츠를 새로운 관점에서 바라볼 수 있다는 것이 재미있어요.

브리크매거진 | 백엔드 개발자 황민욱

처음에는 예쁜 집이 나오니까 단순히 사진에 끌려서 구독을 시작했는데, 읽을수록 집이라는 것을 깊게 알게 돼요. 건축가가 담고 싶어 한 디테일이나 새로운 시도가 어떻게 성공했고 실패했는지를 알게 되면서 더 재미있게 읽고 있어요.

먹는 일에는 2000%의 진심 | 프론트엔드 개발자 김지현

뉴스레터가 상당히 긴 편입니다. 그런데 온통 먹는 이야기뿐입니다. 그래서 오히려 좋습니다. 저도 먹는 일에 진심이라서….

나만의 한국사 편지 | 프로덕트 오너 권지현

기존에 알고 있던 역사 지식에서 나아가 숨겨진 얘기를 들을 수 있어요. 예를 들면 "단군 신화에서 곰과 호랑이는 사실 사랑하는 사이였을 수 있다.", "백제 무왕의 비는 선화공주가 아니라 사택왕후일 수 있다.", "즉신은 최고 존칭이다." 같은 것들이죠. 유료 뉴스레터인데 시즌2가 특히 재밌습니다.

미쉬울랭 가이드 | 운영 담당자 손세현

개인적으로 밀키트에 관심도 많고 많이 구매하는 편인데 단순한 소개가 아니라 직접 밀키트를 구매하고 사용한 이야기가 담겨 있어서 유용해요. 요리와 맛 표현까지! 실 구매자 리뷰라서 안심하고 좋은 밀키트를 살 수 있어요. 아, 시작한 지 얼마 안 됐지만 술영 님의 '술레터'도….

호랑이의 쪽지 | 브랜드 디자이너 이미희

공원에서 볼 수 있는 식물의 종류, 식물 이름의 역사, 이름 모를 나무들을 알게 돼서 좋아요. 그냥 지나치기 쉬운 식물을 자세히 보는 법도 알게 돼서 좋고요.

어라운드 뉴스레터 | 마케팅 매니저 이루리

'보름유유', '봉현읽기', '풀칠', '보낸이 오지윤'… 하나만 뽑을 수가 없네요. 아! 얼마 전에 《AROUND》 매거진에서도 뉴스레터를 시작해서 받아보았는데, 좋았어요. 뉴스레터에서도 《AROUND》의 분위기를 잘 녹였더라고요. 웹 잡지를 보는 기분… 저 너무 능청스러웠나요(웃음)?

기록의 형태는 다양하지만 뭐니 뭐니 해도 종이를 펼쳐 손글씨를 끄적이는 것이 제일이다. 손에
잡혀 느껴지는 질감과 울리는 소리까지. 오감을 깨우는 기록의 시간, 그 작은 일상을 함께 채워갈
물건들을 소개한다.

오롯한 기록자의 물성

에디터 김지수

© 포토그래퍼

나만의 시선을 넓혀갈

포인트오브뷰

저마다의 관점을 가진 문구를 소개하는 포인트오브뷰.
어른도 즐길 수 있는 문구를 소개하며 그들만의 색깔을
굳혀왔던 포인트오브뷰다. 어느새 '아는 사람들만 아는
공간'에서 '다양한 사람들이 즐기는' 공간으로 기분 좋은
도약을 이루었다. 여전히 단순히 필기구뿐만 아니라
영감을 불러일으킬 만한 오브제들도 함께 다루며 새로운
전시 기획의 변화를 도모한다. 문구 분야를 넘어 다양한
아티스트와 협업하며 포인트오브뷰만의 시선을 더욱
넓혀가고 있다. 의미 있는 문구를 사용하며 주변을 세밀한
시선으로 바라보고 재정의하며 평범함에 특별한 시선이
담기는 순간을 꾸준히 제안한다.

"고정된 관점을 깨고 다양한 관점으로 주변을 바라보면,
당연하고 평범한 것들도 새롭게 느껴지기 마련이죠.
포인트오브뷰를 방문하시는 분들이 자신만의 시선으로
일상을 바라보고, 과거엔 알지 못했던 것들을 새롭게
발견하는 값진 경험을 하시길 바라요."

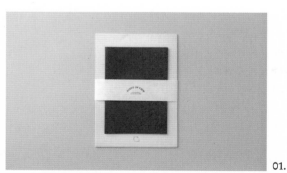

01.

ⓒ 포인트오브뷰

02.

01. POV Letter SET

오랫동안 서랍 속에 담겨 빛을 받지 못해
색이 바랜 편지에 영감을 받은 편지지.
언젠가 전해질 날을 고대하며 오랫동안
한자리를 지킨 듯한 고서의 분위기를
품고 있다. 약간의 두께감이 있어 특유의
사각거리는 질감을 느낄 수 있으며 잔잔한
결이 보이는 봉투에 포인트오브뷰만의 심볼,
사과 로고가 새겨져 있다.

02. 이윤정 작가의 Brass Sticker

묵직한 무드의 황동 스티커는 마음의 무게를
그대로 전한다. 편지를 봉하는 이에게는
떨리는 마무리를, 편지를 받는 이에게는 기분
설레는 처음의 감정을 선사한다. 가볍게만
느껴지던 스티커라는 물성에 무거운
이미지를 더해, 오브제 그 자체로 진심의
무게를 입힌다.

쓰는 일을 멈추지 않도록

소소문구

꾸준히 '쓰는' 일을 계속하는 사람에게 남는 것은 무엇일까.
눈에 보이지 않는 소중한 가치를 보이게 하고, 사라져가는
아쉬운 오늘을 담아 남기는 값진 기록, 그 자체가 아닐까.
소소문구는 작지만 알찬 노력으로 하루하루를 채워가는,
'쓰는 사람을 위한' 문구를 만든다. 간단히 메모를 쓰는
사람부터 10년 동안 한 권의 다이어리를 쓰는 사람까지.
소소문구의 걸음은 '쓰는 사람의 스펙트럼'을 마련하는
길을 따라간다. 문자를 넘어 선으로, 면으로, 마침내 형태가
있는 이미지로. 소소문구가 말하는 '쓰는 행위'는 그 의미를
점점 넓혀갈 예정이다. 다가오는 5월의 어느 봄날, 네 명의
드로잉 엠버서더와 함께 열어갈 소소문구의 팝업 전시가
카페 콤마 합정점에서 열린다.

"시간이 지날수록, '나 자신'에 대해 더욱 고민해야 함을
느껴요. 어느 순간 나 자신이 희미해질 때가 있잖아요.
잠시 흔들릴 수 있지만 다시 중심을 잡고, 내가 되고
싶은 '나 자신'이 되어보는 것은 어떨까요. 앞으로도
소소문구는, 쓰는 사람들이 쓰기를 통해 나 자신을 알고,
찾고, 기르는 일에 도움이 되는 '문구'를 제안할게요."

01.

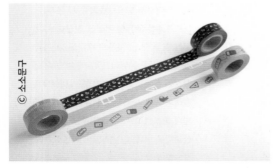

02.

01. 문덕 케이크 메모지
손바닥 위에 쏙 담기는 크기의 메모지.
눈에 잘 보이는 곳에 올려 두면, 옆면으로
보이는 종이의 해사한 색이 눈을 즐겁게
한다. 책상 분위기를 한껏 밝혀줄
소중하고 귀여운 이 메모지에 마음에 남는
한 단어, 한 문장을 적어 내 공간 한편에
기록해 보는 것은 어떨까.

02. 문덕 마스킹테이프: 잇다
소소문구의 마스코트, 문구 덕후
'참문덕'을 모티프로 한 마스킹테이프.
모아도 모아도 또 모으게 되는 마성의
문구가 있다면 그건 마스킹테이프일 것.

우리의 하루를 더 풍요롭게

place1-3

어떤 사람의 물건은 그 사람을 대신 말해주기도 한다.
오늘의 현명한 소비자는 작은 물건 하나를 고를 때도
그 물건의 과거와 미래를 고려하는 법. 플레이스1-3은
오늘의 소비자에게 꼭 맞는 브랜드를 찾아 소개하는 리테일
매장이다. 프랜차이즈화된 단조로운 패턴을 지양하며
물건과 그 물건을 만드는 브랜드의 스토리에 집중한다.
북적이는 가로수길의 한편, 가정집을 개조해 편안히 꾸려진
플레이스1-3의 공간은 복잡한 도심 속에서 우리가 쉬어 갈
자리를 마련한다. 따뜻한 웰컴 티 한잔과 아름다운 물성을
구경하며 느린 시간이 주는 여유를 제안하는 곳. 세상엔
무한한 물건들이 존재하기에 조금 더 나다운 주변을 위해,
나다운 소비를 고민할 필요가 있다. 그 고민에 대한 답을
플레이스1-3에서 찾을 수 있지 않을까.

"플레이스1-3에서 소개하는 물성은 가짓수가 많지
않아요. 풍부하게 쇼핑할 수 있는 장소는 아니지만 물건과
그 안에 담긴 가치에 집중하며 소비자와 브랜드 모두
만족할 수 있는 연결점을 찾아가고 있죠. 무엇보다 우리
생활에서 사용하는 많은 물건들 중 정말 필요한 건 한두
가지에 지나지 않는다는 사실을 알려드리고 싶어요."

01.

© place1-3

02.

01. 카키모리 딥펜

'쓰기의 즐거움'을 향한 고민 끝에 만들어진
딥펜 시리즈. 일상적 편리함이 아닌 색다른
경험으로 이어지는 풍족함과 즐거움을
나누자는 의미를 담았다. 펜대는 시간이
지날수록 붉어지는 특징을 가진 벚나무로
만들어졌고, 표면에 묻는 잉크가 스며들지
않도록 마감되어 오랫동안 사용할 수 있다.
펜대에 잉크가 묻는다면 깨끗하고 부드러운
천으로 닦아 사용할 것. 펜대와 펜촉을 물로
세척할 경우, 서로 분리하여 물기를 모두
털어내거나 말리는 것이 중요하다.

02. 카키모리 싱글노트와 편지 봉투

드로잉 페이퍼처럼 두껍고 질감이 살아
있는 종이. 짧은 글을 쓰더라도 충분한
인상을 남길 수 있다. 푸른색 잉크로
인쇄된 싱글노트의 디자인은 심플하지만
클래식하다. 독특한 패턴을 가진 카키모리의
편지 봉투와 함께 사용할 수도 있고,
선물이나 서류에 부담 없이 동봉하기에
적당하다.

고요히 쌓이는 작업 시간

포트폴리오

북촌의 번화가를 지나다 보면 걸음을 멈추게 하는 공간이
있다. 한 예술가의 오래된 작업실을 연상케하는 이곳은
북바인딩, 레터프레스프린팅, 박스메이킹을 주 작업으로
운영하는 책공방이다. 포트폴리오 제작 시 필요한 제책 작업,
혹은 상자 작업이 필요한 사람들을 위한 공간임과 동시에
개인 작업실이기도 하다. 기억하고 기록하고 싶은 것들을
어떤 방법으로 보관하고 보여줄지 생각해 보는 조용한
계기를 만드는 공간. 포트폴리오는 아이디어를 스케치하며
나오는 수많은 메모와 드로잉, 하루에도 몇 번씩 반복하는
'일상의 끄적임'을 소중한 조각으로 여긴다. 이 조각들을
하나로 묶어 보기도 하고, 깊게 눌러 보기도 하며, 상자에
차곡차곡 담아 쌓아 오롯한 작업자를 위한 시간을 만들어
간다.

"손이 닿는 곳에 종이가 있고, 그 종이 위에 많은 이야기가
그려지는 시간이 있어요. 포트폴리오의 종이 작업이
당신의 그 작고 아름다운 순간에 함께하길 바라요."

© 이진아

01.

01. 2022 레터프레스 달력
박이랑 디자이너와 매년 작업해 온
레터프레스 달력. 두꺼운 100퍼센트
코튼지에 레터프레스 프린팅으로 인쇄한
후 캅틱 바인딩으로 마무리하는 책
형태의 달력은 포트폴리오의 모든 작업을
종합적으로 보여준다. 소중한 한 해를
선물하는 마음으로 작업하고 있다.

계절이 주는 색을 담아

도미넌트 인더스트리

잉크 속에 담긴 자연 빛깔. 도미넌트 인더스트리는 오묘한
감정을 부르는 자연의 색을 테마로 잉크를 만든다. 하루가
다르게 변하는 계절 속 놓치고 지났던 '순간의 색감'을 잉크
속에 기록하고 있다. 도미넌트 인더스트리의 오프라인 체험
공간, '잉크 라이브러리'는 말 그대로 책들이 모인 도서관처럼
잉크가 진열된 공간이다. 잉크를 직접 시필하며 자기만의
잉크 색을 만들 수 있는 '잉크 한 권 만들기' 체험 프로그램도
함께 진행한다. 저마다 잉크 레시피를 직접 구성해 원하는
컬러를 만들 수 있다. 잉크는 한 방울 차이로 전혀 다른
색이 되어 종이에 스며든다. 그렇게 또 다른 색으로 묻어나
오래도록 기록되는 것. 모두 같아 보여도 결국 자기만의 색을
찾아가는 과정이다. 각각의 취향이 담긴 잉크를 통해 새로운
창작물의 탄생을 기리는 마음까지. 도미넌트 인더스트리가
제안하는 쓰고 그리는 시간은 촘촘한 '자기다움'으로
완성된다.

"석양 하면 사람들은 대부분 주황색의 황혼을 떠올려요.
틀린 건 아니지만 그게 전부도 아니죠. 사실 석양은 더
다채로운 색으로 완성되거든요. 우린 그동안 바라보고
있었지만 눈치채지 못했던 자연의 색들을 잉크 속에 담아
돌려주고 싶어요."

01.

02.

01. 스탠다드 시리즈
비 오는 날의 회색빛이 묻어난 '호우',
가을의 정취를 담은 '메이플', 숲의
푸른빛을 담은 '포레스트' 모두 스텐다드
시리즈 잉크의 테마 컬러다. 입체적인
자연의 풍경을 곰곰 떠올리며 종이에 글을
쓰고 색을 입히는 시간. 섬세한 기록의
순간을 만들어 보자.

02. 펄 시리즈
잉크가 떨어지는 순간, 빛나는 별이
종이에 번져 간다. 펄 시리즈는 포인트가
필요한 작업에 유용하다. 다채로운 변화를
불러오고 싶을 때 펄 시리즈를 꺼내 보는
것은 어떨까. 다만, 만년필 세척과 관리에
주의해야 한다.

H. instagram.com/dominantindustry

LETTER

1705

ROOM

우리가 되어가는 시간

레터룸

마음을 묻고, 안부를 묻는 일이 너무 빠르게 지나서 아쉬울 때가 있다. 가끔은 누군가의 메시지를
지긋이 기다리는 시간이 사람을 설레게 하니까. 편지 쓰는 방, '레터룸'은 조금 느린 안부를 기대하는
사람들이 오가는 공간이다. 이곳엔 다정한 손짓으로 편지를 쓰는 마음과 편지가 잘 도착하길 바라는
마음만이 고요히 존재한다. 보이지 않는 마음을 주고받는 과정은 '우리'가 되어 서로의 손에 잡힌다.

에디터 김지수
사진 레터룸

질감이 느껴지는 마음

가만히 떠올려 보면 우편함에서 편지를 확인한 기억이 아득하다. 영화 〈시월애〉(2000)
에서 그 시절 사람들은 일상적으로 우편함을 들춰보며, 편지 하나로 시간을 초월한
사랑을 이어가는데 요즘 우편함엔 먼지가 가득 쌓여 오래된 소리가 나고, 사람들은 편지
대신 엽서나 쪽지로 가볍게 마음을 대신하는 일이 더 익숙하다. 잊혀져 가는 편지의
존재는 우리 세계에서 어떤 것을 흐릿하게 만들어 가고 있을까. 삼청동 한편에 위치한
'레터룸'은 편지와 멀어진 우리가 '잃어버린 무엇'을 되찾을 계기를 만들어 가고 있다.
레터룸은 편지 자체로 이루어진 공간이지만 작품을 감상하는 갤러리이기도 하다. 이곳의
호스트 '사라'는 편지를 쓰고 받는 이 공간에 더 많은 사람들이 오갈 수 있도록, 공간과
사람 사이의 '작품'이라는 이음새를 찾았다. 그는 레터룸 갤러리의 '큐레이터'이자 편지
쓰기가 서툰 이들을 위한 '편지 쓰기 안내자'로서 게스트를 맞이한다.

"레터룸에서는 '두 개의 편지'를 통한 경험을 얻을 수 있어요. 한 편은 스스로 써 보내는
편지, 다른 한 편은 호스트인 제가 쓰는, 오롯이 당신을 위한 편지예요. 게스트의 편지를
받은 호스트는 절대 확인하지 않고 그 자리에서 밀봉해 도장을 찍어요. 언제 도착할지
모르는 편지를 기다리는 시간은 어떨까요. 확실한 건, 편지의 세계에서 기다림의 시간을
답답해 하는 사람은 없다는 거예요."

레터룸에 도착한 우리는 창덕궁이 멀리 내려다 보이는 자리에 앉아, 펜을 들고 가만히
누군가를 떠올린다. 첫 문장을 머릿속에 곰곰 그려보고 또 지우길 반복한다. 고민하던
시간도 잠시, 한번 편지 쓰기를 시작하면 하고 싶은 말들은 빼곡히 쌓여만 간다. 편지를
기다리는 시간은 어떨까. 우편함에 도착한 나를 위한 편지를 펼쳐보는 순간은 '오래된
새로움'의 감정으로 우리 일상에 남는다.

사람의 진실된 모습

"편지 쓰는 뒷모습을 가만히 보고 있으면, 사람의 진실된 순간을 목격하고 있다는 생각이
들어요. 편지는 비밀스럽잖아요. 펼쳐 보내는 것이 아니라 고이 접어 조심스레 건네는
마음이죠. 전화번호를 외우기도 어려운 세상에서 누군가의 주소를 기억하고 우편함에 넣는
마음은 한없이 다정하고 소중해요. 아쉽게 흐르는 이 시간을 더디게 만들어 줄 거예요."

편지의 세계에는 빌런이 없다는 것. 편지 쓰기는 단순히 종이 위에 글자를 적는 일을 넘어
마음을 꺼내 놓는 작업이다. 사람의 마음은 보이지 않아서 보이는 글의 형태로, 만져지는
종이로 새로 태어나게 하는 일에는 자연스레 소중한 의미가 담긴다. 그렇게 사람의 마음은
도착하고 함께 있지 않아도 함께하는 시간을 만든다. 편지와 아주 많이 닮은 공간, 레터룸의
호스트 사라는 자신이 보낸 편지가 게스트에게 위로가 되길 바란다. 편지를 통해 비록 잘
모르는 우리라고 해도 서로 힘이 되길 바라며 편지를 써 보낸다.

"어딘가에는 나처럼 살아가고 있는 사람이 있다는 증거가 될 편지를 쓰고 싶어요.
우편함에서 편지를 발견하고 봉투를 열어 손으로 쓴 글씨를 읽는 시간이 누군가가 손을
잡아준 것처럼 느껴지길 바라요."

편지를 써 볼까요?

편지 쓰기가 어려운 당신을 위한 안내서. 레터룸의 호스트에게 전해 받는 편지 쓰기 꿀팁!

Step 1
시작은 인사 너머

"'누구야 안녕, 나는 누구야' 하며 인사말로 편지를 시작하는 경우가 많죠. 그보단 편지를 쓰고 있는 지금 나의 상황이나 눈앞에 보이는 풍경으로 첫 문장을 떠올려 보면 어떨까요? 밤에 편지를 쓰려고 조명을 켰다면 그 불빛을 그리며 운을 떼어 보는 거예요. 아주 문학적인 느낌의 편지 쓰기를 시작할 수 있을 거예요."

Step 2
상대를 떠올리며

"받는 사람에 대한 애정을 표현하고 싶다면 그 사람을 묘사해 보세요. 상대를 기쁘게 하며 우리의 친밀감을 실감하며 마음을 표현할 수 있을 거예요. 평소에 상대를 자세히 관찰하고 있었다는 인상을 남겨주면서 서로의 거리를 좁혀갈 수 있겠죠."

Step 3
답하고 답하기

"자문자답은 어떨까요? 혼자 묻고 답하는 문장에는 고민과 걱정이 담겨 있기 마련이죠. 나의 고민을 상대에게 털어 놓으며 마지막엔 다시 물어보는 거예요. 당신은 요즘 어떤지, 우리가 서로 의지할 수 있을 거라는 희망을 담아 전해 보세요. 언젠가 답장을 받을 수 있지 않을까요?"

Step 4
호스트와 함께

"위의 방법을 다 써도 편지 쓰기가 어렵다면 레터룸의 호스트인 저에게 신호를 보내주세요. 함께 대화하는 시간을 통해 편지 쓰기의 비밀을 나눠 드릴게요."

A. 서울 종로구 율곡로 84 17층 1705호

같은 세계에서

여자애는 열일곱이 되면서부터 나이 세기를 멈췄다. 누군가 "몇 살이니?"
물어보면 "열일곱이요." 대신 "고등학교 1학년이요."라고 했다. 그러다 보니
자연스럽게 나이를 잊었다. 열일곱 살이 되는 해, 여자애 주변의 많은 것이
변했다. 특히 집이 그랬다. 지금껏 살아오면서 여자애가 기억하는 이사는 단 한
번. 그 한 번이 고등학교 입학과 동시에 이루어졌다. 오랫동안 살아오던 동네를
떠났…다기엔 바로 이웃한 지역이었지만, 그래도 여자애가 해본 단 한 번의 큼직한
행사였다. 낯선 지역으로의 첫 등교. 집과 제법 먼 고등학교였기 때문에 더욱
긴장했을 것이다. 여자애가 다닌 고등학교 교복은 주변 학교들에 비해 예뻤다.
짙은 쥐색에 단정한 디자인, 옷깃에 와인색으로 잔잔히 놓인 체크무늬가 여자애는
마음에 들었다. 잘 다린 교복을 처음 입고 등교하던 날, 반을 찾아 교실 문을
열었을 때, 가장 먼저 눈에 띈 건 빨간 머리띠를 한 소녀였다.
여자애는 살면서 그렇게 새하얀 사람은 본 적이 없었다. 흰 피부라면 자신 있는
여자애가 고개를 돌릴 정도로 눈이 부신 피부였다. 까맣고 긴 머리카락과 빨간
가방, 나이키 로고가 유난히 귀엽던 동그란 코르테즈. 새카만 눈동자, 작고 오똑한
코, 빨간 입술, 새하얀 피부, 너무 마르지도, 통통하지도 않은 몸과 아담한 키.
머리부터 발끝까지 모든 게 소녀를 위해 맞춰진 것처럼 잘 다듬어져 있었다.
교실에 있는 많은 학생이 소녀에게서 시선을 거두지 못했다.

여자애와 소녀는 금세 단짝이 되었다. 처음 어떤 대화로 이야기를 시작했는지
둘 다 기억하지 못한다. 그러나 과학실도, 체육실도, 매점도, 급식실도, 화장실도
함께 가는 사이가 되어 아주 많은 걸 공유했다. 대부분 단 둘이 모든 걸 해냈지만
친구들과도 스스럼없이 섞였다. 여럿이 어울리는 시간도 많았지만 둘은 최선을
다해 서로를 '단짝'이라고 생각하며 지냈다. 어쩌다 다투는 날이면 다른 친구들과
매점을 가는 대신 엎드려 자기를 택했다. 그러다 둘 다 점심을 굶고 엎드려 잔 날엔
어느 한쪽이 자는 친구 옆에 초코우유와 쪽지를 내려놓으며 자연스럽게 화해하곤
했다. 아침 8시부터 밤 9시까지 함께 생활하면서도 둘은 헤어지면 문자 메시지로
시시콜콜 떠들며 시간을 공유했다. 주말이면 사복을 빼입고 만났고, 일주일에 두어
번씩 A4 용지 양면 빼곡하게 깜지 같은 편지를 써서 주고받기도 했다. 무슨 할
말이 그렇게나 많았을까.
두 아이는 3년 내리 같은 반에서 지내며 매일매일 당연한 듯 일상을 공유하며
지냈다. 소녀의 하루는 여자애 것 같았고, 여자애의 하루는 소녀의 것 같았다.
여느 때처럼 평범하게 급식을 먹고 매점에서 세 개 천 원 하는 아이스크림을 사서
나머지 하나를 누구에게 줄까 고민하던 점심시간. 계단을 밟아 올라가던 소녀가
말했다. "나, 호주에 갈 거야." 매점에 가자는 정도의 아무렇지 않은 목소리였기에
여자애는 되물어야 했다. "뭐라고?" 소녀는 일사천리로 유학 절차를 밟았다.

다른 세계로

소녀는 떠날 준비를 마쳤지만 몇 가지 문제가 있었다. 그 문제를 해결하는 동안 얼마쯤 시간이 흘렀고, 두 사람은 대학생이 되었다. 새빨간 머리띠 대신 새카만 하이힐을 신은 소녀는 여전히 새하얀 피부와 새카만 눈동자, 너무 마르지도, 통통하지도 않은 몸과 아담한 키로 캠퍼스를 누볐다. 소녀를 위해 모든 게 맞춰진 것처럼 잘 다듬어진 대학 생활이었고, 캠퍼스에 있는 사람들이 소녀에게서 시선을 거두지 못하는 걸 여자아이는 여러 차례 보았다. 둘은 대학생이 되고도 자주 만났다. 여자애는 소녀의 학교에 자주 놀러 갔다. 소녀의 친구들과 싸이월드 일촌을 맺기도 했다. 여자애는 소녀를 좋아하는 남자애와 소녀의 남자친구, 그리고 소녀의 동기들과 만났다. 자주 만나고 매일 소식을 주고받았지만 소녀와 여자애의 세계는 조금씩 변해갔다. 소녀는 여자애가 마실 줄 모르는 따뜻한 사케를 마셨고, 여자애는 잘 모르는 동네에 단골 카페가 생겼으며, 여자애가 모르는 남자애 이야기를 즐겨 하기 시작했다. 소녀는 요란스럽고 시끄러운 축제에서 다른 학과 사람들과 친구가 되어 자꾸만 더 많은 사람을 여자애에게 소개했다. 여자애도 소녀가 모르는 일들을 자주 하게 되었다. 소녀가 모르는 책을 읽었고, 소녀 모르게 일본어를 배우기 시작했다. 소녀에게 알리지 않고 어디론가 실습을 나가기도 했고, 코코아 대신 아메리카노를 마셨다. 주말엔 공연을 보거나 혼자 서점에 가면서 시간을 보냈다.

각자 세계를 만들어 가면서도 두 사람은 편지 쓰기를 소홀히 하지 않았다.
드문드문 만나더라도 짧거나 긴 편지를 계속 주고받았다. 두 사람의 편지에 특이한
점이 있다면 만났을 때 주고받는 것이 아니라 우체통에 넣어 사나흘 내지 엿새,
이레씩 걸려 편지를 받아본다는 것이었다. 둘은 만났을 때 "편지 썼어?" 같은
말은 하지 않았다. 마치 친구 자아와 편지 쓰는 자아가 따로 있는 것처럼, 편지를
쓰고 부치는 일에 관해서는 입에 올린 적이 없다. 여자애는 소녀가 호주로 떠나기
전에 이야기를 충분히 해야겠다고 생각했다. 그렇게 6개월쯤 편지 보내기가
이어졌을까, 점점 늦어지는 유학 소식에, 여자애는 어쩌면 소녀가 떠나지 않을
수도 있겠다고 생각하게 되었다. 그러던 어느 가을, 소녀가 문자 메시지 한 통을
보내왔다. 2주 뒤 호주로 떠난다는 내용이었다. 소녀의 출국 날 여자애는 수업이
끝나자마자 부랴부랴 인천국제공항으로 향했다. 거기서 소녀의 가족, 친구들과
모여 소녀를 배웅했다.
여자애는 그날 상실감이란 걸 배웠다. 소녀의 태도 때문이었다. 소녀는 승강장으로
들어가기 전까지 단 한 번도 여자애에게 눈길을 주지 않았다. 오로지 대학
친구들과만 긴긴 이야기를 나누었다. 그날 소녀가 여자아이에게 건넨 인사는
비행기에 오르기 전 짧게 한 포옹이 전부였다. 소녀가 여자애를 마치 투명인간처럼
대한 건 왜였을까. 여자애는 소녀에게 그날 일에 관해 물은 적이 없다. 소녀에게
무슨 일이 있던 건지, 어떤 마음이었는지 알고 싶지 않았다. 여자애는 그날 일을
빨리 잊고 싶어 했다.

사라진 세계

소녀가 호주에 간 뒤로 여자애와 멀어졌느냐 하면, 그건 아니었다. 둘은 온라인 세계에서 연결되어 있었고 계속해서 안부를 주고받았다. 남자친구와 다툰 이야기부터 새로 사귄 친구까지 시시콜콜 나눴다. 여자애는 한국에 남아 있는 소녀의 친구들과 소녀 없이 만나기도 했다. 여전히 둘 사이는 끈끈했지만 여자애는 끝내 물을 수 없었다. 왜 출국하는 날 자신에게 단 한 번도 눈길을 주지 않은 것이냐고.

소녀가 떠나고 얼마쯤 지났을까, 여자애는 생경한 풍경을 목격한다. 늘 거닐던 거리의 풍경이 묘하게 바뀐 것 같았다. 버스 정류장도, 카페도, 마트도, 미용실도, 나무들도 그대로인 것 같은데 자꾸만 허전하다고 생각했다. 사람의 눈이란 매일 보는 것에 둔감해지기 일쑤여서 무언가 변했다고 생각할 땐 분명히 균열이 일어났을 터인데 며칠을 지나며 살펴봐도 여자애는 변화를 감지하지 못했다. 그제도, 어제도, 오늘도 거닐며 길목을 살폈지만 계절의 변화 말고는 무엇이 사라졌는지 알지 못했다. 그러던 어느 날, 좋아하는 시인의 낭독회에 갔다가 흥미로운 이야기를 듣게 된다. 그건 '우체통'에 관한 것이었다. 편지를 주고받는 일이 사라지면서 길목에 놓인 우체통이 철거되고 있다는 이야기였다. 누구나 끄덕일 만한 그 이야기에 번뜩 소름이 돋은 건, 늘 오가던 길목이 낯설어진 이유를 알아차렸기 때문이다. 시인은 뒤이어 말했다. 우체통이 사라지는 기준은 3개월 동안 아무 편지도 들어오지 않을 때라고. 여자애는 손가락을 헤아려보기 시작한다. 마지막으로 소녀에게 편지를 부친 게 언제였는지. 3개월. 그러니까 딱 3개월 전이었다.

우체통이 사라진 자리에는 거대한 쓰레기봉투가 생겼다. 버스 정류장을 오가는 사람들은 그곳에 일회용 컵이나 담배꽁초, 과자 봉지나 전단지 같은 것을 버린다. 커다란 봉투가 가득 차면 쑤셔 박거나 그 주변에 대충 던져둔다. 여자애가 1-2주 간격으로 찾아가 곱게 봉한 편지 봉투를 넣던 우체통이 있던 그 자리다. 혹여나 중간에 떨어질까 물풀로 편지 봉투 입구를 봉하고 좋아하는 스티커를 고민해서 붙이던 시간이 쓰레기로 뒤덮이는 것 같아 어지간히도 슬펐다. 여자애는 그 길목으로 다니지 않게 되었다. 3개월 동안 아무 편지도 들어오지 않아 철거된 우체통. 소녀가 떠난 지 3개월 되던 때 사라져 버린 우체통. 여자애는 자꾸만 밀려드는 죄책감을 지우기 위해 애쓴다.

시간이 지나 소녀는 한국으로 돌아왔고, 우체통이 있던 자리엔 여전히 만인의 쓰레기봉투가 있다. 여자애는 지금도 간간이 서랍 속 편지를 만지작거린다. 아직 부치지 못한 마지막 편지. 공항에서 소녀에게서 느낀 거리감과 단 한 번도 눈을 맞추지 않은 것에 대한 이유를 묻는 문장이 조심스러운 필체로 적혀 있는 편지다. 여자애는 그 편지를 완성하기 위해 여러 번 문장을 골랐고, 단어를 고쳤다. 눈물이 방울방울 떨어져 찢어버린 편지지도 여럿이었다. 그 편지는 이렇게 시작한다. "사랑하는 친구야, 우리의 세계는 어떻게 되는 걸까?" 그리고 이렇게 끝난다. "그래도 우리가 같은 세계에 머물던 시절을 정말 좋아해." 여자애와 소녀는 그날 일을 뒤안길에 묻은 채 여전히 사이좋게 지낸다. 이쯤에서 여자애는 결심해 보기로 한다. 부치지 못한 14년 전 편지를 이번엔 꼭 부쳐보자고.

어쩔 수 없는 편지

글 배순탁—음악평론가, 〈배철수의 음악캠프〉 작가

01.

'가을편지'
— 김민기

02. ## '꿈에'
— 박정현

03.

'아무 일도 없던 것처럼'
— 이승열

'편지' 하면 어쩔 수 없다. 여러분 중 대다수가 싫어할 것이 분명한 군대 이야기를 할 수밖에 없다. 나는 1998년에 입대해 2000년에 제대했다. 즉, 군 생활 내내 인터넷이라고는 접해보지 못했다는 뜻이 된다. 혹시 강원도 인제군 서화면 천도리 가봤나. 진짜 춥다. 여름에는 또 무지하게 덥다. 그렇다. 삭막하기 짝이 없는 내 군 생활에 숨통이 되어준 존재는 오직 하나, 편지뿐이었다.

안부를 궁금해한다는 것

편지가 오면 기뻤고, 편지가 오지 않으면 우울했다. 유독 편지를 많이 받는
동기는 곧 동경의 대상이었다. 괜히 그의 편지 내용이 궁금했고, 그가 어떤
사람과 교류하고 있는지 알고 싶었다. 그랬다. 어리석은 나는 군대에 가서야 겨우
절감했다. 누군가에게 안부를 묻고, 누군가가 내 안부를 궁금해한다는 게 삶에
있어 얼마나 귀한 행동인지를 그제야 깨달았다.

불현듯 배우 고故 키키 키린Kiki Kirin의 인터뷰가 떠오른다. 나는 어떤 한 직업에
오래 종사한 사람의 인터뷰를 찾아서 꼼꼼하게 정독하는 버릇이 있는데, 정말
인상적인 인터뷰 중 하나가 바로 이것이었다. 이유는 글쎄, 소설가 김훈의 다음
언급으로 대체할 수 있을 것 같다. 정확한 워딩은 기억할 수 없지만 내용은 대략
이랬다. "책이라고는 거의 읽지 않았지만 평생을 농사일에 바친 사람과 얘기
나눠보라. 그 사람이 철학자에 가깝다는 걸 알 수 있을 테니까."

별거 아닌데

(물론 책도 많이 읽으셨겠지만) 키키 키린의 인터뷰가 나에겐 그랬다. 당시 인터뷰는 그가 암 투병 중에 이뤄진 것이었다. 그래서였을까. 인터뷰를 읽는 내내 그에게 다가올 죽음의 그림자가 글자 뒤에서 일렁이고 있는 듯한 느낌이 들었다. 이 인터뷰에서 키키 키린은 죽음에 대해 이렇게 말했다.

"인간은 언젠가는 죽는 것이 아니라 '언제든' 죽습니다. 지금은 그렇게 생각하면서 살아가고 싶습니다. 누구든 인생의 어딘가에서 꿈이나 이상을 포기할 때가 옵니다. 그렇다 해도 '아, 차가 맛있구나.', '아, 무사히 태풍이 지나갔구나.' 하고 사소한 행복을 느낄 수 있다면 그 어떤 현실도 그리 나쁘지만은 않을 것입니다."

이 인터뷰를 다시 보면서 안부를 묻는다는 행위에 대해 생각한다. 내가 당신에게 안부 묻는 것은 뭐 특별한 이벤트가 있어서가 아니다. 안부는 평범한 일상 속에 스며들 때 도리어 의미를 지닌다. 차가 맛있다는 것, 태풍이 지나갔다는 것, 이 모든 게 나의 안부가 될 수 있다. 우리는 기어코 자주 안부 물어야 한다. 안부는 어디까지나 다다익선이라는 점을 명심해야 한다.

언제나 후회한다. 뭐가 그렇게 바빠서 돌아가신 아빠에게 자주 안부 묻지 못했던 걸까. 내일은 한동안 안부 묻지 못했던 친구에게 전화를 걸어야겠다. 아니다. 지금 방금 전화했고, 4월 중 꼭 만나기로 했다. 이 세상에는 하고 나면 참 별거 아닌데 이상하게 잘 안 하게 되는 것들이 있다. 그중 하나, 바로 안부 묻기가 아닐까 싶다.

'가을편지'
김민기

봄이지만 어쩔 수 없다. "가을엔 편지를 하겠어요. 누구라도 그대가 되어 받아주세요."라는 노랫말을 생각할 때마다 내 마음속은 무너지는 동시에 충만해진다. 이런 곡을 '애정한다'. 모순적인 방식으로 나를 기어코 쭉 끌어당기는 곡들. 맑고 청아한 양희은의 재해석도 좋지만 역시 김민기의 설득력을 넘어설 순 없다. 원곡은 1970년 최양숙. 굳이 편지로 안부 묻지 않아도 괜찮다. 전화기를 들고 당장 안부를 묻자. 상대도 당신의 안부를 마침 궁금해하고 있을 테니까.

'꿈에'
박정현

안부를 차마 물어볼 수 없거나 안부를 묻는 게 불가능한 관계 또한 있다는 것, 잘 알고 있다. 그럴 때마다 우리는 꿈을 통해 상대의 안부를 묻는다. 더 나아가 상대를 만나기도 한다. 그러고는 마침내 안부 묻지 못하는 깊은 슬픔을 받아들인다. 내가 생각하는 박정현 최고의 곡이다. 더 나아가 2002년을 넘어 한국 가요 역사에 아로새겨야 마땅할 위대한 성취라고 확신한다. 정말이지 언제 들어도 소름이 쫙쫙 돋는다.

'아무 일도 없던 것처럼'
이승열

이 글을 쓰는 와중에 부고를 접했다. 영화음악가이자 유앤미블루의 멤버였던 방준석 씨의 사망 소식이었다. 나는 그를 잘 알지 못한다. 다만, 그의 음악에 열광했을 뿐이다. 들리는 바에 따르면 암으로 오래 고생했고, 이로 인해 세상을 떠났다고 한다. 이상하다. 아티스트의 죽음에 대체로 동요하지 않는 편인데 이 곡을 들으면서 눈물 흘렸다. 신해철 씨의 죽음 이후 처음인 것 같다. 이유는 알 수 없지만 뉴스를 접한 뒤로 계속 이 노래가 머릿속을 맴돌았다. 마치 유앤미블루의 동료였던 이승열 씨가 방준석 씨를 위해 부르는 조곡組曲처럼 들렸던 까닭이다. 이 곡으로 뒤늦게나마 그의 안부를 묻는다. 명복을 빈다.

[Past Life Of Kim MinGi](2004)

[박정현 Op.4](2002)

[이 날, 이 때, 이 즈음에…](2003)

어떤 편지는 계속 읽다 보면 현실이 된다

오래된 상자를 뒤지다가 편지 하나를 발견했다. 분명 귀찮음이
묻어나는 편지인데 이상하게도 버릴 수가 없다.

글·사진 김건태

나는 정리의 왕이다. 책장과 옷장, 신발장과 냉장고 속 모든 사물의
규칙을 정하는 사람이다. 집에 놀러 온 친구가 내 책장 속 한수희 작가의
에세이를 나이키 창업자의 자서전 옆에 꽂아두고 간다면, 그와는 오래 볼
수 없겠다 생각하는 타입이다.
정리벽의 시작은 초등학생 때로 거슬러 오른다. 초딩 김건태는 등교를 한
직후, 그러니까 1교시부터 똥이 너무 마려웠다. 하지만 '학교 화장실에서
큰일을 보면 평생 놀림감이 된다'라는 불문율이 있었기 때문에 속수무책
참을 수밖에 없었다. 1교시부터 6교시까지 고난과 역경의 시간을 보낸
후 하굣길, 처음 빙판을 걷는 새끼 펭귄처럼 조심스러운 걸음으로 집에
도착했다. 그러나 생사를 넘나드는 고비 끝에 달려간 곳은 화장실이 아닌
옷방이었다. 무엇에 홀렸는지 김건태는 입고 있던 옷을 하나씩 벗어
옷걸이에 걸고, 가방을 풀어 교과서를 쌓아두기 시작했다. 당장 죽을
것 같아도 눈앞의 정리가 더 중요했던 거다. 그리고 마침내 모든 위기를
탈출했을 때 그는 가지런히 걸려 있는 옷가지들을 보며 세상 가장 흐뭇한
미소를 지었다.

어릴 적부터 남다른 강박을 가진 내게도 쉽게 정리하지 못하는 것이 있다.
편지와 사진이다. 어제의 내가 부끄러울 것 같아 함부로 열어보지도 못하고,
내일의 내가 후회할 것 같아 무작정 버리지도 못하는 기묘한 상자. 그
금단의 상자를 정리하려면 확실한 계기가 필요했다.
마침 이사를 코앞에 두고 묵은 짐을 정리할 기회가 왔다. 큰맘 먹고
그동안 받은 편지들을 바닥에 쏟았다. 그러고는 종량제 봉투에 한꺼번에
버리려는 순간, 내 손가락이 제멋대로 편지들을 펼쳐보기 시작했다.
(J로 시작해서 P로 마무리되는 1인.) 결국 그간에 받은 편지들을 모두
정독했고, 조금 울었고, 그때 그 시절의 사진까지 몽땅 찾아보며 추억
속에 빠져버렸다. 급기야 콧물을 흘리며 우는 모습이 가여워 거울에
비춰 보기도 했다. 이사하다 말고 청승 떠는 게 완전 구리면서도 웃겼다.
그나마 웃을 수 있어서 다행이네, 생각하면서 편지는 고스란히 상자 속에
담아두었다.
버리지 못한 수많은 편지 중 기억에 남는 게 하나 있다. 이전 직장
편집장에게 받은 것인데 사실 편지라기보다는 모든 직원에게 나눠주는
연하장이었다. 그는 직접 찍은 사진을 엽서로 만들어 그 뒤에 간략한
메시지를 적어주었다. 입사 2년 차에 받은 새해 첫 편지는 이랬다.

"나름 힘들게 한 식구가 되었네. 난 완벽한 사람은
아니지만, 그래서 훌륭한 편집장이 될진 모르겠지만, 이 세상에
하나쯤은 자유로운 편집장과 잡지가 있어야 하지 않을까
생각해. 물론 그 자유 역시 자유가 아닐지도 몰라ㅎ 좋아하는 걸
공유하고, 이야기 나누고, 내가 뭘 보고 좋았는지, 언제 행복했고,
어떤 공간에서 웃었는지 기억하는 사람이 되고 싶어. 우리 회사
사람들도 그랬음 좋겠어."

두 번의 입사 면접에서 탈락하고 세 번째에 합류하게 된 회사였다.
전임자의 빈자리를 채워야 한다는 부담감에 힘들어하던 내게 편집장은
조금 더 자유로워져도 괜찮다고 말하고 있었다. 결과물을 억지로
만들어내는 것이 아니라 서로 좋아하는 것을 함께 나누는 방식으로
일하자는 세련된 업무 지침이었다. "누군가를 대체하기 위해서 건태 씨를
뽑은 게 아니야. 그러니까 건태 씨만의 목소리로 자기가 하고 싶은 것을
했으면 좋겠어."
그의 말을 적극적으로 오해하기로 마음먹은 나는 그날 이후로 누구보다
자유롭게 일했다. 자유롭게 아이디어를 내고 자유롭게 취재하고 자유롭게
글을 썼다. 자유롭게 넘어지고 자유롭게 춤췄다. 자유롭게 지각하고
땡땡이도 쳤지만 그건 아주 가끔이었다. 자유로운 선배 밑에서 자유로운
동료로 자라났다. 이전 직장과 비교해 더 느슨한 환경에서 일했음에도
결과는 더 나을 때가 많았다. 가령 이런 식이다. 미술관을 소개하기 위해
외국에 나갔는데 연휴에 걸려 일정 안에 취재가 불가능했을 때, 눈썰매를
타기 위해 협찬까지 받았는데 취재 당일 눈이 다 녹았을 때, 편집장은
무리한 취재를 요구하거나 대안을 찾으라고 다그치지 않았다. 실패하면
실패한 대로 그 안에서 좋았던 점을 이야기해 달라고 말하는 쪽이었다.

이미 충분히 멋지고 괜찮은 것들을 뻔지르르 다시 포장하는 것보다
남들이 미처 발견하지 못한 점을 솔직하게 이야기하는 방식에 독자는
반응했다. 때로는 그의 말랑말랑한 태도가 오래가지 못할 거라고 의심할
때도 있었다. 기우였다. 내가 회사를 그만둔 후에도 그곳은 이전보다 더
느리고 단단하게, 반짝이며 나아갔다.

"난 새해 엽서도 이렇게 늦게 쓰지만 내가 마음 내킬
때 쓰니 좋다. 어라운드랑 같이 건태 씨도 자라나면 좋겠어. 괜히
손으로 썼나 봐. 팔 아파. 행복한 2015년 보내. ― 이경."

최근에 업무적인 스트레스가 많았다. 혼자 하는 일이라면 메시 뺨치게
잘할 자신이 있지만 유독 팀플레이에 약한 성격 탓이었다. 프로젝트를
관리하고 더 나아가 한 팀을 감독하는 역할을 맡으면서 구성원들과의
관계 설정에 특히 애를 먹었다. 능력은 있지만 독단적으로 일을
처리하는 팀장, 뭐든 좋은 게 좋지만 우유부단한 팀장, 권위로 무력함을
감추려는 팀장, 수많은 유형의 선배 중에 온전한 롤 모델을 찾지 못했던
까닭이었다.
사실 팀장은 숨만 쉬어도 욕 먹는 존재다. 동료들과 함께 술자리 안주로
씹던 그 역할을 맡으려니 마음이 복잡했다. 프로젝트를 완벽하게
성공시키면서도 후배들에게 사랑받는 동료로 남고 싶다는 마음을 갖는 건
욕심일까?
관계에 치이고 일에 지칠 때마다 편집장의 담백한 마무리를 떠올린다.
'새해 엽서를 2월에 주는 게 무슨 자랑이라고? 팔이 아프다고 하는 거
보니까 내 엽서를 마지막에 썼나 보네?' 하고 콧방귀를 뀌다가도 문득
나도 저런 선배가 되고 싶다고 생각한다. 괜한 폼을 잡으며 으스대는
팀장이 아니라 동네에 하나쯤 있는 '만만하지만 나름 괜찮은 바보 형'
같은 동료가 되면 어떨까 하고.

언젠가 어라운드 식구들과 함께 제주에 놀러 갔을 때가 생각난다. 비가
억수로 오던 날 카페 계단에서 촐랑거리다 우당탕 미끄러졌다. 모두가
동시에 나를 쳐다봤다. 계단이 부서진 건 아닌지 걱정된 카페 주인까지
달려 나올 정도였다. 무릎이 꺾이고 등이 쓸리고 무엇보다 미친 듯이
부끄러웠다. 하지만 엎어진 상태 그대로 미리 준비한 듯 주머니에서 책을
꺼내 읽었다. 그러자 그 자리에 있던 모두가 터질 듯이 웃기 시작했다.
손가락질하며 '관종'이라고 놀려댔다. "응? 뭐가? 여기 책 읽기 좋아서
잠깐 앉아 있는 건데?" 비가 내려 책이 다 젖고 돌계단에 까진 등이
쓰라리기 시작해도 개그를 멈출 수 없었다. 사람들의 웃음소리가 너무
좋았기 때문이다. 시간이 지나 상처는 모두 씻은 듯 사라졌지만 그날 함께
웃었던 동료들의 행복한 얼굴만큼은 잊지 못한다. 넘어진 김에 쉬어가는
일, 자유롭게 일하고 자유롭게 춤추기, 어떤 공간에서 웃었는지 기억하기.
의식한 적 없지만 어느새 편지의 문장 대로 살아가는 나를 발견한다. 삶의
지침이 되는 작은 말들을 생각한다.
(그런데 정작 그는 그 편지를 기억이나 할까?)

개의 메모

한 번도 본 적 없는, 하지만 매일 적어 나가는 완두의 메모들.

글·사진 전진우

― 봄의 씨앗

내가 살고 있는 곳에서 멀지 않은 곳에는 인적이 드문 뒷산이 있다.
'궁동공원'이라는 이름의 남가좌동과 연희동을 가르는 나지막한
언덕인데, 요즘처럼 날씨가 좋아 홍제천에 사람이 북적일 때도
그곳에서는 사람 마주치는 일이 잘 없다. 지칠 때까지 뛰어다니고 여러
냄새 맡길 좋아하는 완두를 잠시 풀어 놓기에 그만인 곳으로, 우리는
계절에 상관없이 일주일에 두세 번씩 찾아간다. 일단 줄에서 풀려나면
완두는 길과 길이 아닌 곳을 딱히 구별하지 않고 나다닌다. 다른 동물
냄새를 쫓는 건지 갑자기 방향을 틀어 덩굴 사이로 파고들기도 하고,
높은 나무 꼭대기만 보며 다닐 때도 있다. 그러고서 집에 돌아와 보면
몸 여기저기에 이름 모를 씨앗들이 붙어 있다. '이걸 흙에 심으면 싹이
나오려나?' 나는 몇 계절 동안 아무 생각 없이 떼어서 버리곤 했는데,
한번은 산책을 함께 갔던 친구가 씨앗을 작은 봉투에 모아 놓았다. 아직
심어 보지는 않았지만, 어쩐지 봄에 묻혀 온 씨앗에서는 그리 어렵지
않게 싹이 터져 나올 것만 같다. 씨앗들을 잘 모아서 모양에 따라 분류해
놓고, 나중에 가짓수가 좀 되면 한꺼번에 심어 봐야겠다. '개의 정원' 작은
팻말도 세우고 말이다. 완두는 자신이 그 정원의 주인인 줄도 모르고
옆에서 또 낮잠을 자고 있을 텐데. 잠든 완두와 작은 정원을 잇고 있는
상상 속 내 얼굴에서 고요하게 생기가 돌고 있다.

— 인형의 위치

어릴 때는 물건을 죄다 찢어 놓기만 하더니, 성견이 돼서는 무엇 하나
망가뜨리지 않고 오래 가지고 논다. 튼튼한 이빨을 이용해 살짝만
물려고 힘 조절하는 걸 보면 참 귀엽다. 친구들도 그 귀여움을 아는지, 이
집에는 선물 받은 인형이 아주 많이 있다. 평소에는 무신경하다가 집이
어지러워서 신경이 곤두서면 널려 있는 인형들을 하나씩 주워 담으며
완두 머리를 한 대씩 쥐어박는다. 장난감이 얼마나 많은지 개수대로 다

못 때릴 정도다. 다 치웠다고 생각하고 지내다가, 어떤 인형은 시간이
한참 지나 발견된다. 절대 인형이 있을 만한 곳이 아닌 곳에서, 먼지가
조금 쌓인 채로. "여기가 이 집의 비밀 공간." 완두가 물어다 놓은
물건들이 자주 발견되는 곳에는 이런 메모가 적혀 있다. 이번에는 완두
머리를 때릴 마음이 전혀 들지 않고, 이 공간에 쌓인 것들을 늘 못 본 채
해주며 살고 싶다는 생각을 한다.

— 목소리의 창문

문장으로는 표현하기 어려운, 완두를 부르는 내 목소리가 있다. '완두'라는 두 음절을 이어서 부를 때 생겨나는 높낮이와 길이, 음색 같은 것들. 한 번 들려주면 바로 이해할 수 있지만, 글자로 쓰려면 어쩐지 아주 어려운 단어들까지 필요할 것만 같다. 그리고 가끔은 '완두'라고 부를 때 위치와 거리가 중요할 때도 있다. 외출을 마치고 집에 돌아오는 길에, 건물 아래에서 3층에 난 창문을 향해 외칠 때가 그렇다. 차들이 지나는 소리, 이런저런 가게가 영업을 하며 내는 소리, 홍제천 농구 코트에서 들리는 공 소리까지 잘 얹어서 내가 완두를 부르면, 몇 초 후에 창가로 뛰어오른 완두의 얼굴이 보인다. 창가에서 나를 계속 기다릴까 봐 가끔씩만 부르는데, 가끔이라도 그렇게 인사할 수 있는 구조여서 행복하다. 안 그래도 반가운데, 그러고 나면 조금 더 격렬하게 반가운 기분이 드는 것이다. 내가 집에 함께 있을 때, 가끔 밖에서 누군가 큰 소리로 서로를 부르는 소리에 완두가 반응할 때가 있다. 잠결에 창가로 달려가 그게 어디서 난 소린지 눈을 크게 뜨고 아래를 살핀다. 귀엽기도 하고 한편으론 안쓰럽기도 한 모습. 이 작은 집에서 대부분의 시간을 보내며, 완두는 귀가 점점 커지고 있다.

— 몸에 눌린 이불

창가 인사를 마치고 나는 3층까지 달려 올라간다. 문을 열자마자 달려든 완두는 나를 밀어서 넘어뜨리고 얼굴 핥기를 다섯 번 반복한다. 가방을 가까스로 내려놓고 손도 얼른 씻고 와 이제 여섯 번째 인사까지 하고 나면 그제야 흥분이 가라앉는다. 집에 있는 동안 어땠는지 나는 메모들을 확인한다. 인형들의 위치, 줄어든 물과 사료의 양 같은 것들. 외투를 벗고 침대 쪽으로 가보면 거기에는 몸으로 눌러 쓴 긴긴 메모가 적혀 있다. 동그랗게 몸을 말고서 오래 누워 있었을 이불 위. 손을 대보면 아직 따뜻할 때도 있다. '나 잘 자고 있었어요.'라고 읽어야 할까, '나는 외로웠어요.'라고 읽어야 할까. 보이지 않는 그 메모는 늘 나를 괴롭히고, 아름답게 돕는다.

멀리서 함께 읽기

글 정다운, 박이나

사진 Giuseppe Solfrizz

이나는 스페인 바르셀로나에 산다. 우리는 몇 년 전 바르셀로나에서 만나 친구가
되었고 내가 먼저 한국으로 돌아왔다. 그곳에 살았다는 게 희미해질 때면 나는
이나와 걷던 골목을 떠올리고, 기억은 한 걸음씩 선명해진다. 바르셀로나에서
우리는 어쩌다 한글로 쓰인 종이책이 생기면 나눠 읽곤 했다. 이나는 언제나 나보다
더 느리고 깊게 책을 읽어냈다. 성격 급한 나는 서둘러 후루룩 읽고는 이나의
이야기를 들으며 마저 읽었다. 《올리브 키터리지》와 《다시, 올리브》도 그랬다.

다운에게

바르셀로나에도 봄이 오려나 봐. 겨우내 따뜻했던 날씨가
열흘 전부터 계속 비바람이네. 이 도시에 정을 붙이고 산
지도 꽤 되었는데, 나는 왜 이런 우중충한 봄 날씨에는 영
적응을 못하는지.
네가 《올리브 키터리지》 얘기를 처음 했던 날이 생각나.
"《올리브 키터리지》와 《다시, 올리브》. 나는 이 두
권으로 올해 읽을 책은 다 읽었다."라며 호기롭게 말하던
너. 그때가 작년 2월이었으니까, 연말 되려면 아직
열 달이나 더 남았는데!
크로스비 마을에 살면서 때로는 주인공으로, 때로는
지나가는 노인으로 불쑥 나타나 이것저것 참견하다가
홀연히 사라지는 일흔의 백인 할머니. 거대한 코끼리 같은
거구에 퉁명스럽고 무뚝뚝한 올리브 키터리지.
나는 올리브의 마음을 좇아가다가, 이해하지 못하다가,
가엽다가 정말 어쩔 줄을 몰라 했지. 그러다 어떤 커다란
상실을 겪은 올리브가 혼자 운동화를 꺼내 신었을 때,
그렇게 오락가락하며 홀로 강변을 거니는 어떤 노인을
상상하면서 조금 울었던 것 같아. 달려가서 꽉 안아주고
싶었어. 올리브는 괜한 참견 말라며 또 투덜댔을까?
이상하지. 묘하게 불편하면서도 자꾸만 눈이 가는 이
마음을 나는 어쩌면 좋을까.
5년 전에 네가 준 편지를 다시 꺼내 읽었는데, 이런 말이
적혀 있더라.
"좋은 할머니가 될 것이 분명한 친구와 나란히 나이가
든다는 건 참 든든한 일인 것 같아."
올리브는 좋은 할머니일까? 나는 좋은 할머니가 될
수 있을까? 일흔이 넘어도 일상은 흔들리고, 이런저런
생채기들을 여전히 끌어안고 살아야 한다니, 이건 절망일까
희망일까. 밤에 쓰는 편지는 늘 물음표가 많아지네.
귀여운 할머니는커녕, 고약한 옆집 노인네 소리는 듣지
말아야 할 텐데. 그땐 일요일 오전에 동네에서 가장 맛있는
도넛과 우유 한 잔을 나눠 먹고 싶은 사람들과 조금 더
가까이 살면 좋을 텐데. 또 쓸게, 다운아.

바르셀로나에서, 이나.

이나에게

"바르셀로나에도 봄이 오려나 봐."라는 첫 문장을
읽자마자 눈이 빨개졌어. 잊고 있던 바르셀로나의 봄이
살살이 기억나 버렸네. 나에게 바르셀로나의 봄은 밝게
반짝이는 것인데, 너에겐 우중충한 것이라니! 역시 떠나고
나면 나쁜 건 잊게 되고 좋은 기억만 남는 걸까.
구시가지 거리에 놓인 카페 테이블에 나른하게 앉아 있던
봄이 생각나. 우리 사이에 있는 건 부동산, 주식, 일에
대한 고민 혹은 우리가 함께 아는 다른 사람이 아니었어.
지나가는 개나 파란 하늘, 지금 마시고 있는 커피 같은
것이었지. 난 그때 이미 이 순간이 소중하다는 걸 알고
있었어.
우리 처음 《올리브 키터리지》를 읽고 이야기를 나누었을
때, 너는 올리브에게 감정을 이입하기 힘들었다고 했지.
그런데 이나야 나는, 단박에 올리브에게 사로잡혀 버렸어.
'만' 앞에 주차된 케빈의 자동차 옆자리에 올리브가 불쑥
타던 장면에서부터였던 거 같아. 올리브가 의도한 건지
아닌지 잘 모르겠지만 그는 케빈을 구했어. 나처럼 키가
큰 올리브가 고개를 수그리고 꾸부정하게 차에 올라타는
장면이 꼭 내가 겪은 일처럼 생생해.
사실은 있지, 책을 읽다가 올리브가 하는 말을 입 밖으로
내며 따라 한 적도 있어. 특유의 퉁명스러운 말들 있잖아.
"뭐가 문제야? 할망구 우는 거 처음 봐?" 같은. 차를
권하는 지인에게 "아니, 난 됐어." 하는. 괴팍하고 쌀쌀맞은
말들을 따라 내뱉으며 피식 웃었어. 사실 나는 그런 말들을
마음에 담고 살고 있는 것 같아. 그래서 자신의 감정에
솔직한 올리브가 부럽고, 좋아 보이기도 했어. 누구에게도
들키고 싶지 않은 이야기인데 나는 왜 네 앞에서 이런
고백을 하고 있는 거지. 다 올리브 키터리지 때문이야.
읽는 내내 버릇처럼 희망을 찾아내려 애썼지만, 사실은
올리브는 줄곧 인생과 노년의 고단함에 대해 이야기하고
있어. 그럼에도 이 책에서 내가 가장 좋아했던 문장은
이거였어.

올리브는 생이 그녀가 '큰 기쁨'과 '작은
기쁨'이라고 생각하는 것들에 달려 있다고
생각했다. 큰 기쁨은 결혼이나 아이처럼 인생이라는
바다에서 삶을 지탱하게 해주는 일이지만 여기에는
위험하고 보이지 않는 해류가 있다. 바로 그 때문에
작은 기쁨도 필요한 것이다. 브래들리스의 친절한
점원이나, 내 커피 취향을 알고 있는 던킨도너츠의
여종업원처럼. 정말 어려운 게 삶이다.
— 〈작은 기쁨〉 중에서.

나는 올리브처럼 통명스러운 마음을 가졌지만, 동시에
올리브 같은 이에게 작은 기쁨을 주는 친절한 사람이고
싶어. 그게 내 삶의 괴로움이자 즐거움인 것 같아.

당신은 짐승 같은 여자하고 결혼해서 그 여자를
사랑하게 될 거야. 올리브는 생각했다. 아들이
하나 생길 거고, 그 애를 사랑하게 될 거야. 하얀
가운을 입고 키만 훌쩍한 당신은 약을 사러 온 동네
사람들한테 끝도 없이 친절할거야. 당신은 눈이
멀고 벙어리가 되어 휠체어에서 생을 마감할거야.
그게 당신 인생이 될 거야.
— 〈튤립〉 중에서.

나의 인생은 어떤 모습일까. 나는 어떻게 살다 어디에서
생을 마감하게 될까. 우리는 그때까지 친구일까. 그때 읽는
《올리브 키터리지》는 또 어떻게 다를까. 나는 이 책처럼
생각이 꼬리에 꼬리를 물게 하는 책을 읽은 적이 없어.
그래서 연초부터 호기롭게 '올해의 책'이라고 외쳤나 봐. 한
번 더 호기롭게 말해야지. 평생 한 권의 책만 읽어야 한다면
나는 이 책을 읽을 것 같아. 이나야 올리브처럼 통명스러운
할머니가 되어도 내 친구 해줄 테야?

제주에서, 다운.

다시, 다운에게

봄은 어디서부터 봄일까. 네가 기억하는 바르셀로나의
봄은 아마도 완연한 5월의 봄을 말하는 거겠지? 샛노란
티푸아나 티푸Tipuana Tipu 꽃잎이 흐드러지게 피었다가,
온 거리의 바닥을 노랗게 물들이는 그 봄, 구시가지
어디에선가 너를 만나기로 하고, 늦은 점심을 먹고, 말린
어깨를 쭉 펴면서 집을 나서던 그 시절의 나.

신디가 쓸 수 있는 것은 2월의 햇빛에 대해서였다.
그것이 세상의 모습을 어떻게 바꾸는지에 대해서.
(…) 하루의 끝마다 세상이 조금씩 더 열렸고, 더
많은 햇빛이 황량한 나무를 가로질렀다. 그리고
약속했다. 그 햇빛이, 약속했다. 그건 얼마나 굉장한
일인가.
— 〈햇빛〉 중에서.

낮이 점점 길어지는 이 계절에, 나는 바르셀로나에 혼자
남아 《다시, 올리브》를 또 읽고 있어. 그리고 나는, 우리가
바르셀로나의 나른한 햇볕 속에 앉아 있던 시간들을
떠올려. 1-2유로짜리 맥주나 커피 따위를 시켜놓고
하루 종일 날씨 얘기나 하면서 깔깔대고 웃던 그 시절의
우리들에 대해.
"평생 끌어안고 가야 할 나쁜 기억 한두 개쯤 없는 사람이
세상에 어디 있겠니."
11년의 시간을 단숨에 지나 조금 더 나이 든 올리브를
만나는 행운이라니. 무뚝뚝하고 속을 통 모르겠던 일흔의
올리브는 가끔씩 위로의 말도 툭 건넬 줄 아는 여든의
노인이 되어 있네. 상실 뒤에 찾아온 책과의 사랑에 어쩔
줄을 모르고, 새 가족, 새 친구들과의 관계에서 여전히
애를 먹는 올리브. 자가운전이 가능한 올리브가 이저벨의
노인용 기저귀를 대신 사다 주는 장면에선 10년째 묵혀둔
장롱면허를 이제라도 꺼내야 하나, 진지하게 고민이
되더라.
너와 편지로 이런저런 이야길 나누다 보니, 나는 비로소 이
두 권의 책을 완독한 기분이 든다. 이런 게 올리브가 말한
'작은 기쁨'이겠지. 시답지 않은 농을 던지거나, 투박한
말이라도 주문처럼 외우면서 고단한 하루를 같이 견디는
것. 가끔은 좋았던 시절들을 초콜릿처럼 꺼내 먹으면서.
잘 지내는지 서로의 방문을 열어보면서. 그 햇빛의 약속을
기억하면서.
다운아, 너는 통명스러운 할머니가 될 순 없을 거야. 보통은
다정하지만 가끔은 통명스러운 할머니라면 몰라도. 좀 성깔
있는 할머니면 또 어때. 지팡이를 짚고 몸을 일으켜야 하는

날이 오더라도, 여전히 불편한 감정들이 작은 파도처럼
출렁이더라도, 그때도 우리 아무 말이나 하면서 맛있는
저녁을 먹으러 가자.
바르셀로나든, 제주든, 또 다른 낯선 도시든, 그곳이
어디라도.

**완연한 봄을 기다리며
바르셀로나에서, 이나.**

다시, 이나에게

종종 내 삶이 시시하게 느껴질 때가 있어. 해 질 무렵이면
하루가 또 허무하게 흩어진 것 같은 기분에 빠질 때가
많아. 하지만 이나야, 이 세상에 시시한 삶이란 건 없을지도
모르겠어. 《올리브 키터리지》와 《다시, 올리브》를 연달아
읽으면서 가장 크게 느낀 감정은 '안심'이었어. 각자
다양한 상처를 가진 크로스비 마을 사람들이 끝끝내 자기
삶을 살아내고 있는 모습이 나를 위로했어. 사랑하기보다
헤어지고, 태어나기보다 죽고, 함께 하기보다 혼자 있는,
이 고독하고 쓸쓸한 이야기의 가장 놀라운 점은 책을
덮고 자리에서 일어나면 오늘 주어진 내 삶을 잘 살고
싶어진다는 거야.
너랑 이렇게 편지로 이야기하는 것 참 좋다. 《올리브
키터리지》를 읽고, 그리고 너랑 편지를 주고받으면서 나는
내 삶을 조금 더 사랑하게 된 것 같아. 고마워. 항상.

**너의 모든 일이 '물고기가 헤엄치듯 순조롭기를'
제주에서, 다운.**

엘리자베스 스트라우트의 소설 《올리브 키터리지》는 2009년 퓰리처상 수상작으로, 학교에서 수학을 가르치다 정년퇴임한
올리브 키터리지를 중심으로 크로스비 마을 사람들의 이야기를 열세 편의 단편으로 풀어낸 연작 소설이다. 올리브는
모든 단편에 크고 작은 비중으로 등장하며 존재감을 보여준다. 《올리브 키터리지》의 후속작 《다시, 올리브》는 2020년에
출간되었다. 역시 열세 편의 단편으로 이루어진 이야기 속에서 70대였던 올리브는 11년의 시간을 지나 80대가 되어 있다.
그리고 크로스비 마을 사람들의 이야기 또한 계속되고 있다.

Book — 《올리브 키터리지》와 《다시, 올리브》

글·그림 한승재 — 무하하하프렌즈

Essay

모든 편지는 잊혀야 한다

이 편지는 5분 뒤에 폭발한다.

최근 재수 때 친구들을 만나 옛날이야기를 하다가 더 많은 추억을 발굴하고 싶어졌다. 문득 우리가 많은 이야기를 다음 카페에 저장되어 있었다는 사실을 깨닫고 그 시절 사용하던 다음 아이디를 찾기 시작했다. 고등학생 때부터 대학교 신입생 시절까지 다음 카페는 모든 이들의 공식 커뮤니티 공간이었다. 우리는 무척 귀찮지만 어렵지 않게 아이디와 비밀번호를 찾아냈고, 곧 사진과 함께 깔깔거리며 즐거운 시간을 보냈다. 그리고 한편으로는 생각했다.

'집에 가면 다 지워버려야지…….'

술이 많이 취했음에도 난 집에 도착하자마자 다음 카페들에 들어가 내가 쓴 글만 골라 찾아보았다. 독서실 다니는 친구들과 함께 만든 카페에는 허세 가득한 내가 있었다. 근데에 갓 입대한 신병 시절의 나는 겁나게 힘든 주제에 '우리 부대는 인터넷도 되고 침대도 있어 너무 편하다.'고 허세를 빨고 있었다. 그리고 함동에 대해 이야기하며 넘돌는 모르는 대단한 취향을 가진 사람인 척 행동하고 있었다. 대학교 합격자들끼리 만든 카페엔 50문 50답을 적는 게시판이 있었다. 누가 시키지도 않았는데 마치 억지로 적는 것처럼 쉬크하게 50문 50답을 적은 이상한 애들이 무려 200여 명이나 있었고, 그 사이엔 나도 껴 있었다. 난 깜짝 놀라 실제 육성으로 질렀다. "이 미친 새끼야!"

Q: 한 달 용돈은 얼마인가요?

A: 50만 원.

거짓말이었다. 그것은 15만 원가량의 용돈과 아르바이트로 번 돈을 합친 금액이었다. 나는 조금 중요한 취미가 있어서 그 돈을 다른 곳에 많이 쓴다는 티를 내지도 않는 그런 컨셉을 가지고

있었다. (아 때리고 싶다…….) 나는 모두에게 추억이 될 만한 글들을 제외하고 나의 과거를 지우기 시작했다. 그리고 며칠 뒤 내가 쓴 댓글만 확인할 수 있나?', '별거 없겠지…….' 그러다 잊힌 다른 글들에까지 생각이 미치고 말았는데 바로 내가 쏘아 보낸 편지들이었다. 이걸 어째나 싶은 생각이 들었다. 과장된 감상과 불편하도록 전차적인 모습, 마음을 전달하기보다는 나의 정성을 보여주기 위한 긴 글들…….

다행히 뚜렷이 기억나는 문장이 있지는 않았기 때문에 불편한 기분은 아니었지만, 아무쪼록 그것들이 세상에 드러나지 않기만을 바랐다. 제발 편지를 받은 사람들이 찢어버렸거나 태워버렸기만을 바랐다.

난 편지를 받으면 모두 신발 상자에 모아둔다. 그것이 얼마나 소중한 편지인지와는 상관없이 일단 모두 신발 상자에 넣어 보관해 놓는다. 신발 상자가 다 차면 또 다른 신발 상자에 채워 넣는다. 그렇게 가득 체워진 신발 상자 두 개가 거실 수납장에 소중하게 보관되어 있다.

상자를 열어 편지를 다시 읽어본 일은 많지 않다. 소중한 편지는 책상 위나 침대밑에서 뭉굴다가 소중한 마음으로 상자에 들어가는데, 내가 기억하기로는 상자에 들어간 편지는 다시 읽어보는 일이 없는 이유는 상자에 들어가는 순간부터 편지는 과거의 것이 되어버린다. 그것을 다시 기억하는 일이 좀처럼 없다.

아마도 그것들이 과거의 나를 투영하기 때문일 것이다. 지나치게 감상적이고, 지나치게 연극적이다. 내가 기억하는 과거는 늘 지나치다.

지나치게 꿀하고, 지나치게 감상해 지나치게 버렸다. 내가 그랬기 때문에 나에게 도착한 편지들도 그랬다. 비장한 포부를 솔직하지 않았다. 나의 마음을 전달하기 위해 여러 장애 검쳐 같은 이야기를 썼는데, 자기에게 쓴 들어놓고, 자신의 마음을 전달하기 위해

말인지 나에게 쓴 말인지 모르겠고, 어떤 편지에서는 마음보다는 노동력이 먼저 전해지기도 한다.

그런데도 편지를 모으는 이유는 단순히 버리지 못해서다. 버리지 못하는 이유는 두 가지쯤 될까…. 인형을 버리지 못하는 것과 비슷한 느낌일 것이다. 동글동글하고 까만 눈동자를 지탱케 모뎠이 뜨고 있는 인형을 어떻게 버려…. 그래서 나는 인형도 꽤 많이 가지고 있다. 대략 열 마리 정도의 작은 인형이 내방 구석구석을 차지하고 있다. 인형은 대부분 선물로 받은 것이다. 그렇기 때문에 모두 나름의 추억이 담겨 있다. 나는 인형들을 마저 생명이라도 가진 것처럼 조심스럽게 대한다. 발로 차지도 않고 던지지 않는 것은 물론이다. 혹시 인형들이 내가 없을 땐 돌아다닐지도 모른다고 생각에서 인형이 내가 놓은 곳과 다른 위치에 있는 곳에 놓인 경우에도 모른 척해준다. 근데 인형들은 눈지도 씩지도 않는다. '앞으로 인형이 더 쌓이진 않겠지?', '이것들은 언제까지 돌봐줘야 하는 걸까?' 종종 침대맡에 행복한 표정으로 누워 있는 인형들을 보며 이런 생각을 한다.

어릴 때 티브이에서 방영하던 〈가제트〉라는 만화 시리즈가 있다. (난 그것이 언제 몇 시에 하는지도 모른 체, 매번 티브이를 틀 때마다 우연히 〈가제트〉가 방영 중이기를 바랐다.) 가제트는 로봇 형사인데 모든 것이 무기다. 향상 어리바리한데 운이 좋은 편이다. 가제트의 조카와 강아지가 모든 사건을 처리해 주는데 거기에 가제트의 운이 더해져서 사건 해결의 공을 가제트 것이 된다. 가제트에서 가장 기억에 남는 장면은 가제트가 지령을 전달받는 방식이다. 얼굴이 등장하지 않는 본으로부터 지령을 전달받는 편지가 도착하고 편지가 마지막 부분은 꼭 이렇게 마무리된다.

"이 편지는 5분 뒤에 폭발한다."

모든 편지는 이렇게 사라져 버려야 한다. 없어지지 않는 것이 너무나 익숙한 시대에 살아서 그런지 없어지지 않는 것에 한참 무더 있었다. 기억은 변질되고 흐릿해지고, 사람은 기억하려고 노력하거나 지워 버리려고 노력하는데 그것에 비해 너무나 아무렇지 않게 존재하는 사물들을 보면 그것을 마주하는 마음이 괴로울 수밖에 없다.

5년 전에 사고로 죽은 친구의 사진이 인스타그램에 그대로 방치되어 있고 사람들이 댓글은 점점 좋아들었다. 1년마다 정기적으로 댓글을 다는 사람들이 있는데, 그것을 보는 마음이 조마조마하다. 작년에 추모의 댓글을 달았던 사람이 올해는 댓글을 달지 않았을까 봐 그렇다. 먹으면 이 사람을 잊지 말자고 말하지만 사실 인스타그램은 이 사람이 얼마큼 마음을 갖게 됐는지를 보여주는 건 전혀반 그래프다. 박제되 기억들을 홀대받으면서 미안한 마음으로 바랐으면 좋겠다. 아니면 편지들을 모아 보낸 두 소화되는 음식들처럼 편지도 소화돼서 사라져 버렸으면 좋겠다. 기억의 섬이 있어 그곳으로 편지들을 모두 모아 보낼 수 있었으면 좋겠다. 열마 전 헤어진 연인한테 받은 한 장의 편지는 너무나도 마음이 아팠다. "나의 지난 몇 년은 승패를 기쁘게 할 꿈으로 가득 차 있었어." 나는 못 볼 것이라도 본 사람처럼 허겁지겁 편지를 접어 나무로 만든 수납함에 보관해 두었다. 종이 상자에 두면 다른 편지들처럼 시듦고 무더질 것 같았다. 추가로 공기조차 통하지 않도록 밀봉해 두었다. 가쁜 숨을 몰아쉬며 나는 한편으로 염려했다. 그렇다면 편지는 이제 세월을 무사히 견딜 수 있을 것인지, 아님 효율이 안 좋은 너무 상자로 넣어 훗날 더 무거운 마음이 될 것인지.

편집장님께

글 한수희
일러스트 서수연

지금으로부터 18년쯤 전에 나는 M 잡지사에 입사했다. 편집장님은 40대 중반에
접어드는 아저씨였다. 그리고 그 잡지사에서 일하던 우리 모두는 편집장님을 존경했다.

안녕하세요, 편집장님. 이게 얼마 만인가요. 우리가
회사를 떠난 후 20년에 가까운 세월이 성실히 흘렀습니다.
이렇게 저렇게 얼굴을 못 뵌 지 어언 10년이 다 되어가는
듯합니다.
제가 M 잡지사에 입사한 것은 스물일곱 살이 되는
해였습니다. 스물일곱 살이라니, 아득하고 끔찍한
나이네요. 친구 소개로 면접을 보러 갔더니 기원에
앉아 바둑돌이라도 두고 있어야 할 것 같은 분위기의
편집장님이(실제로도 바둑을 사랑하셨지요.) 예의 심드렁한
얼굴로 이렇게 말하셨던 기억이 납니다. "우리 다음 달에
망할지도 몰라요." 저는 고개를 끄덕였습니다.
뭐, 어쨌든 저는 다니고 있던 회사를 그만둘 기회만 엿보던
참이었기에 다음 달에 망하든 내일 망하든 상관없다고
생각했습니다. 그렇게 입사가 결정되었고, 혼란스러운 한
달을 보낸 후 회사는 정말로 망해 버렸습니다. 여기에서
이야기가 끝났더라면 우리의 인연도 거기에서 끝, 제
인생도 어떻게 달라졌을지 모르겠습니다. '이왕 이렇게 된
거!' 하고 여행을 다니고 있었는데, 회사를 다시 열기로
했으니 당장 올라오라는 전화를 받았지요.
그리고 저는 그 잡지를 만들며 결혼을 하고 아이를 낳고
서른이 되고 두 번째 아이를 임신했습니다. 그때쯤에는
사람의 진을 빼는 이 잡지 만드는 일이라는 것을 더는
계속할 여력이 남아 있지 않았습니다. 제가 퇴사하기
1~2년 전쯤에 편집장님도 퇴사를 하셨고요. 그때
편집장님은 그렇게 말하셨어요. "나는 이런 잡지를
만들기에는 너무 늙었다." 퇴사의 변은 그게 다였습니다.
그때 편집장님의 나이가 40대 후반 즈음이었을 겁니다.

편집장님. 저는 그 시절, 편집장님과 함께 일한 3년 남짓한
시간을 떠올리며 〈행복한 사전〉(2013)이라는 영화를
봅니다. 저는 어쩌다 보니 이 영화를 세 번이나 보게
되었는데요, 세 번이나 볼 가치가 있는 영화이냐 하면
그런 것까지는 아니라고 생각합니다. 그럼에도 잔잔하게
흘러가는 이야기와 영상을 따라가다 보면 마음이 꽤
느긋해지는 영화이기는 합니다.
이 영화는 한 출판사의 사전편집부에서 '대도해'라는
일본어 사전을 출간하는 이야기입니다. 으리으리한 신사옥
옆에 붙은 창고처럼 작고 초라한 구사옥에 사전편집부가
있습니다. 팔 토시를 낀 서너 명의 직원들은 자료 더미에
파묻힌 채 하루 종일 사전을 뒤지고, 희고 빳빳한 단어
카드에 새로 발견한 단어들을 적어가며 늙은 짐승처럼
등이 굽어가지요.
사전을 만드는 일은 품이 많이 듭니다. 화려하지도 않고,
즐거울 일도 없습니다. 그저 따분하고 고생스럽기만
합니다. 심지어 사전 한 권을 만드는 데 짧게는 7년,
길게는 15년이 걸립니다. 꼼꼼함과 끈기야말로 이 일이
요구하는 덕목입니다. 사회성이 부족한 젊은 청년이
사전편집부에 들어와 결혼을 하고 중년이 될 때까지, 나이
지긋한 선배가 암에 걸려 돌아가실 때까지, 사전 만들기는
계속됩니다.

"단어는 생겨나기도 하고 소멸하기도 합니다. 살아
있는 동안 의미가 변하기도 하지요. 단어의 의미를
알고 싶다는 건 누군가의 마음을 정확히 알고
싶다는 뜻이죠. 그건 타인과 연결되고 싶다는 욕망
아닐까요. 그러니 우리는 지금 현재를 살아가는

사람을 위해 사전을 만들어야 합니다. 대도해는
현재를 살아가는 사전이 돼야 합니다."
— 〈행복한 사전〉 중에서.

영화 속 좁고 어수선한 사전편집부 사무실을 보며 저는
그 옛날 우리가 일하던 잡지사의 사무실을 떠올렸습니다.
영화처럼 편집장님이 가장 위쪽에, 그리고 대여섯 명의
기자들이 그 아래로 나란히 앉은 모양이었지요. 책상
위는 잡지와 책과 자료 더미가 탑처럼 쌓여 있었고,
걸어 다니기가 힘들 정도로 곳곳에 잡지 더미들이
가득했습니다. 먼지와 쓰레기가 나뒹굴고 때로는
악취까지 났지요. 그런 사무실에서 우리는 "쥐가 나올
것 같아!" 하고 소리치며 전화를 걸고, 자료를 검색하고,
원고를 쓰고, 꾸벅꾸벅 졸고, 취재를 하거나 촬영을 하러
뛰쳐나가곤 했습니다.
그러는 동안 편집장님은 한가로이 잡지를 뒤적이거나
우리가 쓴 원고를 읽거나 해외 편집부에서 온 전화를
무뚝뚝하게 받거나 짬짬이 바둑을 두셨어요. 제가
기억하는 편집장님의 모습은 한 손에 사전이나 책 같은 걸
든 채로 그것을 팔랑팔랑 넘기고 계시던, 그런 모습입니다.
그 비좁은 사무실에서 모두가 미쳐가고 있었지만
편집장님만큼은 유일하게 여유롭고, 또 제정신인 것처럼
보였지요.
편집장님, 술자리에서 몇 번 우스갯소리처럼 고백했듯이,
우리는 모두 편집장님을 존경했습니다. 도대체
왜였을까요? 우리는 그렇게 어리지도 않았고, 누군가를
쉽게 존경할 정도로 순진하지도 않았습니다. 우리는 회식
후 노래방에서 상사가 마이크를 잡건 말건 술이나 마시던
부류들이었지요. 그때의 우리는 세상만사에 시니컬하고

의심이 많았으며 출세의 꿈은 꾼 적도 없었습니다.
그럼에도 우리는 편집장님을 좋은 사람이라고
생각했습니다. 어쩌면 우리가 만난 유일하게 좋은
어른일지도 모른다고 생각했습니다. 한 선배는 언젠가
그렇게 이야기했어요. "누가 나를 욕해도 괜찮은데,
편집장님이 나한테 '넌 쓰레기야.'라고 하면 내가 정말로
쓰레기일 것 같아서 무서워져." 우리는 모두 고개를
끄덕였습니다. 호통 한 번 치지 않고도, 화려한 카리스마
없이도 무서울 수 있다는 게 뭔지, 우리는 그 사무실에서
알게 되었습니다.
편집장님은 완벽한 사람은 아니셨지요. 성인군자도
아니셨어요. 솔직히 쪼잔한 구석도 있었고, 음담패설도
장난 아니게 많이 하셨습니다(부인하실 수는 없겠죠?).
그러나 편집장님에게는 정의를 외치지 않아도 정의로운
구석이, 세상에 더는 존재하지 않는 선비처럼 고고한
구석이 있었습니다. 젊음은 지나치게 진지하거나 맹목적일
수 있는 시기인데, 편집장님은 그 시기의 우리에게
균형을 잡으며 살아가는 법을 농담처럼 일러 주셨지요.
그러게요, 농담처럼. 그것 때문에 우리는 더 편집장님을
존경했는지도 모릅니다.

편집장님, 혹시 《일의 기쁨과 슬픔》이라는 소설집을 읽어
보셨나요? 이 유쾌하면서 씁쓸한 소설집을 읽으면서 또 한
번 저의 오래된 회사 생활을 떠올려 보았습니다. 책 속에는
이런 젊은이들이 등장합니다. 눈치 없고 얄미운 동료
때문에 짜증이 한가득인 사람, 사소한 실수로 경영자에게
찍혀 월급을 포인트로 받으면서도 회사에 계속 다녀야
하는 사람, 큰맘 먹고 청소를 맡긴 도우미 아주머니의
갈수록 불성실한 일 처리에 분노한 사람.

재미있게도 이 이야기들 속에는 같은 공간에서 일하고 부딪치는 타인은 있지만, 무언가를 알려주고 이끌어주는 연장자라든가 선배 같은 존재는 없는 것 같습니다. 소설 속에서 연장자라는 존재는 어쩐지 세상살이의 씁쓸함만을 깨닫게 하는 존재인 듯해요. 사람들은 서로 금전적으로, 그리고 감정적으로 착취합니다. 삶은 각개전투일 뿐이고, 그래서 사람들은 자꾸만 길을 잃어버립니다. 그럼에도 불구하고 이 슬픈 먹이사슬의 끝에 매달린 사람들은 무척 짧지만 분명히 기쁨이라고 불릴 만한 연결의 순간들을 찾아내곤 합니다.

　　나는 언니의 프로필 사진을 볼 때마다 대체 왜 저렇게 하지, 하고 생각했다. 정말 왜 저렇게 할까. 나라면 그러지 않을 텐데. 하루에도 몇번씩 회사 사람들과 메신저로 업무를 주고받는데. 거기에 남자친구와 얼굴을 맞대고 있는 사진이 떠 있으면 얼마나 프로답지 못해 보일지, 한번쯤 생각을 해볼 텐데. 나라면 내가 연애도 하고 결혼도 할 수 있는 사적인 인간이라는 거, 최대한 떠올리지 못하게 할 텐데. 매일 오분씩 지각하지 않을 텐데. 어차피 오분 동안 일을 더 하거나 덜 할 수 있는 건 아니지만, 나라면 그냥 오분 일찍 일어날 텐데. 나라면 머리를 좀 짧게 자를 텐데.
　　　　　　　　　── 장류진, 《일의 기쁨과 슬픔》 중에서.

저에게 일은 어려웠습니다. 잡지의 페이지들을 만들어내기에 제 능력은 너무 부족했지요. 매달 너무 많은 기사를 써야 해서, 도대체 내가 뭘 하고 있는지도 모를 때가 태반이었습니다. 울면서 밤을 새워 키보드를 두드리던 그 기나긴 시간들이 떠오릅니다. 그런데 편집장님, 너무너무 이상한 주제로도 써야 했기 때문에(가장 황당했던 아이템은 '무도인 최배달'이었습니다.) 어느 순간 저에게는 어떤 주제로도 원고 하나를 쓸 수 있다는 자신감이 생겨버렸습니다. 제가 쓴 문장들로 누군가를 웃게 하는 일이 얼마나 중요한 것인지도 알게 되었고요, 허세를 부리지 않고 말하고자 하는 바를 정확하게 표현하는 것의 중요함도 배웠습니다. 그 고통스러웠던 시간들이, 지금에 와서는 일종의 훈련처럼 느껴지다니 그거 참 재미있는 일이지요.
또한 저는 회사에서 살아가는 법을 다시금 배웠습니다. 어린 시절에 채 못 배운 것들을, 서로 미묘하게 적대적이던 이전 직장에서는 배우지 못했던 것들을 말이에요. 좋은 어른이 맨 윗자리에 앉아서 한가롭게 팔랑팔랑 책을 넘기고 있다는 사실은, 어쩐지 무서우면서도 대단히 안도감이 드는 것이었습니다. 바로 그 편집장님이라는

존재 덕분에 우리는 본질과는 관계없는 기싸움으로 감정을 소모하지도 않았고, 서로를 미워하지 않았으며, 자신을 치장할 필요도, 무장할 필요도 없었고, 여러 가지 외적인 압박으로부터 보호받을 수 있었던 것 같습니다. 그리고 우리는 말과 행동이 일치하는 것이 어떤 것인지를, 강자에게 강하고 약자에게 약할 수 있다는 것이 어떤 것인지를, 담백하게 일하고 담백하게 살아가는 것이 어떤 것인지를 편집장님에게서 배웠습니다. 정말이지, 제가 알아야 할 모든 것들을 저는 편집장님과 일한 그 회사에서 다 배운 것 같습니다.

편집장님. 우리의 회사는 결국 망했습니다. 망해가는 회사에서 일한다는 것은 슬픈 일입니다. 월급이 밀리고, 진행비를 줄여야 하는 것은 서글픈 일입니다. 정력을 바쳐 일했음에도 좋은 결과를 내지 못한다는 것은 가슴 아픈 일입니다. 그러나 편집장님은 별로 슬퍼하지 않으셨지요. 그래요, 지금 돌이켜 보면 저는 그 시절의 편집장님에게서 패배라는 것을 자연스럽게 받아들일 줄 아는 인간이 지닌, 일종의 세련미를 느꼈던 것 같습니다. 구질구질하기보다는 서글픈, 그러나 또 기이하게도 우아한 구석이 있는 아름다움을 말이에요.
20대에 성공이 아니라 실패부터 배운 것이, 망하기부터 시작한 것이 한 인간의 인생에 좋은 일인지 나쁜 일인지는 잘 모르겠어요. 초년에 너무 성공했더라면 저는 엄청나게 재수 없는 인간이 되었거나 아니면 일중독자가 되었거나, 그로 인해 피폐해졌을지도 모르지요. 아무리 노력해도 안 되는 일이 있다는 걸 깨닫게 된 후에 저는 좀 허무해지기도 했고 홀가분해지기도 했습니다. 그리고 저는 이제 그 시절 편집장님의 나이가 되었습니다. 저는 편집장님처럼 좋은 어른이 되었을까요? 아무래도 그렇지 못한 것 같습니다.

편집장님, 이렇게 저는 오랜만에 편집장님께 장황한 안부를 전합니다. 편집장님은 건강하신가요? 요즘은 무얼 하고 계신가요? 무슨 책을 읽고 계신지, 여전히 말러의 음악을 듣고 계신지, 바둑을 즐기시는지, 위스키에 은행 안주를 좋아하시는지 궁금합니다. 가끔 그 시절 생각은 하시는지, 우리 생각도 하시는지, 여러 가지 것들이 궁금합니다.
그런데 편집장님, 아마 저는 이 편지를 부치지 못할 것 같아요. 우리 사이에 이런 편지, 너무 쑥스럽잖아요. 대신 조만간 얼굴 뵙고 인사를 드리겠습니다. 더 늦기 전에, 꼭 그렇게 하도록 하겠습니다.
그런데 편집장님, 그때 놀라지 말아주세요. 저 정말 아줌마가 다 됐거든요!

　　　　　　　　　　　　　　　　　　　한수희 드림.

유서

이 세상에 남기는 마지막 편지

이제 가요 | 발행인 송원준
오지 않을 거 같았던 그 시간이 왔나 보네요. 부족한 나와 함께 살아준 사랑하는 나의 가족 감사해요. 가끔씩만 나를 생각해 줘요.

작은 것이라도 바꿀 수 있는 사람 | 편집장 김이경
내가 나여서 좋았고, 가족과 친구와 동료들이 있어 외롭지 않았다. 사람을 좋아하는 마음이 커질수록 세상이 더 나아지길 바라게 되었다. 누군가의 용기로 나아지는 세상에 살면서 나도 작은 것이라도 바꾸는 사람이 되려 애썼다. 그건 아직도 진행 중이다.

주연周娟 | 에디터 이주연
아빠야, 엄마야, 나 두루두루周 예뻤어娟? 멋진 이름으로 살게 해줘서 고마워요.

사랑이 많은 사람 | 에디터 김지수
저를 사랑이 많았던 사람으로 기억해 주세요. 그렇게 남는다면 더할 나위 없이 떠날 수 있겠어요.

안녕, 안녕 | 디자이너 양예슬
슬퍼하느라 분주했던 나의 삶이여. 안녕, 안녕.

꿈속에서 만나요 | 디자이너 손혜빈
죽음. 너무 무거워 평소엔 차마 떠올리지 못하는 말이에요. 하지만 죽음을 생각하는 지금, 자연스레 생生에 대해 생각해 봅니다. 생이야말로 죽음보다 무거운 게 아닌지 하는 그런 생각이요. 각자의 생이 무사하길 바라며 다만 미련 없이, 안녕을 빌어요!

이름과 같은 말 | 마케터 윤혜원
맨얼굴로 마주하네요. 바깥으로 향하던 시선과 관심이 때론 누군가의 마음을 울리길 바랐던 제 삶이 읽고 계신 당신에겐 어땠을까요. 외침보다 소리 없는 영향력의 힘이 부풀기를. 뒷걸음치더라도 다시 앞으로 향해 영원히 살기를.

영생할 순 없을까요? | 마케터 장희수
이제 120살까지 산다는데 친구들은 너무 길다고 80살이 적당하다고 해요. 저는 아니에요. 두려워요. 이 모든 것들이 한순간에 차단된다고 생각하니 벌써 눈물이 맺혀요. 그래도 어쩔 수 없이 유서를 쓰자면, '난 죽기 싫었어!'

지구별 여행을 마치며 | 에디터 김현지
사람은 영원에서 와서 유한을 살고 다시 영원으로 가는 거래. 지구별의 아름다운 하늘과 형형색색의 꽃과 나무, 따스한 사람들, 좋아하는 일 덕분에 여러 이야기를 품고 돌아가네. 고마워. 그중 내가 가장 잘한 일은 용감하고 다정한 아이를 낳아 함께 자란 거야. 이름아, 네 엄마라서 날마다 행복했어. 나는 내 삶을 정말 사랑했어.

마지막으로 떠날 수 있다면 | 에디터 이다은
나를 그리워할 사람이 너무 많이 남아 있지 않으면 좋겠어요.

모두들 안녕! | 에디터 이명주
좋았던 기억은 안고 나빴던 건 놓고 가려고 해요. 놓고 가는 것보다 안고 가는 게 많아서 기쁘네요! 잠시라도 알고 지냈던 모든 사람도 저에 대해 좋은 것만 기억해주길 바랄게요. 아, 제가 보고 싶을 땐 떡볶이랑 맥주를 먹어주세요(웃음). 빵도 좋고요. 그럼 이제 작별인사 나눠요. 모두 안녕!

추신, | 브랜드 프로젝트 디렉터 하나
자꾸 새삼스럽던 이 삶도 이만치 와서 보니 아늑했네요.

모든 인연에게 | 브랜드 프로젝트 매니저 김채은
아마 그곳엔 제가 보고 싶어 했던 이들이 한곳에 모여 있겠죠. 그러니 너무 슬퍼하지 말아 주세요. 부디 당신에게 저는 좋은 기억으로 남아있길 바라요. 덕분에 한 톨의 후회 없이 떠나갑니다!

사랑하는 여러분에게 | 브랜드 프로젝트 매니저 정현지
누군가에게 기억되기 위해 부단히 애를 쓰며 살았는데요. 그래도 갈 때는 이 말을 남기려 해요. 언젠가 인터뷰에서 봤던 문장인데, "나를 기억하지 않아도 된다. 나와 함께 했던 시간이 즐거웠으면 됐다." 마음껏 춤추고 글 쓰고 사랑하다 가요. 모두 안녕!

다음에 만나요 | 브랜드 프로젝트 매니저 지정현
떠난다고 하니 아쉽네요. 죽음도 반가운 만남 뒤에 인사를 나누고 뒤돌아 버스를 타러 가는 거랑 비슷한 느낌일까요. 다음 약속을 기약할 순 없다는 게 조금 서글프긴 합니다. 제가 없는 일상은 어떠셨나요. 슬프시거나 쓸쓸하시거나 가슴이 미어지셨다면, 고개 숙여 감사하단 인사를 드리고 싶습니다. 인사할 몸은 이미 없지만요. 그러니 부디 행복하시란 인사만 남깁니다. 행복하세요. 피스.

Vol.01 Vol.02 Vol.03 Vol.04 Vol.05 Vol.06 Vol.07 Vol.08 Vol.09 Vol.10
Vol.11 Vol.12 Vol.13 Vol.14 Vol.15 Vol.16 Vol.17 Vol.18 Vol.19 Vol.20
Vol.21 Vol.22 Vol.23 Vol.24 Vol.25 Vol.26 Vol.27 Vol.28 Vol.29 Vol.30
Vol.31 Vol.32 Vol.33 Vol.34 Vol.35 Vol.36 Vol.37 Vol.38 Vol.39 Vol.40
Vol.41 Vol.42 Vol.43 Vol.44 Vol.45 Vol.46 Vol.47 Vol.48 Vol.49 Vol.50
Vol.51 Vol.52 Vol.53 Vol.54 Vol.55 Vol.56 Vol.57 Vol.58 Vol.59 Vol.60
Vol.61 Vol.62 Vol.63 Vol.64 Vol.65 Vol.66 Vol.67 Vol.68 Vol.69 Vol.70
Vol.71 Vol.72 Vol.73 Vol.74 Vol.75 Vol.76 Vol.77 Vol.78 Vol.79 Vol.80
Vol.81 Vol.82 Vol.83

AROUND CLUB
《AROUND》는 격월간지로 홀수 달에 발행됩니다. 정기구독을 신청하시면
매거진과 함께 한 명의 작가가 1년간 연재하는 에세이·포스터 시리즈
'어라운드 페이지', 그리고 어라운드 온라인 콘텐츠 이용권이 제공됩니다.

1년 정기구독
《AROUND》 매거진(총 6권)
& 어라운드 페이지 & 온라인 콘텐츠 이용권
97,200원 / a-round.kr

Publisher
송원준 Song Wonjune

Editor in Chief
김이경 Kim Leekyeng

Senior Editor
이주연 Lee Zuyeon

Editor
김지수 Kim Zysoo
김현지 Kim Hyunjee
이다은 Lee Daeun

Art Director
김이경 Kim Leekyeng

Senior Designer
양예슬 Yang Yeseul

Cover Design Guide
오혜진 O Hezin

Cover Image
Joe Howard

Photographer
김혜정 Keem Hyejung
임정현 Lim Junghyun
최모레 Choe More
해란 Hae Ran

Project Editor
김건태 Kim Kuntae
배순탁 Bae Soontak
전진우 Jun Jinwoo
정다운 Jung Daun
한수희 Han Suhui
한승재 Han Seungjae

Illustrator
서수연 Seo Sooyeon
휘리 Wheelee

AROUND PAGE
임진아 Im Jina

Marketer
윤혜원 Yoon Hyewon

Copy Editor
기인선 Ki Inseon

Management Support
강상림 Kang Sanglim

Advertisement
김양호 Kim Yangho
김갑진 Kim Gabjin
하나 Hana

Publishing
(주)어라운드
도서등록번호 제 2014-000186호
출판등록일 2009년 12월 5일
ISSN 2287-4216
창간 2012년 8월 20일
발행일 2022년 4월 29일

AROUND Inc.
서울시 마포구 동교로51길 27
27, Donggyoro 51-gil, Mapo-gu, Seoul, Korea

광고 문의 / 070 8650 6378
구독 문의 / 070 8650 6375
around@a-round.kr

a-round.kr
instagram.com/aroundmagazine

《AROUND》에 수록된 모든 글과 그림은
저작권법에 보호받는 저작물이므로
무단 전재와 무단복제를 금합니다.
책의 내용을 이용하려면
반드시 저작권자와 (주)어라운드의
서면동의를 받아야 합니다.

어라운드는 나무를 아끼기 위해
고지율 20퍼센트인 재생종이 그린라이트를 사용합니다.